Beck'sche Reihe
BsR 345

Die Weichen in die Umweltsackgassen, an deren Ende wir heute stehen, wurden größtenteils im 19. und frühen 20. Jahrhundert gestellt. Das Buch verfolgt die Geschichte von Wasser, Luft, Boden, Energie und Arbeitsplätzen bis in die Frühzeit der Industrialisierung zurück, schildert die historischen Entscheidungsabläufe und zeigt deren Konsequenzen bis heute. Es macht deutlich, daß die Besinnung auf historische Alternativen einen wichtigen Beitrag zur aktuellen umweltpolitischen Debatte leisten kann.

Franz-Josef Brüggemeier, Dr. phil. und Arzt, ist wissenschaftlicher Angestellter im Fachbereich Geschichte der FernUniversität Hagen. Im Verlag C.H. Beck ist von ihm bereits erschienen: Leben vor Ort. Ruhrbergleute und Ruhrbergbau 1889–1919 (2. Aufl. 1984).

Thomas Rommelspacher, Dr. rer. pol., ist wissenschaftlicher Angestellter im Integrierten Studiengang Sozialwissenschaften an der Universität Duisburg.

Besiegte Natur

Geschichte der Umwelt
im 19. und 20. Jahrhundert

Herausgegeben von
Franz-Josef Brüggemeier
und Thomas Rommelspacher

VERLAG C.H.BECK MÜNCHEN

CIP-Kurztitelaufnahme der Deutschen Bibliothek

Besiegte Natur : Geschichte d. Umwelt im 19. u. 20 Jh. /
hrsg. von Franz-Josef Brüggemeier u. Thomas
Rommelspacher. – Orig.-Ausg. – München : Beck, 1987
  (Beck'sche Reihe ; 345)
  ISBN 3-406-32337-5

NE: Brüggemeier, Franz-Josef [Hrsg.]; GT

Originalausgabe
ISBN 3 406 32337 5

Umschlagentwurf von Uwe Göbel, München
Umschlagbild: Das Borsig'sche Etablissement zu Moabit (Berlin).
Stahlstich von J. M. Kolb nach einem Gemälde von J. M. Rabe, 1855
© C. H. Beck'sche Verlagsbuchhandlung (Oscar Beck), München 1987
Gesamtherstellung: Appl, Wemding
Printed in Germany

Inhalt

Franz-Josef Brüggemeier/Thomas Rommelspacher
Einleitung

Die Umweltdebatte bedarf einer historischen Standortbestimmung. Sie ist von zahlreichen, oft widersprüchlichen und stellenweise sehr grundsätzlichen historischen Annahmen durchzogen, doch eine eigentliche historische Perspektive fehlt bisher. So ist z.B. die Auffassung weit verbreitet, daß Umwelt keine Geschichte habe, zumindest keine, die mehr als ein paar Jahre zurückreicht. Eine nahezu entgegengesetzte Meinung lautet, daß Belastungen und Zerstörungen der Umwelt durch Menschen immer schon vorgekommen seien, etwa die Abholzung von Wäldern in Italien und Spanien oder die Verschmutzung mittelalterlicher Städte. Wieder andere entwickeln eine apokalyptische Perspektive. Entscheidend hierbei ist die Frage, ob es in der kurzen noch zur Verfügung stehenden Zeit gelingen kann, das Steuer herumzureißen und grundlegende Veränderungen in Wirtschaft sowie Gesellschaft herbeizuführen. Die Zeit dränge und es bestehe offensichtlich keine Möglichkeit, die zurückliegende Entwicklung zu untersuchen – was auch deshalb als nicht vordringlich erscheint, da ohnehin mit der bisherigen Geschichte abrupt zu brechen und etwas grundsätzlich Neues zu beginnen sei. Ohne historische Perspektive, wenngleich mit diametral entgegengesetzten Prioritäten, kommt auch die technokratische Auffassung aus, derzufolge die wesentliche Aufgabe darin besteht, das erreichte technische Niveau weiterzuentwickeln, dabei allerdings mehr als bisher üblich auf ökologische Aspekte zu achten.

Diese Annahmen sind nicht schlechthin unzutreffend, doch sie beschränken sich darauf, einzelne Aspekte herauszuheben, sie zu isolieren und die Perspektive dadurch unnötig einzuengen. Es trifft zu, daß die aktuellen Umweltprobleme eine neue Qualität haben; sie sind aber nicht über Nacht entstanden, sondern haben eine Vorgeschichte. Auch lassen sich Zerstörungen in früheren Zeiten und an anderen Orten feststellen; ohne Berücksichtigung des historischen Kontextes und der weiteren Entwicklung bleibt diese Feststellung jedoch belang- und folgenlos. Schließlich ist in vielen Bereichen eine grundlegend neue Orientierung erforderlich, doch ohne historische Verortung läßt sich eine weiterführende Perspektive nicht entwickeln.

Das vorliegende Buch möchte zu einer historischen Standortbestimmung beitragen. Anlaß war die Erfahrung – in Lehrveranstaltungen und bei den Vorbereitungen zum Schülerwettbewerb Deutsche Geschichte –, daß es äußerst schwerfällt, Schülern oder Studenten einen historischen Einstieg in dieses Thema zu vermitteln und ihnen z. B. zugängliche Literatur zu benennen. Sind jedoch die ersten Hürden genommen, zeigt sich, wie umfangreich und interessant, allerdings auch wie wenig aufbereitet die Materialien sind.[1]

Die Beiträge konzentrieren sich auf das 19. und 20. Jahrhundert. Dafür sprechen zum einen pragmatische Gründe, um ein kaum überschaubares Gebiet grob vorzustrukturieren. Vor allem jedoch spricht dafür die These, daß wichtige Entscheidungen und Weichenstellungen innerhalb dieses Zeitraums, vielfach gar erst in den letzten Jahrzehnten gefallen sind.[2] Das wird in den Beiträgen immer wieder deutlich. So erfolgte bis etwa zur Mitte des 19. Jahrhunderts die Versorgung mit Wasser und die Beseitigung der Abwässer auf traditionelle Weise. Vorherrschend waren Brunnen, die Entnahme aus Flüssen sowie vereinzelte Fernleitungen, während die Abwässer einschließlich der Fäkalien versickerten, in die nächsten Gewässer eingeleitet oder auch – zur Düngung – abtransportiert wurden. Die Qualität des Trinkwassers war unter diesen Umständen nicht immer zufriedenstellend, und die Abwässer führten zu Verschmutzungen, doch daraus entstehende Probleme blieben örtlich begrenzt.

Ein grundlegender Wandel ergab sich erst – wie im Beitrag von Th. Rommelspacher herausgearbeitet – mit der Einführung großangelegter Wasserver- und Entsorgungssysteme in der zweiten Hälfte des 19. Jahrhunderts. Vor Ort verbesserte sich dadurch die Hygiene, doch zugleich wurde die Belastung über größere Gebiete verteilt. Das gilt für Abwässer, die bis heute nur unzureichend gereinigt in Flüsse geleitet werden und ihre Fracht bis in die Meere hinaustragen. Das gilt auch für Trinkwasser, das aus immer entlegeneren Gebieten herantransportiert wird, in der Erwartung, daß diese unberührt und nicht verschmutzt seien. An die Stelle traditioneller und lokaler Kreisläufe ist ein neuartiger, von Menschen geschaffener Kreislauf getreten, der sich mittlerweile auf fatale Weise geschlossen hat: auch die entfernt gelegenen Gebiete sind von den Folgen der Umweltbelastung betroffen. Die von Städten und der Industrie produzierten Abfälle ließen sich nicht fortschwemmen, sie sind lediglich weitflächig verteilt worden und heute überall anzutreffen, selbst in den entlegensten Gebieten, aus denen sie über das Trinkwasser zu den Verursachern zurückkehren.

Vergleichbare Versuche, neuartige Kreisläufe zu schaffen, finden sich auch bei der Nutzung des Bodens, mit der sich der Beitrag von E. Schramm befaßt. Im Verlaufe des 19. Jahrhunderts wurden traditionelle Formen der Bewirtschaftung wie die Dreifelderwirtschaft aufgegeben, letzte noch unerschlossene Gebiete einer (land)wirtschaftlichen Nutzung zugeführt, Monokulturen setzten sich durch und schließlich – gestützt auf die Arbeiten von Liebig – der ‚Chemische Ackersmann‘, so der Titel einer zeitgenössischen Zeitschrift. Dessen Ziel war es, durch gezielte Eingriffe natürliche Kreisläufe so zu ‚verbessern‘, daß sie gesteuert werden konnten und höhere Erträge brachten. Die höheren Erträge stellten sich ein, nicht jedoch die Steuerung. Die Entwicklung ist vielmehr außer Kontrolle geraten, und der gezahlte Preis ist hoch: ein Verlust der Artenvielfalt, ein Übermaß an Düngung und Belastungen des Bodens, die nicht abgebaut werden können, noch stärkere Eingriffe, um Rückschläge zu kompensieren usw.

Weiter zurück als bei Boden und Wasser reichen die Veränderungen in der Nutzung von Energie, die R. P. Sieferle beschreibt. Der Übergang zu fossiler Energie, d. h. der Einsatz von Kohle und später Erdöl, leitete eine neue Epoche ein und war von grundlegender Bedeutung für den Prozeß der Industrialisierung. Er eröffnete jedoch lediglich neue Möglichkeiten der Nutzung, neue Energiequellen hingegen wurden nicht erschlossen: auch Kohle und Öl beruhen auf solarer Energie, wenn sie auch in gespeicherter und gut zugänglicher Form vorliegen. Sie sind – besser: waren – in großer Quantität vorhanden, doch ihre Nutzung bedeutet den Verbrauch einer begrenzt verfügbaren Ressource. Unbegrenzt verfügbar, zumindest in menschlichen Dimensionen, ist lediglich die Sonnenenergie. Deren verstärkte Nutzung, wie sie in jüngster Zeit empfohlen wird, bedeutet keinen Bruch mit dem gegenwärtigen Energiesystem, legt jedoch bei fortbestehender solarer Energiequelle das Schwergewicht auf regenerative Formen der Energiegewinnung, im Gegensatz zur momentanen Praxis, eine begrenzt verfügbare Ressource unwiederbringbar aufzubrauchen. Einen radikalen Bruch mit sämtlichen bisher bekannten und genutzten Energiesystemen bedeutet hingegen das Versprechen, durch Kernspaltung bzw. Kernfusion unbegrenzte Energiequellen zu erschließen, eine energiepolitische Utopie, die mit erheblichen Kosten und Risiken behaftet ist – um es vorsichtig auszudrücken.

Der Übergang zu fossiler Energie vollzog sich im Verlauf eines langwierigen Prozesses, doch auch hier brachte erst die zweite Hälfte des 19. Jahrhunderts eine entscheidende Beschleunigung. Die Textilindustrie basierte anfänglich weitgehend auf Wasserkraft, ebenso die frühe Industrie des Ruhrgebiets. Erst nach 1870 stieg die Kohlegewinnung sprunghaft an und mit ihr die verschwenderische Nutzung vermeintlich billiger Energie. Sie war verbunden mit einer Zusammenballung von Produktionsanlagen, wirtschaftlicher Konzentration, der Entstehung verdichteter Ballungsräume usw., die jenen Prozeß der Hochindustrialisierung in Deutschland kennzeichnen, der etwa mit dem Kaiserreich einsetzte. Das Ruhrgebiet z. B. wurde innerhalb weniger Jahrzehnte vollständig umgewandelt; aus einem noch 1860 agrarisch bestimmten Gebiet wurde das industrielle Zentrum Europas.

Einige der Veränderungen verliefen sehr dramatisch und waren deutlich sichtbar; andere, nicht weniger wichtige, wurden kaum bemerkt. Das gilt besonders für die Geschichte der Luft, die der Beitrag von A. Andersen und F. J. Brüggemeier behandelt. Vor knapp 100 Jahren fand eine umfassende Diskussion um den Sauren Regen statt. Anlaß waren Rauchschäden, die in der Nähe von Hüttenwerken aufgetreten waren und zu einem Absterben der Vegetation führten. In der dadurch ausgelösten Diskussion wurden die Wirkungsmechanismen und Folgen der ursächlichen Luftverschmutzung sehr präzise erforscht und beschrieben. Doch die Debatte, an der sich vor allem Chemiker sowie Biologen und später auch Mediziner beteiligten, fand kaum Resonanz. Zum einen blieben die Schäden anfänglich lokal begrenzt. Hinzu jedoch kam, daß der auslösende Schadstoff – die schweflige Säure – nicht zu sehen und allenfalls in hohen Konzentrationen zu riechen war. Darüber hinaus bestand die Erwartung, die Gefahren durch eine Verdünnung des Schadstoffes im – wie es ausgedrückt wurde – unendlichen Meer der Lüfte bannen zu können. Als Folge wurden immer höhere Schornsteine gebaut, die schweflige Säure jedoch nicht beseitigt, sondern großflächig verteilt, bis hin zum Waldsterben unserer Tage. Bedeutend mehr Interesse fand die Belastung durch Staub und Gestank, die um vieles besser wahrgenommen werden kann, jedoch weniger gefährlich ist. Hier wurden in den zwanziger Jahren und vor allem nach dem Zweiten Weltkrieg Verfahren eingeführt, die den Ausstoß reduzierten und die Öffentlichkeit beruhigten, während die nicht sichtbaren Bestandteile erst in den letzten Jahren breitere Aufmerksamkeit gefunden haben.

Ein ganz besonders neuartiges Phänomen ist die allgemeine Motorisierung. Noch 1930 gab es in Deutschland erst knapp ½ Mio Autos, etwa ein Wagen auf 100 Einwohner, während in den USA deren Zahl bereits bei mehr als 23 Mio lag, das Verhältnis bei 1:4,3. Noch 1938 betrug in Deutschland die Zahl der Pferde 3,4 Mio, ein nur geringer Rückgang gegenüber 1913 mit 3,8 Mio.[3] Die Eisenbahn hatte bereits einen grundlegenden Wandel verursacht, vor allem für den Transport von Gütern und bei Fernreisen; auch gab es etwa ab der Jahrhundertwende in den größeren Städten ausgebaute Nahverkehrssysteme, die jedoch für die Mehrheit der Bevölkerung zu teuer waren. Ein großer Teil der Wege, gerade zur Arbeit sowie zum Einkaufen wurde zu Fuß zurückgelegt bzw. mit dem Fahrrad. Die enorme räumliche Ausdehnung der Städte, die großflächige Entwicklung von Vororten und der rapide Ausbau eines Straßennetzes resultieren aus der Zeit nach dem 2. Weltkrieg.

Von Beginn an konzentrierten sich auf das Auto Sehnsüchte und Wünsche, wie W. Sachs betont, dessen Aufsatz als ein Beitrag zu einer ökologisch orientierten Mentalitätsgeschichte konzipiert ist. Entsprechend steht die kulturelle Bedeutung des Autos im Vordergrund, sein Versprechen auf individuelle Verfügung über Zeit und Raum, unabhängig zu sein von den Zwängen eines Fahrplans. Andere Zugänge sind denkbar; wie bei den anderen Beiträgen könnten technische Entwicklungen, ökonomische Interessen oder sozialgeschichtliche Ursachen bzw. Folgen im Vordergrund stehen. Doch der Ansatz ist vor allem aus zwei Gründen gewählt worden. Methodisch geht er davon aus, daß Strukturgeschichte nur im Horizont einer Kultur- und Mentalitätsgeschichte zu verstehen ist (und umgekehrt); strategisch zielt er darauf ab, daß es in erster Linie wichtig ist, die Wahrnehmung zu ändern und nicht lediglich die Planung. Deutlich wird bei diesem Vorgehen auch, wie fragwürdig der Hinweis auf vermeintliche technische, wirtschaftliche oder planerische Sachzwänge ist; so stand der frühe Ausbau von Fernstraßen bzw. Autobahnen z. B. in keinem Verhältnis zur tatsächlichen Verbreitung des Autos.

Mittlerweile sind die Wünsche und Hoffnungen massenhaft in Erfüllung gegangen, in derart überwältigender Zahl, daß die Früchte des Sieges über Raum und Zeit schließlich bitter schmecken. Jetzt, wo nahezu jeder ein Auto besitzt, um mobil zu sein und die Umgebung zu genießen, sind die Straßen zu verstopft, um vorwärts zu kommen, die Landschaft ist verbaut und sieht, wo immer wir ankommen, nahezu identisch aus. Zugleich sind nicht nur die Städte, sondern auch die gesamte

Organisation von Wirtschaft und Gesellschaft in derart ausgeprägtem Maße automobil-orientiert, daß es überaus schwerfällt, gegenzusteuern, neue Perspektiven zu entwickeln oder sie gar umzusetzen. Der Verzicht auf ein Auto ist zu einem Luxus geworden, den sich nur wenige erlauben können, während diejenigen, die auf Grund ihres Alters oder Einkommens kein Auto fahren bzw. unterhalten können, in ihren Aktivitäten behindert und vom gesellschaftlichen Leben weithin ausgeschlossen sind.

Die Belastung bei der Arbeit wird in der Umweltdiskussion häufig vernachlässigt, obgleich hier die Einwirkung von Schadstoffen besonders unmittelbar erfolgt. Abgeschirmt durch Fabrikmauern und öffentlichem Interesse weitgehend entrückt, hat dieser Bereich wenig Aufmerksamkeit gefunden, bis zum heutigen Tage. Der Beitrag von L. Machtan und R. Ott zeichnet die Entwicklung der Erwerbsarbeit als Gesundheitsrisiko nach, eines der zentralen Probleme der Industrialisierung. Als das Ausmaß der Belastung deutlich zutage trat, wurden zu Beginn des Kaiserreiches weitreichende Reformkonzepte entwickelt, die unter anderem tiefgehende Eingriffsmöglichkeiten für staatliche Aufsichtsbehörden vorsahen und ein Verursacherprinzip zu Lasten der Unternehmer etablieren sollten. Durchgesetzt jedoch hat sich – symptomatisch für die Umweltpolitik generell – ein System der Kollektivhaftung. Kompensationen durch Verursacher bei entstandenen Schäden wurden nur in begrenztem Umfange eingeführt, während das Ziel, Belastungen und Risiken z. B. durch strenge Vorschriften oder Aufsichtspraxis möglichst gar nicht entstehen zu lassen, kaum eine Rolle spielt(e).

Auch die bürgerliche sowie proletarische Thematisierung des Umwelt- bzw. Heimatschutzes datiert aus dem Kaiserreich, wie in den Beiträgen von J. Zimmer und A. Andersen deutlich wird. Der bürgerliche Heimatschutz entstand vor dem Hintergrund zahlreicher industrie- und großstadtkritischer Strömungen, die vor allem nach der Jahrhundertwende verbreitet waren. Die Debatte um Folgelasten der Industrialisierung blieb jedoch auf kleine Gruppen beschränkt und schwankte in der Heimatschutzbewegung zwischen idealisierender Romantik und Ästhetisierung. Technisch und naturwissenschaftlich orientierte Diskussionen hingegen wurden von ihr nicht geführt und bestehende Ansätze wie die Debatte um den Sauren Regen offensichtlich nicht aufgenommen. Die Konfliktbereitschaft war ohnehin gering ausgeprägt, und die anfängliche industriekritische Orientierung wurde von einer Politik abgelöst, die auf einen Ausgleich mit der Industrie bedacht war. In den Vordergrund rückten Reservate und Maßnahmen zur Verschönerung der Landschaft, eine Orientierung, die erst in den letzten Jahren überwunden wurde. Kämpferischer gab sich die sozialistische Naturfreundebewegung; es hat allerdings nicht den Anschein, daß ihre Position innerhalb der Arbeiterbewegung weite Resonanz fand. Deren Praxis war weitgehend von der Gleichsetzung von Industrialisierung, Wachstum und Fortschritt geprägt, wenngleich, wie J. Zimmer betont, Strömungen bestanden, die die Belastungen der Natur thematisierten und verurteilten.

Wichtiger als der organisierte Heimat- und Naturschutz, der keine große Unterstützung gewinnen konnte, waren Bedenken und Widerstände, die bereits frühzeitig anläßlich konkreter Konflikte zutage traten. So war die Einführung der Schwemmkanalisation äußerst umstritten. Als Alternative wurde unter anderem vorgeschlagen, organische Abfälle gesondert aufzufangen, um sie z. B. zur Düngung weiter zu verwenden. In Bremen wurde ein entsprechendes, offensichtlich rentables System mit Tonnenabfuhr erst nach der Jahrhundertwende durch eine Schwemmkanalisation ersetzt.[4] Ausschlaggebend hierfür war zum einen der Übergang zu neuem, durch die Chemie geschaffenem Dünger. Wichtiger jedoch war die Erwartung, die Einleitung der nur unzulänglich gereinigten Abwässer in die Flüsse werde keine nennenswerte Schädigung hervorrufen, da die Schadstoffe hinreichend verdünnt oder sogar abgebaut würden. Dieses Argument, das im Falle der Luftverschmutzung bereits erwähnt wurde, ist bis heute von zentraler Bedeutung geblieben: Verdünnung trat an die Stelle von Verhütung.

Eine Tradition, Belastungen möglichst nicht entstehen zu lassen und Fertigungsverfahren entsprechend auszurichten, läßt sich demgegenüber nicht feststellen. Geeignete Verfahren waren teilweise bekannt, wie etwa die Kalkwäsche zum Herausfiltern schwefliger Säure, doch sie wurden nur ausnahmsweise eingesetzt. Etwas anders sah die Situation aus, wenn Abfallstoffe einer neuen, profitablen Verwertung zugeführt werden konnten wie Kalisalze, die als lästiges Nebenprodukt bei der Gewinnung von Steinsalz anfielen. Die Suche nach einheimischen Düngemitteln ergab, daß sie sich zur Kaliumversorgung des Bodens eigneten, und nach 1860 wurden sie zum wichtigsten Fördersalz. Ähnlich verhielt es sich mit Steinkohleteer, der in stillgelegte Schächte oder ins offene Meer geschüttet werden sollte, bis sich erwies, daß Teer ein begehrter Rohstoff für die neu entstehende Chemieindustrie war. Derartige Beispiele ließen sich fortsetzen, doch die Nutzung von Abfallstoffen bedeutet keine tragfähige Perspektive zur Lösung der Umweltbelastung, denn sie zielt darauf ab, bereits vorhandene Stoffe auf eine profitable Verwertung hin zu überprüfen. Es käme jedoch darauf an, die Produktionsprozesse so zu gestalten, daß Zahl und Menge der mittlerweile nicht mehr überschaubaren Schadstoffe reduziert werden.

Als Grund dafür, daß entsprechende Ansätze rar blieben, wurden immer wieder die entstehenden Kosten angeführt, ein Argument, das bis heute schlagkräftig ist, insbesondere wenn zugleich auf die Wettbewerbsfähigkeit gegenüber ausländischer Konkurrenz und den Schutz von Arbeitsplätzen verwiesen wird. Kosten jedoch sind relativ und sie hängen von mehreren Faktoren ab.

Hervorzuheben ist, daß die Umwelt bis heute als ein weitgehend freies Gut angesehen wird, deren Schonung für den einzelnen Verursacher Kosten bedeutet, jedoch keinen Gewinn verspricht. Die Verabschiedung strengerer Grenzwerte in den letzten Jahren hat die Situation etwas verändert und die Belastung der Umwelt zu einem Kostenfaktor in der unternehmerischen Kalkulation werden lassen, doch die Werte sind noch viel zu großzügig bemessen. Extreme Belastungen wurden schon zuvor durch staatlichen Eingriff abgemildert, doch generell bedeuteten die Genehmigungspraxis der Behörden, die Gesetzeslage und die Rechtsprechung keinen effektiven Anreiz, Belastungen zu verhindern. Gerade hierzu allerdings steckt die Forschung noch in den Anfängen. Vereinzelte Konflikte z. B. um Industrieansiedlungen während des Kaiserreichs sind bekannt, doch detaillierte Untersuchungen stehen noch aus. Es hat den Anschein, daß in einer Zeit, wo mehr und mehr Ressourcen und Gebiete wirtschaftlich genutzt wurden und wo wirtschaftliches Wachstum oberste Priorität besaß, die Folgeschäden einseitig zu Lasten der Umwelt gingen, für die kein Preis festgesetzt war und die nicht vermarktet werden konnte.[5]

Auch die Widerstände gegen zunehmende Industrialisierung stellten diesen Mechanismus nicht grundsätzlich in Frage. Strittig waren in erster Linie unterschiedliche wirtschaftliche Nutzungsformen: Landwirtschaft versus Industrie; Industrie versus bürgerliche Villenviertel; städtische Abwässer versus Fischzucht. Umwelt oder Natur als ein eigenständiger Faktor und zumal als ein Faktor, dem vorrangiger Schutz zukommt, wurden hingegen nicht thematisiert. So verwundert es nicht, daß die ökonomisch Mächtigeren sich durchsetzten. Wenn lediglich unterschiedliche wirtschaftliche Nutzungen zur Debatte stehen, was bedeuten dann die Interessen einiger Fischer oder Bauern gegenüber der gewaltigen Produktion der Industrie – so lautete folgerichtig die Frage, und die Antwort war eindeutig. Auf Fischzucht oder ein paar Kühe konnte die Volkswirtschaft verzichten.

Die Fixierung auf Preis und Markt trug auch dazu bei, den Blick für unterschiedliche Qualitäten zu verlieren. Entscheidend wurden abstrakte Größen, seien es Marktpreise oder Produktionsziffern. So reduzierten sich unterschiedliche Energieformen und Nutzungen von Energie zum abstrakten Begriff von ‚der Energie‘, ausgedrückt in PS oder KWh. Diese Entwicklung begünstigte ihrerseits die Herausbildung nationaler Versorgungsunternehmen, die abstrakte Energie anboten und zugleich immer neue Berechnungen erstellten, wie stark deren Verbrauch steigen werde, verbunden mit Schreckens-nachrichten, falls die errechnete Steigerung nicht gesichert sei.

Erst die Diskussion der letzten Jahre hat deutlich gemacht, daß sich die Situation „schlagartig ganz anders und gar nicht mehr krisenhaft darstellt, sobald man sich daran erinnert, daß man nicht ‚Energie‘ als solche braucht, sondern bestimmte Formen von Energie: Wärme, Licht oder Bewegungsantrieb. Diese scheinbar neue Einsicht war für die Menschheit bis zum 19. Jahrhundert selbstverständlich; erst die Verwandlung von Wärme- in Bewegungsenergie durch die Dampfmaschine und mehr noch durch die Elektrizität brachte den abstrakten Ener-giebegriff zum Sieg".[6] Bei einer historischen Perspektive kommt es darauf an, dieses Abstraktum wieder in seine kon-kreten Bestandteile zu zerlegen.

In einem engen Zusammenhang mit der Herausbildung ab-strakter Begriffe bzw. mit dem Verlust spezifischer Qualitäten steht die Entwicklung der modernen Naturwissenschaft, die in den Beiträgen nur ansatzweise thematisiert werden konnte. Sie hat zur Entzauberung der Welt im Sinne Max Webers bei-getragen, eine Vielzahl von Kenntnissen erarbeitet und Wissen aufgehäuft, doch dieses ist vielfach in kleinste Kästchen abge-lagert. Die Untersuchungen zielen – oftmals notgedrungen – auf Einzelaspekte ab, während das Wissen um sowie das In-teresse an Zusammenhängen demgegenüber auf der Strecke bleibt. Darauf hat die ökologische Diskussion mit Nachdruck verwiesen, indem sie unter anderem das Denken in Kreisläu-fen in den Vordergrund stellt oder auf die Bedeutung von Synergismen hinweist, die z. B. bei dem Bemühen, Grenzwerte für einzelne Schadstoffe zu ermitteln, zu wenig berücksichtigt wurden und noch werden.

Nicht weniger wichtig und in den Beiträgen ebenfalls nur angedeutet ist eine Auseinandersetzung mit der technischen Entwicklung und einer weit verbreiteten Technikbegeisterung, ausgeprägt greifbar am Beispiel des Autos, der Atomenergie oder dem Konzept eines Krieges der Sterne. Immer wieder läßt sich die Erwartung feststellen, die weitere technische Ent-wicklung werde die anfallenden Probleme lösen. Mit diesem

Hinweis wurde unter anderem die Festsetzung von Grenzwerten lange Zeit abgelehnt, da die rapide technische Entwicklung die gerade festgesetzten Werte binnen kurzem obsolet werden lasse. Auffällig für den hier vorgestellten Zeitraum ist nicht die immer wieder zitierte Skepsis gegenüber der zunehmenden Technisierung, auffällig ist vielmehr eine häufig naiv anmutende, jedoch äußerst folgenreiche Technikbegeisterung.

Eine technisch und wissenschaftlich informierte Auseinandersetzung über Belastungen der Umwelt hat es demgegenüber offensichtlich kaum gegeben; jedenfalls ist sie nicht über den kleinen Kreis beteiligter Fachleute hinausgekommen. Einige ihrer Ausführungen muten äußerst aktuell an und sie hätten die Basis für weiterführende Diskussionen wie auch alternative Entwicklungen bedeuten können. Das gilt etwa für die Überlegungen von W. Sombart. Dieser hatte 1934 ein Buch veröffentlicht, in dem er vor der Herausbildung technisch-ökonomischer Komplexe warnte. Die weitere Entwicklung der Technik wollte er vielmehr kontrolliert sehen, wozu er auch Vorschläge unterbreitete:[7] Die Anwendung der Technik sollte durch verschärfte polizeiliche Bestimmungen gesteuert werden bis hin zur Sperrung ganzer Landschaften für Kraftfahrzeuge und der gezielten Planung von Industrieansiedlungen; Erfindungen sollten meldepflichtig sein und von einem Kulturrat daraufhin überprüft werden, ob ihre Anwendung mit den geltenden sozialen Werten zu vereinbaren sei. Darüber hinaus entwickelte er drei Bewertungsklassen, um die Anliegen der Gesamtheit, die persönlichen Interessen der Erzeuger und die der Betroffenen gegeneinander abwägen zu können. Seine Vorschläge liefen jedoch ins Leere und fanden keine Unterstützung. Von der Arbeiterbewegung hatte er sich zu diesem Zeitpunkt bereits abgewandt, da er sie dem Industriesystem zuordnete. Gegenüber den Nationalsozialisten hegte er anfänglich Hoffnungen, mußte bald jedoch enttäuscht feststellen, daß deren Aufrüstungspolitik alles andere als kritisch gegenüber wirtschaftlichem Wachstum und den Interessen der Industrie war. Ihre Rassetheorie und den Anti-

semitismus hatte er ohnehin als unwissenschaftliche ‚Begriffs-
fallen' abgelehnt.

Es hat den Anschein, daß die Umweltdebatte bis heute
durch ein Desinteresse an Technik gekennzeichnet ist. Zwar
gibt es Ansätze, neben einer grundsätzlichen Kritik an um-
weltzerstörerischer Großtechnik alternative Techniken zu entwickeln, doch diese sind bisher unzureichend. Weiterhin besteht zumal bei Intellektuellen eine traditionelle Berührungs-
angst gegenüber der Technik. Viele glauben weiterhin, „daß
‚die Technik' ein in sich konsistentes System mit eigener Logik
sei, während in Wirklichkeit die Grundentscheidungen der
technischen Entwicklung gesellschaftspolitische Entscheidungen sind, die sich aus keiner Techno-Logik stringent ableiten
lassen".[8]

In den Beiträgen wurde versucht herauszuarbeiten, daß
auch technische Entscheidungen, die scheinbar nur Details be-
treffen – wie etwa der Bau hoher Schornsteine –, durch politische, ökonomische und soziale Faktoren bedingt sind. Dieser
Aspekt ist zweifellos zu vertiefen, doch es ist bereits viel erreicht, wenn es gelingt, stärkeres Interesse dafür zu entwik-
keln, um die Frage nach Alternativen, bei denen es sich stets
auch um technische Alternativen handelt, stellen sowie be-
antworten zu können. In der zeitgenössischen Diskussion gab
es bedenkenswerte Vorschläge, sei es bei der Einführung
der Schwemmkanalisation, beim Übergang zum chemischen
Ackerbau oder im Falle der arbeitsbedingten Erkrankungen.
Es ist nicht möglich, nahtlos an diese Vorschläge anzuknüpfen
oder sie gar unbesehen auf die aktuelle Problematik anzuwen-
den. Es ist jedoch wichtig herauszuarbeiten, daß die Entwicklung der letzten 150 Jahre nicht als ein monolithischer Prozeß
aufzufassen ist, sondern daß es Widersprüche und Alternativen gab, daß nicht Sachzwänge ausschlaggebend waren, sondern politische Entscheidungen, und daß die Mehrzahl der
Probleme, mit denen wir konfrontiert sind, eine überaus kurze
Vorgeschichte aufweisen.

Aus dieser Erkenntnis kann Erschrecken darüber resultieren, welches Ausmaß an Belastung in dieser kurzen Zeitspan-

ne eingetreten ist, und dieses Erschrecken kann zur Mutlosigkeit führen. Aus ihr kann jedoch auch die Hoffnung resultieren, daß Änderungen möglich sind, in einem ebenso kurzen, womöglich noch kürzeren Zeitraum. Viel hat sich in den letzten Jahren noch nicht gebessert, doch ein grundlegender Wandel ist eingetreten: die Wahrnehmung ist anders geworden und die Prioritäten haben sich verändert.

Dieser Wandel ist die wohl wichtigste Voraussetzung, um die Entscheidungen und Entwicklungen der letzten Jahrzehnte zu korrigieren. Das wird kein einfacher Prozeß sein, und er muß in unterschiedlichen Bereichen zugleich ansetzen. Einige davon sind im vorliegenden Band vorgestellt worden. Wenn dieser darüber hinaus Interesse am Thema geweckt, Perspektiven eröffnet und vor allem Mut gemacht hat, sich zu engagieren, ist sein Ziel erreicht.[9]

Rolf Peter Sieferle
Energie

Es ist kein Zufall, daß im Zentrum der aktuellen Umweltdiskussion die Energiefrage steht. Die Debatte um die „Grenzen des Wachstums" in den siebziger Jahren erhielt ihren Nachdruck durch die Ölkrise; und nicht erst seit Harrisburg und Tschernobyl ist die Kernenergie zum Inbegriff einer schädlichen und gefährlichen Technikentwicklung geworden. Ist „Energie" (oder genauer sind Energieträger wie Kohle, Erdöl, Uran usw.) nur ein „Rohstoff" unter anderen, der knapp werden kann oder dessen Nutzung zu unerfreulichen Begleiterscheinungen führt? Oder ist nicht Energie eine fundamentale Größe in einem natürlichen und auch einem vom Menschen genutzten Ökosystem, so daß der Energieverwendung eine Schlüsselrolle in der wirtschaftlichen und technischen Entwicklung zukommt?

In einem Ökosystem lassen sich grundsätzlich *Energieflüsse* und *Stoffkreisläufe* unterscheiden, d.h. es ist grundsätzlich möglich, daß alle in einem Ökosystem vorkommenden Stoffe in ihm zirkulieren, ohne „verbraucht" zu werden, während die Energie in einem irreversiblen Fluß durch das Ökosystem hindurchgeht.[1] Theoretisch können Güter, die durch ihre Nutzung ihre Gebrauchsform verloren haben, technisch so umgewandelt werden, daß sie diese (oder eine andere) Gebrauchsform wiedergewinnen. Die Anzahl der Eisen-, Kohlenstoff-, Wasserstoff- oder Sauerstoffatome, die sich innerhalb dieses Systems befinden, kann gleich bleiben, während ihre Kombination sich durch Produktion und Verbrauch ändert. Stofflich kann also innerhalb geschlossener Systeme ‚Recycling' stattfinden, während dies energetisch ausgeschlossen ist.

Ein Energiefluß kommt dadurch zustande, daß Energie von einem Zustand höherer Ordnung in einen Zustand niedrigerer

Ordnung übergeht. Dieser Fluß ist prinzipiell nur in eine Richtung möglich. Auch einem Ökosystem muß von außen hochwertige Energie zugeführt werden, während es an seine Umgebung niedrigwertige Energie (Abwärme) abführt. Das Ökosystem muß also energetisch offen sein, um sich erhalten zu können: Es braucht eine Energiequelle und eine kältere Umgebung, an die es seine ,Abfallenergie' abgeben kann. Für die Biosphäre der Erde ist die Sonne die einzige nennenswerte Energiequelle, während die Abwärme in den Weltraum ausstrahlt.

Die unzähligen lebenden Organismen, die sich im Verlauf der Evolution zu einem komplexen, in sich strukturierten und umfassenden ökologischen System entwickelt haben, können nur infolge des permanenten Durchflusses von Energie existieren. Leben ist in diesem Sinn die Organisation von Materie, die ihre Ordnung dadurch aufrechterhält, daß sie permanent Energie hoher Wertigkeit aufnimmt und Energie niedriger Wertigkeit abgibt. Dies gilt für ganze Ökosysteme, für einzelne Organismen, aber auch für technisch-ökonomische Systeme. Die Lebewesen haben im Prinzip zwei Wege gefunden, sich Energie zuzuführen:

– Pflanzen machen sich die Sonnenenergie unmittelbar zunutze, indem sie im Prozeß der Photosynthese ihre Biomasse aufbauen und erhalten;
– heterotrophe Organismen, vor allem Tiere, zahlreiche Mikroorganismen und auch der Mensch leben energetisch davon, daß sie die pflanzliche Biomasse so umbauen oder „verbrennen", daß Energie für ihre Lebenszwecke frei wird.

Was für lebende Organismen gilt, gilt in ähnlicher Weise auch für technische Systeme und Artefakte. Ihr Aufbau ist immer mit einer bestimmten Energieumwandlung verbunden. Ihre geordnete Struktur kann nur dadurch erzeugt und auch erhalten werden, daß man sie in einen Energiefluß einschaltet. Das wirtschaftliche Handeln des Menschen besteht daher in einem ganz elementaren Sinn darin, Energieflüsse so zu organisieren, daß mit deren Hilfe Strukturen aufgebaut und erhalten werden, die bestimmten menschlichen Zwecken dienlich sind.

Ich möchte dies an einem einfachen Beispiel illustrieren: Nehmen wir an, eine eiserne Hacke soll hergestellt werden. Zu diesem Zweck muß man Eisenerze graben, fördern, verhütten und das gewonnene Eisen in die Form schmieden, die die Hacke haben soll. Dazu braucht man eine Menge Energie. Unter vorindustriellen Verhältnissen wird es sich dabei um folgende Formen handeln: Holzkohle, also pflanzliche Biomasse, zur Verhüttung und zum Schmieden; Wasserkraft, also die Energie, die durch Verdunstung und Abregnung von Wasser nutzbar wird, zum Betrieb der Blasebälge oder für die Wasserkünste des Bergwerks; die Kraft von Zugtieren, also tierisch umgewandelte pflanzliche Biomasse, zum Transport oder zum Antrieb eines Göpels; schließlich die menschliche Arbeit, die auf der Zufuhr pflanzlicher und tierischer Biomasse in der Nahrung beruht. Betrachten wir diese Energiequellen etwas genauer, so werden wir feststellen, daß ihr Ursprung jeweils in der Sonnenenergie liegt: Sie ist die Quelle der photosynthetisch gebildeten pflanzlichen (und indirekt auch der tierischen) Biomasse wie auch der Wasserkraft, denn es war Sonnenwärme, die das Wasser zum Verdunsten gebracht hatte. Holz und Holzkohle, Getreide und Brot, Gras und Pferd, Wasserlauf usw. waren nur Zwischenspeicher für die genutzte Energie.

Haben wir aber nicht das Eisenerz vergessen? Die Herstellung der Hacke beruhte doch ganz wesentlich darauf, daß Erze geschmolzen werden konnten, in denen sich Eisen von recht hoher Konzentration befand. Vom Erz zur Hacke fand eine weitere Konzentrierung des Eisens statt, vermittelt durch den angegebenen Energiefluß. Wird die Hacke nun gebraucht, so wird das Eisen abgerieben, es wird verrosten (oxidieren) – d. h. das Eisen wird letztlich in einer weit geringeren Konzentration vorliegen als vor dem Verhüttungsprozeß; die Eisenatome, die im Eisenerz relativ stark konzentriert waren, sind, nachdem die Hacke unbrauchbar geworden ist, in alle Winde zerstreut. Es hat also den Anschein, als finde auch bei den Rohstoffen ein Prozeß der Diffusion statt, also ein irreversibler Weg von hoher zu niedriger Wertigkeit.[2]

Diese Tatsache wird auch deutlich, wenn wir den historischen Ablauf der Rohstoffgewinnung betrachten. Er besteht in seinem Kern darin, daß man von Lagerstätten hoher Konzentration zu Lagerstätten mit niedrigerer Konzentration übergehen mußte. Die Rohstoffgewinnung befindet sich in einem Wettlauf mit der abnehmenden Ergiebigkeit der Lagerstätten. Technischer Fortschritt und tendenziell steigender Energieaufwand haben bis heute dazu geführt, daß es zu keinen ernsthaften Knappheiten gekommen ist. Mit vorindustriellen Techniken wären jedoch zahlreiche Rohstoffe heute unzugänglich, oder aber ihre Aufbereitung erforderte einen prohibitiven Energieaufwand. Prinzipiell gilt dabei folgendes: Die „verbrauchten", d.h. diffundierten Rohstoffe werden letztlich auf der Landoberfläche verteilt oder ins Meer gewaschen, wo sie sich in der Regel nicht mehr von selbst konzentrieren, sondern gleichmäßig verteilt sind. Dennoch wäre es grundsätzlich möglich, wenn eine sehr große und sehr billige Energiequelle zur Verfügung stünde, Rohstoffe aller Art aus dem Meerwasser zu gewinnen. Stoffe gehen (sieht man von radioaktiven Isotopen ab) auf der Erde nicht verloren. Sie ändern nur ihre Konzentration, was jedoch technisch bei ausreichender Energie kein unlösbares Problem sein muß. Jedes Rohstoffproblem ist daher in letzter Instanz ein Energieproblem.

Aus dieser Überlegung wird bereits einsichtig, weshalb die Verfügungsmöglichkeit über Energie von fundamentaler Bedeutung für menschliche Gesellschaften ist.[3] Wir können daher den grundlegenden Perioden der Menschheitsgeschichte drei verschiedene Energiesysteme zuordnen, auf denen sie beruhen:[4]

1. das unmodellierte Solarenergiesystem von Jäger- und Sammlergesellschaften,
2. das modellierte Energiesystem von Agrargesellschaften,
3. das fossile Energiesystem der Industriegesellschaft.

Auf die erste Form wollen wir hier nicht näher eingehen. Es soll nur festgehalten werden, daß sich die primitiven Gesellschaften in ihrer Form der Energienutzung nicht wesentlich von Raubtierpopulationen unterscheiden, sieht man von dem Gebrauch des Feuers ab. Sie schöpfen von ihrer ökologischen Nische genau so viel Energie ab, wie diese dauerhaft nachliefern kann, wobei die Stoffkreisläufe insgesamt geschlossen bleiben. Aufgrund ihrer lokalen Beschränktheit praktizieren diese Gesellschaften eine ‚Strategie der Risikominimierung‘,[5] d.h. sie orientieren sich in ihrer Bevölkerungsgröße und in ihren materiellen Lebensverhältnissen nicht an einem möglichen Versorgungsdurchschnitt, sondern an dem Versorgungsminimum, das ihr Lebensraum ihnen einräumt. Diese Strategie ermöglicht es ihnen, auch im schlechtesten Jahr noch zu überleben; zugleich bremst sie aber jede technische und ökonomische Dynamik.

Agrargesellschaften

Mit der sog. ‚neolithischen Revolution‘ vor 10 000 Jahren begann das zweite große menschliche Energiesystem der Agrargesellschaften. Auch für die Agrargesellschaften war die Sonne die einzige Energiequelle, doch modifizierten sie den Energiefluß in wesentlich stärkerem Umfang, als dies primitiven Gesellschaften möglich war. Die vorindustrielle Landwirtschaft beruht darauf, daß aus dem vielfältigen Artenspektrum, das von Natur aus ein bestimmtes Biotop bewohnt, einige wenige Arten als Nutzpflanzen oder Nutztiere ausgewählt werden, die im Idealfall als einzige den ihnen zugeordneten Lebensraum bewohnen sollen. Landwirtschaft betreibt also grundsätzlich Artenkonzentration; sie schafft fast immer Monokulturen, oder strebt dies zumindest an. Zu diesem Zweck werden die Konkurrenten der bevorzugten Pflanze um Sonnenlicht, Wasser und Bodennährstoffe als Unkraut bekämpft und beseitigt; außerdem wird sie vor Nahrungskonkurrenten des Menschen, vor „Schädlingen“ aller Art geschützt. Ähnliches gilt auch für die Nutztiere. Eine weitere Strategie besteht darin, Pflanzen und Tiere selbst durch Züchtung zu verändern. Man kann deshalb die vorindustrielle Landwirtschaft als ein System zur Umlenkung von Sonnenenergie für menschliche Zwecke verstehen. Die Nutzpflanzen sind künstliche Biokonverter von Sonnenenergie, vom Menschen erzeugt und konserviert; Nutzpflanzen und -tiere sind somit Formen der Technik, ebenso wie Hacke, Pflug oder Dreschflegel.

Von wenigen marginalen Ausnahmen abgesehen, ist die gesamte Energie, die in einer Agrargesellschaft genutzt wird, solaren Ursprungs. Für die Land- und Forstwirtschaft, für Viehzucht und Fischfang sowie für die mechanische Energie, die von der Muskelkraft von Mensch und Tier geliefert wird, ist dies evident; es gilt aber auch für Wind- und Wasserkraft. Die wenigen Ausnahmen sind: Passatwinde und Gezeiten, die durch die Erdrotation entstehen, sowie heiße Quellen, gespeist von geothermischer Energie.

Agrargesellschaften sind in weit größerem Maße als Industriegesellschaften von ihrer konkreten physischen Umwelt, also vom Klima, der Bodenbeschaffenheit, den Niederschlägen, der verfügbaren Flora und Fauna abhängig. Es ist daher kaum möglich, für solche Gesellschaften Energiebilanzen aufzustellen und durchschnittliche Verbrauchszahlen anzugeben. Die folgende Schätzung von Braudel ist daher als sehr grobe Orientierungshilfe anzusehen und gibt nur einen Eindruck von den Größenrelationen.

Energiequellen in Europa, Ende des 18. Jahrhunderts (Mio PS)[6]

Zugtiere	10		41%
Menschen	0,9		3%
Holz	10		41%
Wasserräder	1,5–3		12%
Segel	0,2	unter	1%

Gegen diese globalen Zahlen können leicht Bedenken erhoben werden. So ist z. B. nicht klar, ob Braudel den Primärenergieeinsatz oder die Endenergie meint. Wenn man bedenkt, daß der Wirkungsgrad bei animalischer Konversion 10–20% beträgt, ist dies aber entscheidend: Die mechanische Energie, die ein Pferd liefert, beträgt nur etwa 10% des Energiegehalts des Heus, von dem sich das Pferd ernährt. Je nachdem, ob man von der Nahrung des Pferdes oder von seiner Arbeit ausgeht, verändert sich also das Ergebnis um den Faktor 10. Im Grunde können wir dieser Tabelle nur entnehmen, daß Zugtiere und Holz wichtig waren, die Windkraft in der Energiebilanz dagegen unbedeutend. Auch Wassermühlen scheinen eine recht untergeordnete Bedeutung gehabt zu haben; doch wird ihre Rolle für die Gewerbe hier sicherlich unterschätzt.[7]

Auf jeden Fall ist es richtig, daß für die Agrargesellschaften die Nutzung pflanzlicher und tierischer Biomasse von großer Bedeutung war. Von ihr lassen sich bestimmte grundlegende Charakteristika dieser Gesellschaften herleiten, die ihre energetischen Systembedingungen bildeten und daher nicht überwunden werden konnten, ohne das System als solches zu transformieren: Die Pflanzen, die der Mensch für sich selbst (zur Nahrung, als Brennstoff oder für sonstige Zwecke) und für seine Nutztiere braucht, wachsen auf einer bestimmten Fläche, deren Umfang (neben der Bodenfruchtbarkeit und vor allem der Wasserversorgung durch Niederschläge) im wesentlichen die gewinnbare Biomasse und somit den überwiegenden Teil der verfügbaren Energie bestimmt. Agrargesellschaften sind grundsätzlich von der Fläche abhängig. Besonders einsichtig ist dies für die Versorgung mit Brennstoffen, denn hierfür kommt nur Holz und auch Torf in Frage.

Es wird in der wirtschafts- und vor allem der forstgeschichtlichen Literatur immer wieder eindrucksvoll darauf hingewiesen, welch fundamentale Rolle Holz und Wald für die vorindustrielle Ökonomie spielten.[8] Die Verwendungsarten des Holzes sind vielfältig, die Verbrauchszahlen enorm. Holz wurde daher zu Recht als die „Zentralressource" der vorindustriellen Agrargesellschaft bezeichnet;[9] seine Verwendung für energetische und nichtenergetische Zwecke war tatsächlich universell. Angesichts dessen verwundert es nicht, daß Holzknappheit der Agrargesellschaft inhärent war: schon im Mittelalter wird darüber geklagt.[10] Die Expansion dieser Gesellschaften stand vor dem folgenden Problem: Wenn die Bevölkerung wuchs, brauchte man mehr Ackerland und mehr Waldprodukte zugleich, d.h. der Bedarf an Holz wuchs in dem Maße, wie die Wälder abnahmen. Ackerland, Weide und Wald waren alternative Formen der Flächennutzung, die prinzipiell einander substituieren konnten. Die Krisentendenz lag nun darin, daß der Wald in eine Schere zwischen wachsender Nachfrage nach Lebensmitteln, die durch Ackerbau gedeckt werden mußte, und wachsender Gewerbeproduktion geriet, die den Pro-Kopf-Verbrauch an Holz steigerte.

Das seit langem in der wirtschafts-, besonders aber in der forstgeschichtlichen Literatur verbreitete Urteil, wonach sich Deutschland am Ende des 18. Jahrhunderts in einer akuten oder doch drohenden Holzkrise befunden habe,[11] wurde jedoch in den letzten Jahren stark relativiert.[12] Im Sinne einer Umweltgeschichte vorindustrieller Energienutzung können die folgenden Knappheitstypen unterschieden werden:

– Lokaler Holzmangel (wie auch Mangel an nutzbaren Wassergefällen) ist der vorindustriellen Ökonomie inhärent. Er tritt immer dann auf, wenn an einem bestimmten Ort mehr Holz verbraucht wird, als mit vertretbarem Transportaufwand beschafft werden kann.
– Genereller Holzmangel im Sinne einer Energiekrise kann nur dann eintreten, wenn das Potential einer gesamten Kulturlandschaft, Holz, Lebensmittel, Rohstoffe und Viehweide verfügbar zu machen, überschritten wird.

Es ist im Einzelfall nicht leicht, lokalen von generellem Holzmangel zu unterscheiden, da den in überlieferten Quellen zu Wort kommenden Zeitgenossen weder der Bestand noch der reale Zuwachs und der Verbrauch von Holz bekannt war. Es ergibt sich so ein verwirrendes, von widerstreitenden Interessen geprägtes Bild. Eine ökologisch orientierte Umweltgeschichte müßte sich daher von den überkommenen philologischen Methoden lösen und naturwissenschaftliche Ansätze verwenden, die es gestatten, das biologische Potential des agrarischen Solarenergiesystems abzuschätzen. Laut einer forsthistorischen Schätzung, die Nettobiomassenproduktion, verfügbare Landesfläche und Bevölkerungsgröße in Bezug setzt, standen um 1750 für einen Einwohner Deutschlands nachhaltig etwa 1,5 m³ Holz zur Verfügung, was bedeutete, daß man tatsächlich von der Waldsubstanz zehrte.[13]

Im Hinblick auf seine Krisentendenz sind die folgenden Charaktermerkmale des vorindustriellen Solarenergiesystems interessant:

1. Dezentralität. Pflanzliche Biomasse fällt von Natur aus über eine weite Fläche verteilt an. Soll ihr Angebot erhöht werden, so ist immer eine Vergrößerung der entsprechenden Fläche erforderlich. Zugleich muß ein Konsument, der Holz nutzen will, dieses erst einmal punktuell konzentrieren. Es besteht also eine lineare Beziehung zwischen Beschaffungsaufwand und Versorgungsfläche. Skaleneffekte werden nicht wirksam, im Gegenteil: bei zu großer Entfernung wirkt der Transportaufwand prohibitiv, wobei sich Wegebau usw. nicht immer lohnt. Tendenziell können daher die Betriebsgrößen bestimmte Obergrenzen nicht überschreiten, die etwa bei der Eisenverhüttung um 2000 t jährlich pro Standort lagen. Ähnliches gilt auch für die Versorgung mit mechanischer Energie (Wasserkraft).

2. Stationäre Tendenz. Ist das Energieeinkommen der Biosphäre durch Sonneneinstrahlung die einzige Energiequelle, auf die der Mensch zurückgreifen kann, so ist in einem bestimmten Wirtschaftsraum letztlich auf Dauer nur die Energiemenge verfügbar, die auf der gegebenen Fläche gespeichert wird. Der Grad der Speicherung, d.h. die verfügbare Energiemenge pro Flächen- und Zeiteinheit, ist von der Effizienz des Speichers abhängig und daher recht variabel. Hier besteht grundsätzlich ein Spielraum für technische Innovationen, den man nicht unterschätzen sollte. Sind jedoch, wie in der traditionellen Agrargesellschaft, Pflanzen die wichtigsten Sammler und Speicher von Solarenergie, so kann deren Kapazität nur indirekt, durch Verbesserung ihrer Randbedingungen, z.B. durch Düngung, Bewässerung usw. vergrößert werden. Diese Grenzen sind jedoch nicht sehr elastisch, wenn der Energieaufwand bei der Agrarproduktion selbst nur durch Agrarprodukte gedeckt werden kann. Die Abhängigkeit von der Solarenergie setzte somit einem Wachstum der Bevölkerung und der Produktion eine natürliche Schranke. Wirtschaftswachstum als Normalzustand der Ökonomie ist unter den Bedingungen der Agrargesellschaft nicht längerfristig möglich. Dieser Gesellschaft steht immer ein stationärer Zustand vor Augen, in dem sie genau so viel Energie von ihrem Lebensraum abschöpft, wie dieser dauerhaft zur Verfügung stellen kann. Die europäischen Agrargesellschaften näherten sich diesem stationären Maximum jedoch nur allmählich und sein Niveau stand keineswegs fest. Es bestand in einer sehr komplexen Optimierung der Flächenverteilung (Wald, Feld, Weide), der Bevölkerungsgröße, des technologischen Potentials, der Im- und Exporte usw. Die stationäre Schranke konnte immer weiter hinausgeschoben werden, doch war es ausgeschlossen, sie mit großen Sprüngen zu überwinden.

3. *Dynamik und Krise.* Eine Position der Wirtschafts- und Technikgeschichte sieht in technisch-ökonomischen Innovationen eine *response* auf die *challenge* der Knappheit.[14] Auf das Energiesystem angewendet, bedeutet dies, daß die vorindustrielle Energieversorgung in einen Engpaß der Holzknappheit führte, der durch den Übergang zum fossilen Energiesystem gesprengt wurde. Die Holzverknappung setzte die Zeitgenossen gewissermaßen unter solchen Innovationsdruck, daß sie eine Reihe von „Lösungsstrategien" entwarfen, von denen die Substitution von Holz durch Kohle schließlich den entscheidenden Durchbruch bewirkte. Mit Hilfe dieses Modells kann dann auch der zeitliche Ablauf des Vorgangs erklärt werden: England[15] im 17./18. Jahrhundert, Deutschland[16] im frühen 19., Österreich[17] im späten 19. Jahrhundert.

Gegen die modernisierungstheoretischen Implikationen dieser Position, die in der „Entwicklung" eine Art dynamischen Naturprozeß sieht, der sich allen Widerständen zum Trotz Bahn bricht, ist in letzter Zeit eingewandt worden, die vorindustrielle Holzökonomie habe ein ihr eigentümliches Gleichgewicht erzeugt. Die Agrargesellschaften verfügten über eine Reihe von Selbststeuerungsmethoden, die es ihnen erlaubten, unterhalb des stationären Maximums zu bleiben und somit eine krisenhafte Dynamik zu unterbinden.[18] Der Übergang zum fossilen Energiesystem erscheint in dieser Perspektive nicht als Lösung eines aufgestauten Problems, sondern als Bildung und Durchsetzung eines andersartig strukturierten Wirtschaftsmusters. Keine interne Dynamik der Durchbrechung eines als krisenhaft empfundenen *bottleneck*, sondern ein externer Einbruch rein sozialer, d.h. interessenbestimmter Faktoren hätte dann den historischen Übergang ausgelöst.

So wenig ich selbst die modernisierungstheoretische Fortschrittsideologie teile, so unplausibel erscheint mir doch diese „agrarromantische" Alternative. Sicherlich wären die europäischen Agrargesellschaften ohne den Wechsel zum fossilen Energiesystem nicht untergegangen, ihre Probleme hätten sich aber auf jeden Fall deutlich bis hin zur Krise verschärft (wie dies ja in der Pauperismuskrise des frühen 19. Jahrhunderts sichtbar wurde!).[19] Im 18. und frühen 19. Jahrhundert strebten die europäischen Gesellschaften aufgrund ihres Bevölkerungswachstums den Grenzen der *carrying capacity* Europas zu. Die Alternative zu Wirtschaftswachstum und fossilem Energiesystem hätte bedeutet, daß sie auf ein stationäres Maximum zugesteuert wären, wie es die Politische Ökonomie des frühen 19. Jahrhunderts deutlich vor Augen hatte. Die gewerbliche Evolution, die dann statt industrieller Revolution allenfalls möglich gewesen wäre,[20] hätte nicht zuletzt vor dem Problem gestanden, das autonome Bevölkerungswachstum zu bremsen. Dies alles hätte wohl, wie Sombart[21] einmal vermutete, das Ende des Kapitalismus bedeutet, ein Ende also des dynamischen Wirtschaftssystems, das wirtschaftlich jene Expansion von Technik und Produktion trug, die nach der Durchbrechung des traditionellen Energiesystems möglich wurde.

Industriegesellschaften

Fossile Brennstoffe, in erster Linie die Kohle, bilden die energetische Grundlage der Industrialisierung.[22] Nutzung von Kohle half zunächst, lokale Engpässe der traditionellen Brennstoffversorgung zu überwinden, doch bildete sich seit dem 18. Jahrhundert in England ein fossiles Energiesystem mit bestimmten Merkmalen heraus, die es fundamental von dem traditionellen Solarenergiesystem unterschieden.

Auch die Kohle beruht letztlich auf photosynthetisch gebundener Sonnenenergie, doch werden mit ihr Energien nutzbar, die sich in sehr langen Zeiträumen aufgespeichert haben und innerhalb relativ kurzer Zeiträume freigesetzt werden. Der Holzbestand eines Urwalds etwa mag einen Energiegehalt haben, der auf dreihundertjährige Photosyntheseleistungen der Bäume zurückgeht. Schlägt man diesen Wald zum ersten Mal, so steht für eine kurze Zeit eine große Menge gespeicherter Energie zur Verfügung. Wird der Wald jedoch, wie in der Forstwirtschaft üblich, nachhaltig und dauerhaft genutzt, so kann auf seiner Gesamtfläche innerhalb eines bestimmten Zeitraums nur so viel Holz gewonnen werden, wie innerhalb desselben Zeitraums nachwächst. Ein forstwirtschaftlicher Betrieb erntet also von seiner Nutzfläche in der Regel nur das dauerhafte „Energieeinkommen" dieser Fläche. Bei der Nutzung von Kohle hingegen greift man auf einen einmaligen Schatz gebundener Energie zurück, der sich (in historischen Zeiträumen) nicht erneuert, sondern der immer kleiner wird, bis er eines Tages vollständig verbraucht ist. Dieser Schatz ist allerdings gewaltig groß. Er wurde über einen Zeitraum von mehreren Millionen Jahren hinweg angesammelt und wird innerhalb von wenigen hundert Jahren verbraucht. Eine Gesellschaft, die auf fossile Energie zurückgreifen kann, befindet sich daher in einem vorübergehenden Zustand des Energieüberflusses, der es ihr erlaubt, in nie dagewesener Weise Stoffe umzuwandeln, zu bewegen und zu konzentrieren.

Wir können beobachten, daß sich mit der Industrialisierung eine Reihe physischer Parameter grundsätzlich geändert hat. Die Zahl der Menschen hat sich etwa verzehnfacht, zugleich ist der Durchfluß von Energie und Stoffen durch die Gesellschaft (etwa bestimmbar als Prokopfverbrauch an Metallen, Wasser, Lebensmitteln usw.) enorm gestiegen. Die Industrialisierung mobilisierte gewaltige Massen an Materialien, griff auf Rohstofflager aller Art zurück, wälzte die Oberfläche der

Weltenergieproduktion 1860–1980[23]

Jahr	Steinkohle/ Braunkohle (in Mio Tonnen)	Erdöl	Erdgas (in Mrd m³)	Wasserkräfte (in Mio Megawatt std.)
1800	15	–	–	–
1860	138	–	–	6
1870	216	1	–	8
1880	337	4	–	11
1890	514	11	3,8	13
1900	773	21	7,1	16
1910	1165	45	15,3	34
1920	1351	100	24,0	64
1930	1414	204	54,2	128
1940	1682	299	81,8	193
1950	1815	537	197,0	332
1960	2674	1073	469,0	689
1970	2936	2275	1086,0	–
1975	3235	2746	1328,0	1846
1978	3073	3123	1465,3	2099

Erde um, häufte Gegenstände aller Art an, synthetisierte neu-artige chemische Stoffe, veränderte (und zerstörte) zahlreiche natürliche Lebensräume, rottete eine Anzahl von Spezies aus und griff schließlich sogar in großräumige Zusammenhänge wie etwa die chemische Zusammensetzung der Atmosphäre, der Weltmeere oder der Erdoberfläche ein. Diese nicht nur aus geologischer, sondern sogar aus historischer Perspektive sehr raschen, ja explosiven Veränderungen innerhalb von knapp zweihundert Jahren Industrialisierung sind energetisch vollständig auf die Nutzung fossiler Energieträger zurückzu-führen. Kohle und später Erdöl machten von den Restriktio-nen des traditionellen Solarenergiesystems unabhängig. Eine Vielzahl technischer Apparaturen konnte sich zwischen den Menschen und seine natürliche Umwelt schieben. Nicht mehr Tiere und Pflanzen wurden zu den entscheidenden Energie-konvertern, sondern Maschinen. Produktionsabläufe wie auch die Gestaltung des Alltags konnten jetzt einen „unorgani-schen" Charakter gewinnen. Metalle und Kunststoffe ersetzten pflanzliche Stoffe; eine mit hohem Energieaufwand betriebene Landwirtschaft ließ die Erträge so weit wachsen, daß eine Vielzahl von Menschen von der gleichen Fläche ernährt werden konnte. Die traditionellen Flächenrestriktionen entfielen: Landwirtschaft war nicht mehr ein zentraler Bestandteil des Energiesystems selbst, sondern sie wurde zu einem Industriezweig, der in Abhängigkeit von dem fossilen Energiesystem geriet.

Gerade am Beispiel der Landwirtschaft wird deutlich, was der Übergang zur fossilen Energie bedeutete. Die traditionelle Landwirtschaft auf rein solarer Basis mußte immer einen positiven energetischen Erntefaktor haben, d.h. es mußte mehr in den Pflanzen gebundene Energie gewonnen werden, als zur Bearbeitung der Felder an Energie aufgewandt wurde. Landwirtschaft war somit ein Weg, Energie zu sammeln und zu speichern. Mit der modernen mechanisierten und chemisierten Landwirtschaft kehrte sich dies um. Die Vorleistungen (Dünger, Pflanzenschutzmittel, landwirtschaftliche Maschinen, schließlich auch Lebensmittelverarbeitung und Verteilung) hatten nun einen höheren Energiegehalt als die gewonnene Nahrung. Die moderne Landwirtschaft ist ohne den Einsatz fossiler Energie nicht mehr möglich.[24]

Ähnliches läßt sich in weit größerem Umfang auch für andere Industriezweige zeigen. Der Energieinhalt einer Tonne Kohle entspricht dem des jährlichen Zuwachses von einem Hektar Wald (= 5 m^3 Holz). In England wurde um die Wende vom 18. zum 19. Jahrhundert bereits so viel Kohle gefördert, wie dem nachhaltigen Ertrag der gesamten Fläche von England und Wales entsprochen hätte. Zu Beginn des 20. Jahrhunderts war es bereits das Zwanzigfache dieser Fläche. Oder werfen wir einen Blick auf die britische Eisenproduktion: Sie lag um 1860 bei 4 Mio Tonnen; wenn man diese Menge hätte mit Holzkohle erzeugen wollen, wäre hierfür stationär eine Waldfläche von 40 Mio Hektar gebraucht worden – mehr als das Doppelte der gesamten Fläche von England und Wales.[25]

Die Nutzung der Kohle erlaubte es also, über weit mehr Energie zu verfügen, als dies traditionell möglich war. Darüber hinaus begünstigte die hohe Energiedichte sowie die natürliche Konzentration der Kohlevorkommen die Zentralisation der Produktion, weil sich der Bau großer Transportanlagen lohnte und weil es auf ihrer Grundlage effektiver war, in großen Mengen zu produzieren. Der Übergang zur zentralisierten Massenproduktion war ein Phänomen der Kohleära, das sich auf der Basis von Holz kaum hätte realisieren lassen. Auch beschleunigte die Kohle wegen ihrer größeren Energiedichte bestimmte Produktionsprozesse, wie z. B. in der Eisenverhüttung. Für die Verarbeitung von Roheisen zu Schmiedeeisen brauchte man mit der Methode des Herdfrischens auf der Basis von Holzkohle drei Wochen, bis der Prozeß beendet war. Das Puddleverfahren mit Koks seit Ende des 18. Jahrhunderts dauerte immerhin noch zweieinhalb Tage. Der Bessemerprozeß des 19. Jahrhunderts war bereits nach 20 Minuten abgeschlossen.

Zentralisation, Massenhaftigkeit und Beschleunigung sind somit Merkmale des Industriesystems, das von der Kohle abhängt. Eine nicht zu unterschätzende Rolle spielte in diesem Zusammenhang die Dampfmaschine, deren Aufstieg eng mit der Kohle verbunden war. Dampfgetriebene Entwässerungspumpen waren die Voraussetzung für einen wirklichen Aufschwung des Kohlebergbaus; umgekehrt war die Evolution der Dampfmaschine ohne den Überfluß billiger Kohle kaum vorstellbar, denn der Weg von den frühen, ungeheuer verschwenderischen Modellen bis zu den modernen Maschinen, die sich den Grenzen des physikalisch möglichen Wirkungsgrads annäherten, war weit und verschlungen.[26]

Die Dampfmaschine bildete das Kraftzentrum der großen Industrie des 19. Jahrhunderts; sie machte es möglich, die Wärmeenergie der verbrannten Kohle in mechanische Energie zu verwandeln, welche über Transmissionsanlagen zu den einzelnen Arbeitsplätzen geführt wurde. Es bestand eine gewisse Analogie zur herkömmlichen Wassermühle, die ebenfalls durch das Wasserrad zentral mechanische Energie gewann und mit Stangen, Rädern und Bändern zu den Geräten führte. Die Wassermühle fand jedoch in der Kapazität des Wasserlaufs ihre Grenze, die zugleich den Produktionsumfang an einem Standort limitierte.[27] Die Dampfmaschine dagegen machte von solchen Beschränkungen frei; für sie war Größe kein Nachteil, sondern im Gegenteil: je größer sie war, desto günstiger das Verhältnis von Kesselraum und Kesseloberfläche, desto geringer konnten also die Energieverluste wie der Materialaufwand sein. Es ist daher kein Wunder, wenn in der technologischen Literatur des 19. Jahrhunderts die feste Überzeugung herrscht, Zentralisation und Größe seien die Vorbedingung der Industrialisierung schlechthin.[28]

Als man in Mittel- und Westeuropa vom traditionellen Solarenergiesystem zum fossilen Energiesystem überging, bedeutete dies, daß man sich energetisch nicht mehr im Rahmen dessen bewegte, was dauerhaft von der Biosphäre abgeschöpft werden konnte, sondern daß man sich eines einmaligen Schatzes bemächtigte, mit dem man so verfuhr, als sei er unerschöpfbar. Das ungeheure Bevölkerungswachstum und die gewaltigen Wohlstandssteigerungen der vergangenen zweihundert Jahre beruhen energetisch darauf, daß man einen gegebenen Bestand verzehrt. Die Industriegesellschaften verhalten sich im Grunde nicht anders als eine Bakterienkultur, die sich in einer Nährflüssigkeit so lange vermehrt, bis alles aufgebraucht ist oder bis sie an ihren Stoffwechselprodukten zugrunde geht. Diese Tatsache ist heute allgemein bekannt. Weniger bekannt ist vielleicht, daß dieser Zusammenhang schon seit Beginn der Industrialisierung prinzipiell durchschaut war und daß die Dramatik der Einsicht, das Industriesystem ruhe auf einer endlichen, vorübergehenden Basis, immer wieder die Gemüter erhitzte und nach Auswegen suchen ließ.

Besonders intensiv wurde dieses Problem in England seit dem frühen 19. Jahrhundert diskutiert;[29] man erstellte eine Reihe von Prognosen und richtete parlamentarische Kommissionen ein, die sich mit Gegenmaßnahmen beschäftigten.[30] In Deutschland wurde das Problem nicht in solcher Dringlichkeit gesehen, weil die deutschen Lagerstätten (einschließlich Lothringen und Oberschlesien) wesentlich größer waren als die englischen. Dennoch warf die Tatsache, daß Kohle nicht für alle Zeiten verfügbar sein konnte, einen Schatten selbst auf die Industrialisierungseuphorie der Gründerjahre.[31] Man überlegte daher bald, welche Alternativen zur Kohle denkbar waren, wobei diese Alternativen den Vorzug haben sollten, die Energieversorgung auf Dauer zu sichern. Es gab zahlreiche phantastische und unrealistische Vorschläge, doch schien sich in den 1880er Jahren eine Dauerlösung auf der Basis von Solarenergie abzuzeichnen.[32] So experimentierte man mit direkten Sonnenkraftmaschinen, die durch einen Brennspiegel Sonnenenergie einfingen, mit deren Hilfe wiederum eine Dampfmaschine betrieben werden sollte.[33]

In der Praxis wichtiger jedoch wurde die Nutzung der Wasserkraft mit Hilfe von Elektrogeneratoren, die einen Übergang zur Elektrizitätswirtschaft markieren. Wasserkraft war bisher nur durch Mühlwerke genutzt worden. Sie hatten jedoch den gravierenden Nachteil, daß die mit ihnen gewonnene Energie nicht transportiert werden konnte, sondern an Ort und Stelle genutzt werden mußte. Mechanischer Transport von Energie mithilfe von Transmissionsystemen war so aufwendig und mit so großen Reibungsverlusten verbunden, daß er sich nur auf kürzesten Strecken lohnte. Auch Versuche mit Druckluftleitungen stießen bald an technische und wirtschaftliche Grenzen. Elektrizität machte dagegen die Energie von Wasserläufen transportierbar. Wenn man die gewaltigen Kapazitäten des Alpenraums und der Mittelgebirge in Betracht zog, schien die Elektrizitätswirtschaft eine denkbare solarstationäre Alternative zur fossilen Energie zu bieten.

Die Elektrifizierung Deutschlands machte seit den 1880er Jahren rapide Fortschritte, doch ließ die Stromerzeugung mithilfe von Kohlekraftwerken die Vision von der solaren Dauerenergie wieder verblassen.[34] Der Übergang zur Elektrizität gewann eine ganz andere Bedeutung. Der Elektromotor, ein umgekehrter Generator, der die Stromspannung wieder in eine mechanische Bewegung zurückführt, löste allmählich die Dampfmaschine ab. Das bedeutete nicht nur, daß in den Betrieben die Transmissionen verschwanden; vor allen Dingen erlaubte der Elektromotor den Anschluß des Klein- und

Handwerksbetriebs an die Industrialisierung und Mechanisierung.[35] Hatten viele (mit Hoffnung oder mit Schrecken) gedacht, das Zeitalter der „großen Industrie" bedeute den Untergang des Handwerks, da diesem der Anschluß an die modernen Kraftmaschinen versagt bleiben müsse, so stabilisierten und modernisierten sich Handwerk und Kleinbetrieb seit dem ausgehenden 19. Jahrhundert.[36]

Mit der Nutzung des Verbrennungsmotors und des Erdöls trat das fossile Energiesystem im 20. Jahrhundert in eine neue Phase. Siedlungs- und Gewerbestrukturen konnten sich wieder etwas dezentralisieren; die Industrialisierung wurde (in Europa im Grunde erst nach dem Zweiten Weltkrieg) flächendeckend und ubiquitär. Die Abhängigkeit von der fossilen Energie wuchs noch einmal beträchtlich, eine Tatsache, die vom billigen Erdöl verdeckt, aber nicht beseitigt wurde. Die Suche nach einer Energiealternative blieb daher während des gesamten 20. Jahrhunderts aktuell, wenn ihre Bemühungen auch nicht immer in die Öffentlichkeit gelangten und nicht immer gleichmäßig gefördert wurden.[37]

Die energiewirtschaftliche Struktur Deutschlands änderte sich im Verlauf des 20. Jahrhunderts dadurch, daß große Energiekonzerne entstanden, die es verstanden, kleinere und lokale Anbieter sukzessive vom Markt zu verdrängen. Ein wichtiges Hilfsmittel dazu war das Energiewirtschaftsgesetz von 1935, in dem die Interessen der Konzerne zu Lasten der kommunalen Versorgungsunternehmen begünstigt wurden.[38] Die Energiekonzerne verfolgten eine Politik der Angebotsorientierung, wobei sie ihre Tarife so gestalteten, daß ein wachsender Absatz von Strom und Gas möglich wurde. Dies förderte auf der einen Seite die flächendeckende Elektrifizierung und die Ausstattung der privaten Haushalte mit elektrischen Geräten, doch wurden andere Pfade der Energieversorgung dadurch vernachlässigt. Dies gilt besonders für die Nutzung von Abwärme durch Kraft-Wärme-Koppelung und den Betrieb von Fernheizsystemen, die nur auf der Basis relativ kleiner und dezentraler Kraftwerke sinnvoll sind. Entsprechende Vorschläge, die besonders Anfang der dreißiger Jahre ins Spiel gebracht wurden, konnten sich jedoch nicht durchsetzen. Sie scheiterten einmal an den Expansionswünschen der Elektrokonzerne, aber auch daran, daß im politischen Raum das Paradigma der Massenproduktion und technischen Größe favorisiert wurde. Man legte daher den energiepolitischen Akzent auf die Bereitstellung immer größerer Mengen hochwertiger Energie (Strom, Gas), weniger aber auf eine rationelle Energieverwendung. Entsprechend groß waren daher die Innovationsspielräume, als man nach den Ölkrisen der siebziger Jahre begann, Einsparungsszenarien zu diskutieren.

Seit den fünfziger Jahren versprach die zivile Nutzung der Kernenergie einen Ausweg aus der Sackgasse, in die die fossile Energie geführt hatte.[39] Kernenergie machte es zunächst möglich, Uran als Energieträger zu nutzen, d.h. den Bestand der vorhandenen Energieträger wesentlich zu vergrößern, wenn es auch nicht möglich ist, eine wirkliche Dauerenergieversorgung auf der Basis von Uranspaltung aufzubauen. Man glaubte jedoch, mit der Nutzung der Kernenergie einen technologischen Pfad einzuschlagen, an dessen Ende ein wirkliches Dauerenergiesystem stehen würde: die Kernfusion. Der Schnelle Brüter sollte eine wichtige Etappe auf diesem Weg bilden, erlaubte er es doch, die vorhandenen Uranvorräte weitaus besser auszunutzen als gewöhnliche Reaktoren.

Die nukleare Lösung stellt eine energetische Utopie dar. Sie verspricht billige Energie im Überfluß und zwar auf Dauer. Sie hat jedoch auch gravierende Nachteile, die ihre Realisierung gegenwärtig als relativ unwahrscheinlich erscheinen lassen, vor allem das Gefährdungspotential durch die Radioaktivität, das durch Unfälle oder Anschläge virulent werden kann, sowie das ungelöste Problem der Endlagerung.[40] Hinzu kommt, daß Brüter und vor allem auch Fusion technisch noch weitgehend ungelöst sind und ihre künftige Wirtschaftlichkeit keineswegs absehbar ist.

Als Alternative wird die Energieeinsparung durch Rationalisierung diskutiert.[41] Sie ist kurz- oder auch mittelfristig der einfachste und risikoärmste Weg, zumal sie offensichtlich dem aktuellen ökonomischen und technischen Trend entspricht, der zur Expansion von Informationstechnologien und hocheffizienten Automatisierungsprozessen führt. Aber Einsparung kann letztlich nur den Zeitpunkt hinausschieben, an dem die fossilen Energieträger verbraucht sind. Eine wirklich dauerhafte Perspektive öffnet sie nicht, wohl aber eine, die für die nächsten hundert Jahre ausreichen dürfte.

Eine zweite energetische Utopie bietet die industrielle Nutzung der Sonnenenergie.[42] Es mag überraschen, daß dies eine reale Alternative sein soll, war man doch zur Nutzung von Kohle und Öl übergegangen, um den Restriktionen des traditionellen Solarenergiesystems zu entkommen. Doch scheint es heute möglich, Sonnenenergie mit weit besserem Wirkungsgrad zu nutzen, als dies früher der Fall war. In der vorindustriellen Gesellschaft war Biomasse der einzige nennenswerte Energiespeicher. Ihr Aufbau durch Photosynthese ist jedoch nicht allein von der Sonneneinstrahlung abhängig, sondern von einer Reihe von Randbedingungen wie Wasser, Mineralstoffe usw. Ein technisches Solarenergiesystem könnte dagegen Standorte und Flächen nutzen, die für Landwirtschaft unbrauchbar sind, und es könnte theoretisch zudem bessere Wirkungsgrade erreichen als Pflanzen. Doch sind auch hier die entscheidenden Probleme noch nicht gelöst; auch die moderne Sonnenenergienutzung ist, soll sie langfristig die fossile Energie vollständig ersetzen, eine Utopie, die der nuklearen kaum darin nachsteht, daß sie Unvorhersehbarkeiten technischer und ökonomischer Art beinhaltet.

Sonnenenergie wie Kernenergie bieten also ungewisse Wege in die Zukunft. Beide beruhen auf Annahmen, die noch nicht eingelöst sind. Dies gilt jedenfalls bezüglich ihres Versprechens einer dauerhaften Energieversorgung. In den nächsten 50 oder 100 Jahren können sie jedoch beide gegangen werden. Dies darf man als Ergebnis der Energiediskussion der letzten Jahre festhalten.[43]

Zum Schluß möchte ich noch einmal die Krisentendenzen der unterschiedlichen Energiesysteme charakterisieren:

1. Das vorindustrielle Solarenergiesystem steuerte einem stationären Maximum zu, welches es bei Aufrechterhaltung

seiner Systembedingungen nicht überwinden konnte. Dieses Maximum war freilich nicht eindeutig bestimmt, sondern in gewissen Grenzen variabel. Effektivere Energienutzung, Optimierung der Flächenverwendung, technische Substitutionsprozesse konnten die stationäre Obergrenze einigermaßen flexibel halten, doch bedeutete dies, daß die Produktionsdynamik sich verlangsamen mußte. Dieses traditionelle Solarenergiesystem war jedoch zugleich ein Dauerenergiesystem, d.h. es war grundsätzlich möglich, daß ein bestehendes, recht hohes Niveau der Energieversorgung auf lange Zeit hinweg aufrechterhalten blieb.

2. Das fossile Energiesystem beruht demgegenüber darauf, daß man einen zwar sehr großen, aber doch begrenzten Vorrat gespeicherter Energie nutzt. Wir befinden uns also vor einem anderen Zeithorizont: Mittelfristig besteht ein enormes Angebot billiger Energie, das eine beispiellose wirtschaftliche und technische Dynamik alimentiert, doch muß langfristig der Verbrauch fossiler Energieträger zuende gehen. Weil fossile Energie erschöpfbar ist, unterscheidet sich ihre Perspektive von der des stationären Zustands im traditionellen Solarenergiesystem darin, daß die erreichten Niveaus des Energieflusses nicht dauerhaft aufrechterhalten werden können, sondern irgendwann wieder beschränkt werden müssen. Die Krisenperspektive liegt daher nicht nur in einer drohenden Erlahmung des Wachstums, sondern auch darin, daß das System selbst wieder schrumpfen muß. Das fossile Energiesystem hat auf jeden Fall nur transitorischen Charakter; es muß irgendwann von einem anderen System abgelöst werden.

3. Die heutige Energieproblematik besteht darin, daß sich die in aller Schärfe gesehene Beschränktheit des fossilen Energiesystems mit den manifest gewordenen Nachteilen der angebotenen Alternativen verbindet. Die Nutzung fossiler Energieträger wird nicht nur (mittelfristig) teurer, es werden auch weitere Nachteile sichtbar, von denen die Klimaveränderungen aufgrund der CO_2-Emissionen wohl die gravierendsten sind. Die Vorschläge forcierter Energieeinsparung können letztlich nur den Zeitpunkt der Erschöpfung von Kohle, Erdöl

und Erdgas hinausschieben; sie zielen auf eine effizientere Nutzung, bilden aber keine eigene Energiequelle. Auf jeden Fall können sie aber helfen, Zeit zu gewinnen.

Der Kernenergiepfad könnte prinzipiell einen Ausweg bieten, sofern er auf die Perspektive des Brut- und Fusionsreaktors setzt, also eine eigene technische Energiequelle enormen Potentials erschließt. Die bestehenden Bedenken hinsichtlich der Unfall- und Sabotagerisiken sowie mangelnder Sozialverträglichkeit sind jedoch nicht von der Hand zu weisen.

Das technische Solarenergiesystem, das als dritte Alternative ins Spiel gebracht wird, hat vermutlich bestimmte Eigenschaften mit dem traditionellen Solarenergiesystem gemein. Dies gilt auf jeden Fall für seine Flächenabhängigkeit, d. h. seine vermutlich lineare Beziehung von Aufwand und Ertrag. Zusätzlich ist zu vermuten, daß auch dieses System einem stationären Maximum zustrebt, das zwar in bestimmten Grenzen elastisch ist, einer Perspektive unendlicher Wachstumsdynamik jedoch eine Schranke setzt. Sollte bei künftiger Rohstofferschließung der spezifische Energiebedarf tatsächlich steigen, so liegt hier ein ernsthaftes Problem.

Thomas Rommelspacher
Das natürliche Recht auf Wasserverschmutzung
Geschichte des Wassers im 19. und 20. Jahrhundert

Am 13. Dezember 1986, sechs Wochen nach der Sandoz-Katastrophe, forderte ein Rheintribunal, dem „unverantwortli-
chen, ja kriminellen Umgang mit den natürlichen Grundlagen
unseres Lebens ... unverzüglich Einhalt zu gebieten. ... Wir
wollen Wasser wieder gefahrlos trinken können, im Rhein und
anderen Flüssen wieder baden können, wieder unvergiftete
Aale, Lachse und Forellen aus den Flüssen essen können."
   Der Rhein liefert Trinkwasser für 4–6 Millionen Menschen.
Chemiker der niederländischen Rheinwasserwerke haben
selbst im aufbereiteten Trinkwasser Stoffe gefunden, die als
krebserzeugend gelten. 1985 führte der Fluß 11 Mio Tonnen Chlorid, 4,6 Mio Tonnen Sulfat, 828 000 Tonnen Ni-
trat, 284 000 Tonnen organische Kohlenstoffverbindungen,
90 000 Tonnen Eisen, 38 200 Tonnen Ammonium, 28 400 Tonnen Phosphor, 4350 Tonnen Zink, 2500 Tonnen organische
Chlorverbindungen, 681 Tonnen Kupfer, 665 Tonnen Blei,
578 Tonnen Chrom, 530 Tonnen Nickel, 126 Tonnen Arsen,
bis zu 13 Tonnen Cadmium und 6 Tonnen Quecksilber über
die niederländische Grenze.[1] Angesichts dieser Zahlen und
unter dem Eindruck der Sandoz-Katastrophe forderte das Tri-
bunal radikale Maßnahmen, an erster Stelle den Widerruf aller Einleitungserlaubnisse in den Rhein.

Umbruch der städtischen Wasserversorgung

Die Debatte um die Verschmutzung des Rheins und anderer
Flüsse ist alt. Knapp 110 Jahre bevor Umweltschutzgruppen
ein Einleitungsverbot forderten, hatte es etwas Vergleichbares
schon einmal gegeben: Am 1. September 1877 war in Preußen

eine Verfügung erlassen worden, die einem Einleitungsverbot für städtische Abwässer in die Flüsse gleichkam. Im Zentrum der damaligen Diskussion stand die Verschmutzung durch die Städte: das Bevölkerungswachstum hatte den Wasserbedarf stark steigen lassen. Bei der vorherrschenden Praxis, Abwasser ungeklärt in die Flüsse zu leiten, entstand so ein in dieser Form neues Problem.

In den mitteleuropäischen Städten des Mittelalters hatte eine Wasserversorgung auf drei Ebenen bestanden: Die meisten Haushalte versorgten sich aus privaten Hausbrunnen. Ein kleinerer Teil war – oft unter städtischer Kontrolle – genossenschaftlich organisiert. Der geringste, aber seit dem 16. Jahrhundert wachsende Teil erfolgte unter städtischer Verantwortung. Neben vereinzelten Leitungssystemen sicherten vor allem Grundwasserbrunnen die Versorgung. Dieser Standard des Spätmittelalters blieb bis weit in die Neuzeit hinein bestimmend: Bis in das 19. Jahrhundert hinein war eine kombinierte Wasserversorgung aus innerstädtischem Quell- und Grundwasser und ergänzenden Zuleitungen durch ein Holzröhrensystem üblich. Abwässer und Fäkalien wurden entweder in Sickergruben oder über Abzugsrinnen in nahegelegene Gewässer geleitet.

Flußverschmutzung im Zusammenhang mit Industrialisierung und Verstädterung war zunächst in England aufgetreten. 1857 führte sie zum „great stink" der Themse, durch den sich sogar das Parlament gestört fühlte. Der Bericht einer daraufhin eingesetzten Kommission unterstrich erstmals die Notwendigkeit der Flußreinhaltung. Die Berichte der „Rivers Pollution Commission" (1865, 1868) waren bis zur Jahrhundertwende Standardwerke über Flußverunreinigung. Vergleichbare Probleme gab es auf dem Festland bis dahin nur vereinzelt: In Belgien führte die Verschmutzung der Senne bei Brüssel seit 1859 zu Beschwerden, 1869 kam es in der Seine bei Argenteuil zu einem großen Fischsterben.[2]

Die Zustände der deutschen Flüsse waren, von einzelnen Ausnahmen abgesehen, bis in die 1870er Jahre hinein nicht mit denen englischer vergleichbar, und eine Gefährdung schien wegen der geringeren Industrialisierung und der größeren Wasserführung deutscher Flüsse in weiter Ferne zu liegen. Die Erwartung trog: Das Wachstum der Städte ließ die Versorgung mit Trinkwasser und die Entsorgung der Abwässer zum Problem werden. Die Wassernot hatte auch städtebauliche Gründe: Das Auffüllen der Befestigungsgräben im Zuge der Stadterweiterungen beseitigte einen Wasserspeicher, der die Brunnen füllte. Das vermehrte Abteufen, das die Ergiebigkeit der Brunnen steigern sollte, erhöhte die Verseuchung durch Latrinen und Gossen und damit die Gefahr von Epidemien. Unter diesem Druck begann um die Mitte des 19. Jahrhunderts (Berlin 1852, Altona 1854, Magdeburg 1858) die Einrichtung zentraler Wasserversorgungssysteme, die die traditionellen innerstädtischen Brunnen langsam verdrängten. Neben Projekten für ein geschlossenes Versorgungsnetz, das sich auf Flußwasser und Fernzuleitungen stützte, gab es Positionen, die die Trinkwasserbrunnen sanieren und den Mehrbedarf mit einer eigenen Zuleitung für Brauchwasser abdecken wollten. Diese Ansätze wären vielleicht realistisch gewesen, hätte nicht die Schwemmkanalisation, die ab der zweiten Hälfte des 19. Jahrhunderts durchgesetzt wurde, den Wasserbedarf noch zusätzlich gesteigert. Sie führte Abwässer und Exkremente rasch ab, hatte jedoch Folgeprobleme: Der Abwasserfluß benötigt große Wassermengen, um Stockungen in den Kanälen zu vermeiden, die Beseitigung erfolgte um den Preis der Flußverschmutzung. So begann die Auseinandersetzung um die Flußverunreinigung trotz der ebenfalls bedeutsamen industriellen Einleitung (1877 beklagten sich in Sachsen 140 Orte über Flußverschmutzung: nur 7% der 273 genannten Ursachen wurden Kommunen angelastet, 93% Betrieben)[3] in den 1870er Jahren als Fortsetzung der Debatte um die Städtereinigung.

Städtereinigung und Flußverschmutzung

Die Einführung der Schwemmkanalisation, die neben den Abwässern auch Fäkalien aufnehmen sollte, war umstritten. Ihre Gegner wollten Fäkalien weiter als Dünger nutzen und sahen in ihr eine volkswirtschaftliche Verschwendung. Hier kam Liebigs in den 1840er Jahren entwickelte Raubbautheorie zum Tragen, nach der die Bodenfruchtbarkeit nur erhalten wird, wenn die durch Ernten entzogenen Bestandteile wieder zurückgegeben werden (vgl. den Beitrag von E. Schramm in diesem Band).

Bei der Diskussion um die Auswirkungen der Schwemmkanalisation auf die Stadthygiene standen sich zwei Positionen gegenüber. In Weiterentwicklung traditioneller, im Mittelalter verbreiteter Annahmen, hatte Max v. Pettenkofer, seit 1853 Professor für Hygiene in München, die Bodentheorie formuliert. Danach werden Epidemien durch Dünste verursacht, die bei Schwankungen des Grundwasserstands aus dem durch Exkremente und Haushaltsabfälle verunreinigten Boden entweichen. Andere Forscher suchten nach einem Erreger und dachten dabei u. a. an das Trinkwasser als Infektionsweg. 1883 wies Robert Koch erstmals Bakterien im Darm von Cholera-Leichen nach, ohne daß zunächst eine Rückinfektion von Tieren mit dem mutmaßlichen Erreger gelang. 1892 trank Pettenkofer eine Lösung mit dem Kochschen Erreger ohne zu erkranken. Er hatte sein Gegenexperiment unbeabsichtigt verfälscht, indem er danach Bier trank, so daß die Bakterien in seinem übersäuerten Magen abstarben.

Die Debatte um die Ursachen der Epidemien, die bis in die 1890er Jahre hinein offen blieb, hatte Interessenshintergründe: Die Kochsche Trinkwassertheorie zog als Konsequenz den Bau von Kläranlagen nach sich, Ausgaben, die viele Städte scheuten. Auch wurde die Einspeisung von Fluß- und Oberflächenwasser in die neuen Versorgungsnetze schwieriger, weil möglicherweise verseuchtes Wasser teuren und technisch noch nicht beherrschten Reinigungsprozeduren unterworfen werden mußte. So plädierten besonders Hygieniker, die der Kommunalpolitik verbunden waren, unter Berufung auf Pettenkofer für Kanalisation und Flußverschmutzung, da sie in der Entsorgung das Hauptproblem sahen. Die Befürworter der Schwemmkanalisation verwiesen unter anderem auf eine mögliche Senkung der Sterblichkeit: Die Kanalisation bedeutete zugleich eine Entwässerung und beseitigte die nach der Bodentheorie für die Seuchen verantwortlichen Grundwasserschwankungen. Sie trug jedoch auch zum Trockenfallen der Brunnen bei und vergrößerte so den Bedarf nach einer zentralen Wasserversorgung. Kanalisationen wurden ab den 1850er Jahren gebaut (Hamburg 1840, später Berlin, München, Frankfurt) und die Abwässer in Flüsse sowie vereinzelt auf Rieselfelder geleitet. 1883 waren 27,3% der Stadtbewohner in Preußen an Kanalisationen angeschlossen, 1907 66,5%.

Vom Einleitungsverbot zur Einzelfallprüfung

Die ab den 1860er Jahren zunehmend gebauten Kanalisationen führten zu einer wachsenden, vorerst punktuellen Flußverschmutzung; die Wasserfrage verband sich so mit dem Problem der Flußverunreinigung. Da parallel zum Ausbau der Kanalisationen auch immer mehr Flußwasser in städtische Versorgungsnetze eingespeist wurde, eskalierten die Konflikte zwischen Ober- und Unterliegern, und es entwickelte sich ein lebhafter Gutachterkrieg.

1870 behauptete Pettenkofer in einem Gutachten, das Abwasser der geplanten Frankfurter Kanalisation, das in den Main geleitet werden sollte, werde die Gesundheit der Unterlieger nicht beeinträchtigen. Dagegen stellte die an der Genehmigung von Kanalisationsprojekten beteiligte preußische Königliche Wissenschaftliche Deputation für das Medizinalwesen 1876 fest, „daß nach den traurigen, in England während der letzten Dezennien in Betreff der Verunreinigung der Wasserläufe gemachten Erfahrungen jede direkte Verunreinigung der Flüsse durch die Auswurfstoffe der Städte zu vermeiden respektive zu verhindern sei". Frankfurt, so die Deputation, müsse Rieselfelder und eine Kläranlage anlegen. Ein Jahr später akzentuierte die Deputation ihren Standpunkt. In einem Gutachten zur Kölner Kanalisation, die ebenfalls in den Rhein münden sollte, argumentierte sie, daß die Flußreinhaltung ebenso wichtig sei wie die von Luft und Boden. Obwohl es beim Rhein noch lange dauern könne, bis eine relevante Verschmutzung eintrete, dürfe man mit der öffentlichen Gesundheit nicht experimentieren und eine Praxis nur deshalb genehmigen, weil sie Fäkalstoffe einfach und billig aus der Stadt schaffe. Deswegen, so die Deputation, dürfe das Kanalisationsprojekt nicht genehmigt werden.[4]

Entsprechend dieser Problemsicht erging in Preußen am 1. September 1877 die eingangs erwähnte Verfügung, die einem Einleitungsverbot für städtische Abwässer in Flüsse gleichkam. Betroffen waren u. a. Frankfurt, Köln, Stettin, Posen und Elbing. Wenige Wochen nach dieser Entscheidung tagte der Deutsche Verein für öffentliche Gesundheitspflege. Er vertrat die Ansichten von Kanalisationsbefürwortern, darunter Reinhard Baumeister, Tiefbauingenieur und Professor in Karlsruhe. Die Gewässer, so Baumeister, seien „die natürlichen Wege zur Beseitigung allen Unrates", und nichts liege näher, als sie als Vorfluter zu benutzen, weil von diesem „natürlichen Recht" überall Gebrauch gemacht worden sei, „solang die Welt besteht". Ein Aufgeben dieses Naturrechts würde so viel an „Verlegenheiten, Kosten und Übelständen erzeugen, daß unsere ganze Lebensweise auf den Kopf gestellt" wäre. Ein Teilnehmer faßte diese Position in einer rhetorischen Frage zusammen: „Ist es besser, wenn ein Fisch stirbt, oder ein Mensch?"[5] Baumeister wollte Infektionen durch verunreinigtes Wasser nicht ausschließen, verwies aber auf Pettenkofer, der das Gegenteil behauptete. Auf der Grundlage dieser Thesen plädierte der Verein in einer Eingabe an den Reichskanzler für die Aufhebung des Einleitungverbots und eine mildere Beurteilung von Kanalisationsplänen als in Frankfurt und Köln. Er verlangte vom Reichsgesundheitsamt die Erarbeitung exakter Grenzwerte für Flußverschmutzungen, anhand derer Anträge auf Einleitung beurteilt werden könnten.

Die bei dieser Debatte unterlegenen Kanalisationsgegner gründeten im Oktober desselben Jahres den ‚Internationalen Verein gegen Verunreinigung der Flüsse, des Bodens und der Luft' und wandten sich ebenfalls an den Kanzler. Sie wollten „Bestrebungen entgegentreten, die darauf ausgehen, unsere Flüsse in Kloaken herabzuwürdigen", und befürworteten das traditionelle Abfahren der Fäkalien. Der Verein verneinte – für diese fortschrittsgläubige Zeit bemerkenswert – die Möglichkeit von Wissenschaft und Technik, Boden, Luft und Wasser „willkürlich und binnen einer festgesetzten Frist zu reinigen", und verlangte „ferneren Beifügungen schädlicher Stoffe nach Kräften vorzubeugen".[6] In seiner Eingabe unterstützte er die Wissenschaftliche Deputation und betonte, daß aus volkswirtschaftlichen und hygienischen Gründen keine Fäkalien in die Flüsse gelangen dürften.[7] Ähnlich argumentierte auch der Deutsche Landwirtschaftsrat, der sich 1878 in Sachen Flußverunreinigung an den Reichskanzler wandte.

Der Druck der Kanalisationsbefürworter insbesondere aus den Kommunen erwies sich als stärker. Zwar führte er nicht zur Aufhebung des Einleitungsverbots, doch auch in diesem Fall erwies sich die Forderung nach Grenzwerten als Hebel, um eine großzügige Genehmigungspraxis durchzusetzen. „Die völlig verbietende Haltung der wissenschaftlichen Deputation in Preußen (geriet) ins Schwanken. ... An die Stelle einer Ablehnung a limine trat die Prüfung des einzelnen Falles",[8] sehr zum Vorteil der Kanalisationsbefürworter. Bereits 1879, zwei Jahre nachdem der Kölner Antrag aus prinzipiellen Gründen abgelehnt worden war, erhielt die Stadt Neiße unter Berufung auf die Selbstreinigungskraft der Flüsse die Erlaubnis zur Fäkalieneinleitung. 1888 legte die Deputation Richtlinien für die Genehmigung von städtischen Kanalisationen und Gewerbe vor und erarbeitete Grenzwerte für die Gewässerbelastung. Diese waren allerdings so großzügig, daß eine Gefährdung hiernach erst bestand, wenn Flußwasser Anzeichen von Fäulnis mit üblem Geruch und Gasentwicklung aufwies.[9]

Damit war der Konflikt um die Flußverschmutzung in den späten 1880er Jahren zugunsten einer fast uneingeschränkten Abwassereinleitung entschieden. Wie grundlegend sich die Positionen in kurzer Zeit verändert hatten, zeigt der Konflikt zwischen den Städten Worms und Mannheim. Worms verfügte nicht über ausreichend Grundwasser und griff deswegen auf Rheinwasser zurück. Damit war der Konflikt mit Mannheim, dessen Kanalisation 12 km oberhalb der Entnahmestelle in den Rhein münden sollte, programmiert. Worms erhob Einspruch gegen die Mannheimer Pläne, die 1897 mit geringen Auflagen genehmigt worden waren. Eine Kommission, die die Einsprüche behandelte, hielt Rieselfelder für „unausführbar" und die mechanische Klärung für ausreichend, falls das Rheinwasser chemisch-bakteriologisch überwacht und bei Epidemien Fäkalien und Abwässer desinfiziert würden. Sie verwies auf die Wassermassen des Rheins, die Schadstoffe normalerweise bis zur Unschädlichkeit verdünnten. In einem erneuten Einspruch stellte Worms die Fähigkeit des Rheins in Frage, auf einer Strecke von nur 12 km Krankheitskeime abzubauen, und bezweifelte die Möglichkeit, bei Epidemien die Abwässer einer ganzen Stadt zu desinfizieren. Die Einsprüche wurden abgewiesen und die Mannheimer Kanalisation 1901 genehmigt. Bei einer durch anhaltende Proteste erzwungenen Nachprüfung kamen die staatlichen Gutachter zu einer bemerkenswerten Feststellung: „Ein Flußlauf wie der Rhein nimmt, auch abgesehen von den Zuläufen aus Städten und Flüssen, viele den menschlichen Haushalten direkt und indirekt entstammende Substanzen auf, so daß jeder, der auch von dem anscheinend klaren Wasser trinkt, persönlich die Gefahr einer Gesundheitsschädigung übernehmen muß." Worms müsse seine Wasserversorgung selbst verantworten und das Wasser reinigen, weil „ein offener Flußlauf ... niemals den Charakter eines gesunden Trinkwassers" besitze.[10]

Da der gewaltige Wasserbedarf von Städten und Industrie durch Brunnen und nahe Quellen nicht mehr zu decken war, mußte auf Flußwasser und damit auf Reinigungstechniken ausgewichen werden. In England wurde die Filterung schon im 18. Jahrhundert erprobt. 1804 wurde erstmals das Trinkwasser von Paisley in Filterbecken gereinigt. Um 1830 war die Sandfilterung zu einer brauchbaren Technik entwickelt, 1852 war sie in London obligatorisch. Sie wurde zum Schlüssel für die ingenieurtechnische Sanierung der zusammengebrochenen Wasserversorgung. Zusätzlich waren gegen Ende des 19. Jahrhunderts unter dem Druck der Bevölkerungsballungen und ihrer Folgeprobleme drei Abwasserreinigungsverfahren entwikkelt: Die mechanische Reinigung (Absetzbecken, Rechen, Siebe), chemische Verfahren (Ausfällen von Schadstoffen) und Anfänge der biologischen Reinigung; auch das Verrieseln als natürliche biologische Reinigung war verbreitet. Die Masse der Abwässer wurde ungereinigt in die Flüsse geleitet.

Die Selbstreinigung der Flüsse

In der Auseinandersetzung zwischen Worms und Mannheim tauchten zwei Argumente auf, die ab den 1870er Jahren zunehmend Bedeutung gewannen: der Verweis auf die Verdünnung von eingeleiteten Verunreinigungen und das Vertrauen in die Fähigkeit der Flüsse, Schadstoffe abzubauen. Die Theorie von der Selbstreinigung diente als Rechtfertigung für das Einleiten von Fäkalien und Schmutzwasser. Kombiniert mit dem Verdünnungseffekt der „gewaltigen Wassermassen", auf den auch die oben erwähnte Ministerialkommission verwies, erlaubte sie die nahezu schrankenlose Nutzung der Flüsse als Vorfluter für städtische und Industrieabwässer, die gegen Ende des 19. Jahrhunderts durchgesetzt wurde. Die Beobachtung, daß Flußwasser in einiger Entfernung nach der Einleitung von Schadstoffen wieder klar war und Leben enthielt, wurde 1864 von englischen Forschern beschrieben. Sie führte zu der Annahme, daß auch die „schmutzigsten Bäche und Flüsse" sich „durch einen solchen Prozeß" selbst reinigen würden.[11]

Die Theorie der Selbstreinigung war allerdings zunächst umstritten. Noch die zweite Untersuchungskommission des britischen Parlaments zur Flußverunreinigung sah hierin nur eine Verdünnung und Sedimentierung der Schmutzstoffe, während ihr chemischer Abbau derart langsam verlaufe, daß kein Fluß in Großbritannien lang genug sei, um eine Vernichtung durch Oxydation zu erreichen. Ähnlich argumentierten in Deutschland die Gutachter von Kommunen, die sich gegen Verunreinigungen wehrten. Zunächst wurden nur chemische Abbauprozesse gesehen, die durch Licht, Sauerstoff, Wasserbewegung und mechanische Einflüsse des Bodens erklärbar waren. 1873 wies der Franzose Gerardin schon auf die Bedeutung von Lebewesen bei der Selbstreinigung hin. In den 1890er Jahren setzte sich die Erkenntnis durch, daß die Lebewelt der Gewässer eine Selbstreinigung bewirkt. Werden Schadstoffe jedoch in zu hoher Konzentration eingeleitet, so sind die Organismen überfordert und sterben ab – und mit ihnen auch die Flüsse, die ohnehin ständig mit Stoffen belastet wurden (und werden), die sie nicht abbauen sondern lediglich hinausschwemmen können – bis ins Meer.

Die wohltätigen Ableiter der Industrieabwässer nach dem Meere

Die Verabschiedung strenger Grenzwerte hätte einen Schutz bedeuten können, doch dazu ist es nicht gekommen, nicht zuletzt unter dem Druck der Industrie. Deren Denkweise wird exemplarisch in einem Gutachten deutlich, das K. Jurisch für den Verein zur Wahrung der Interessen der Chemischen Industrie Deutschlands verfaßte.

Jurisch betont das Recht der Industrie, Flüsse als natürliche Abwasserableiter zu nutzen und lehnt allgemeine Grenzwerte der Belastung als unmöglich ab. Er verlangt „eine Abwägung der Interessen" und fordert „bei entgegenstehenden und nicht zu versöhnenden, ... das größere wirtschaftliche Interesse zu schützen".[12] Die Argumentation dieses Gutachters der chemischen Industrie kennzeichnet die Denkweise, die sich gegen Ende des 19. Jahrhunderts durchgesetzt hat. Jurisch stellte eine Art von Kosten-Nutzen-Analyse der Gewässerverschmutzung an und kam zu folgendem Schluß:

Der wirtschaftliche Werth der Industrien, welche Abwässer liefern, (ist) ca. 1000mal größer als der Werth der Binnenfischerei . . .. Haben sich an einem kleinen Fluß wie z. B. Wupper oder Emscher ... so viele Fabriken angesiedelt, daß die Fischzucht ... gestört wird, so muß man dieselbe preisgeben. Die Flüsse dienen dann als die wohltätigen Ableiter der Industrieabwässer nach dem Meere. ... Die Fischerei hat auf ein Flußgebiet, an dem gewerbliche und industrielle Anlagen errichtet worden sind oder werden, keinen Anspruch auf alleinige Berechtigung; und wenn die besten Einrichtungen für Reinigung der Abwässer getroffen und diese vom Staat ... gutgeheißen sind, so hat die Fischerei kein weiteres Vorrecht zu beanspruchen. ... Dieser Grundsatz entspricht nicht nur den Anforderungen des Nationalwohlstandes, sondern auch den wirtschaftlichen Interessen der örtlichen Bevölkerung. Denn wo ein Landstrich vor dem Entstehen der Industrie nur eine spärliche und ärmliche Bevölkerung trug, welche zwar ungehinderten und reichlichen Fischfang trieb, aber nur geringen Absatz und geringen Verdienst fand, und an die Scholle gebunden, an dem Fortschritt der Civilisation nur geringen Anteil nehmen konnte, – da verdichtet sich die Bevölkerung durch das Aufblühen der Industrie, Arbeiterschaaren strömen herbei, Verkehrswege werden geschaffen, ein fortwährendes Kommen und Gehen bringt die ortsansässige Bevölkerung in lebendige Berührung mit dem kräftig pulsierenden Leben der Nation, neuer Absatz, vermehrter Verdienst eröffnen sich, Bildungsanstalten entstehen und gestatten der Bevölkerung, sich auf eine höhere Stufe der Kultur zu heben. Es liegt daher im wohlverstandenen Interesse eines jeden armen Landstriches, das Aufblühen der Industrie zu fördern, selbst auf Kosten der Fischerei.[13]

Um die Jahrhundertwende war die Debatte, die sich mit dem Umbruch in der Wasserversorgung und Abwasserbeseitigung der Städte und dem Aufkommen der Industrie entwickelt hatte, beendet; ein neuer Nutzungsmodus für Wasser hatte sich etabliert. An die Stelle der Brunnen war die zentrale Wasserversorgung getreten. Die Durchsetzung der Schwemmkanalisation hatte eine hochproblematische Doppelrolle der Flüsse als Lieferanten von Trinkwasser und als Vorfluter für die Abwässer festgeschrieben. Auch die Debatte um die Verwertung der Fäkalien endete: 1906 löste sich der 1891 gegründete Ausschuß für Abfallstoffe der Deutschen Landwirtschaftsgesellschaft auf. Er stellte fest, daß nur die Schwemmkanalisation Fäkalien hygienisch einwandfrei aus den Städten schaffen könne. Ein Interesse an den Düngestoffen bestehe kaum noch, da billigerer und besserer Dünger zur Verfügung stünde. Die Frage der Flußverunreinigung durch städtische und Industrieabwässer erscheint nur noch als ingenieurtechnisches Problem. So bemerkt der Stuttgarter Regierungsbaumeister E. Maier 1903 in einem Handbuch für den Bau städtischer Kanäle zum Stichwort Verunreinigung der Gewässer: Schmutzwasser werde

an geeigneter Stelle in einen Wasserlauf eingeleitet, was so lange unbedenklich ist, als die Kanalwasser durch die Wassermenge des ... Vorflutgewässers eine genügende Verdünnung erhalten. Wenn ... Schmutzwasser in größerem Umfang (insbesondere industrielle Abwasser, Fäkalien durch Wasserspülung usw.) zugeführt werden, so kann eine derartige Verschmutzung des Vorfluters eintreten, daß es mit Rücksicht auf die flußabwärts liegenden Wassernutzer geboten erscheint, die Verunreinigung einzuschränken. Die Abwasser sind in diesem Falle zu reinigen, ehe sie in den Wasserlauf eingeleitet werden; der zu fordernde Grad der Reinigung ist jeweils nach den örtlichen Verhältnissen zu bestimmen.[14]

Wie problematisch diese Auffassung war, wurde insbesondere im Ruhrgebiet deutlich, dem größten und am schnellsten wachsenden Ballungsraum in Deutschland.

Wasser und Abwasser im Ruhrgebiet

Die Montanindustrien benötigten große Wassermengen. Um die Jahrhundertwende verbrauchten sie etwa 90% und in den 20er Jahren 85% des im Ruhrgebiet geförderten Wassers. Angesichts des enormen Bedarfs lag die Wasserentnahme aus der Ruhr 1883 bei 90 Mio m³, 1911 erreichte sie 300 Mio m³. Unter diesen Bedingungen führten die Entnahmen von 76 Wasserwerken (1908) zu einer anarchischen Konkurrenz, die in trockenen Sommern immer wieder Mangel am Unterlauf verursachte. 1911 war das Ruhrwasser am Unterlauf aufgebraucht, so daß Werksstillegungen drohten; bei einer anderen Trockenheit ließ der Industrielle A. Thyssen die Ruhr aufstauen, um Wasser entnehmen zu können. Als die Aufsichtsbehörde eingreifen wollte,

ließ (Thyssen) die Direktoren der Eisenwerke vortreten und darauf hinweisen, wie Tausende von Arbeitern ... ohne Verdienst seien, wenn die Betriebe wegen Mangel an Wasser eingestellt werden müßten. Dann erklärten die Direktoren der Zechen, daß für viele Hunderte von Bergleuten Gefahr an Leib und Leben bestehe wegen der Möglichkeit von Kohlenstaubexplosionen bei Mangel an Speisewasser, wenn nicht ebenfalls zum Mittel der Betriebsschließung gegriffen werden solle.[15]

Gleichzeitig wurde Abwasser ohne Einschränkung in Wasserläufe geleitet, die auch der Trinkwasserversorgung dienten. Im Gebiet der Ruhr, aus der die Masse des Wassers für das Revier gewonnen wurde, fielen 1908 56 Mio m³ Abwasser an.

Der Biologe A. Thienemann[16] beschrieb die Ruhr bei Mülheim im Sommer 1911 als „braunschwarze Brühe, die stark nach Blausäure riecht, keine Spur Sauerstoff enthält und absolut tot ist". Angesichts der Bedeutung des Flusses bemerkte das Landwirtschaftsministerium 1913:

Alle Bemühungen, im Interesse der Trinkwasserversorgung schädigende Zuflüsse ... fernzuhalten, haben bisher nicht ausgereicht, um auch nur einigermaßen befriedigende Zustände zu schaffen. Im Gegenteil, die Verschmutzung und Verschlammung hat von Jahr zu Jahr zugenommen und einen Grad erreicht, der besonders im gesundheitlichen Interesse ... zu den größten Bedenken Anlaß gibt.[17]

Die Situation der Emscher, des zweiten Flusses im Ruhrgebiet, beschreibt das Recklinghäuser Wochenblatt v. 21.2. 1875:

Unser einst so klares Flüßchen scheint in Zukunft den ‚krystallenen Fluten' der Essener Berne gleich werden zu sollen. So sahen wir zu verschiedenen Malen die Emscher in der Gegend von Mengede ... dunkelschwarz gefärbt und einen wahrhaften Pestilenzgestank verbreitend. Fische, Krebse, Frösche verenden dann in dem ... durch ammoniakalische Wasser und Theer von Gasanstalten vergifteten Flusse.[18]

Um 1900 gab es im Emschersystem noch rund 18 000 Trinkwasserbrunnen, 1910 nahm es 96 Mio m³ Abwasser auf.[19]

Brauchbares Trinkwasser

Ab Ende der 1860er Jahre begannen die Ruhrgebietsstädte, zentrale Wasserversorgungen und Kanalsysteme zu bauen. 1883 waren elf Städte teilweise an eine Zentralversorgung angeschlossen, sieben hatten Kanalisationen begonnen.[20] Der Beginn der Wasserversorgung bedeutete nicht, daß das ganze Stadtgebiet erfaßt war: Um die Jahrhundertwende waren Brunnen noch weitverbreitet, und „das für den Typhus am meisten exponierte Proletariat (benutzte) fast überall ein allen Eventualitäten exponiertes Wasser".[21] Auch Kanalisation gab es erst in wenigen Stadtteilen. Wegen der Bedeutung einer sicheren Wasserversorgung betrieben Unternehmen wie Krupp, Thyssen und die Gutehoffnungshütte in Oberhausen eigene Werke für ihre Fabriken und Arbeitersiedlungen. Sie führten häufig Brauchwasser in einem eigenen, aus Fabrikabwässern und der Emscher gespeisten Netz.

Bis weit in die 20er Jahre hinein war aus der Ruhr gewonnenes Trinkwasser hygienisch bedenklich. Aufgrund der Interessen der industriellen Abnehmer mit ihren geringen hygienischen Ansprüchen an das Wasser lagen die Anlagen oft zu nahe an der Ruhr, weil sich so am besten Wasser gewinnen ließ. Grahn erwähnt die AG Gelsenkirchener Wasserwerke, die „in unmittelbarer Nähe der Ruhr" Wasser gewannen und „ohne vorherige Reinigung" abgaben; in Dortmund waren die Sammelanlagen „10 m von der Ruhr entfernt", die Mülheimer Brunnen lagen „dicht neben der Ruhr".[22] Die Gelsenkirchener Wasserwerke verursachten 1901 eine Typhusepidemie mit rund 500 Toten, weil sie aus Kostengründen ungereinigtes Ruhrwasser in das Netz einspeisten. Andere Werke, etwa das der Stadt Duisburg, handelten ähnlich.

Aus der Ruhr gewonnenes Wasser war auch ohne kriminelle Praktiken einzelner Werke oft gesundheitsschädlich. Probleme bereitete die Verstopfung des Flußbettes durch Abwasserschlamm, der die Ergiebigkeit der Uferbrunnen senkte:

Infolge des Wassermangels wird dann der Wasserspiegel in den Brunnen immer tiefer abgesenkt und der auf der Schlammschicht lastende Druck wird größer. Schließlich bricht dann die Schlammschicht ..., oder sie wird in höchster Not, um den Betrieb aufrecht halten zu können, künstlich zerrissen. Dann strömt das Wasser ... ohne genügende Filtration durch den Kies in die Brunnen und das Trinkwasser ist als verdächtig anzusehen.[23]

Die Wirkung der Uferfiltration lag bei 600:1, bei Niedrig- und Hochwasser stieg die Keimzahl allerdings „oft um das Zehnfache". So kam es noch 1910 „vor, daß sich ein Wasserwerk genötigt sieht, bekannt zu machen, daß das Wasser nur im gekochten Zustande zu genießen ist".[24] Die Oberhausener Gutehoffnungshütte verbot ihren Arbeitern noch 1914 bei Hochwasser (Frühjahr) und großer Hitze (Sommer), Trinkwasser aus der Ruhr ungekocht zu genießen. Wie berechtigt dies war, unterstreicht der Biologe A. Thienemann. Im Sommer 1911 wurde aus dem Wasser der unteren Ruhr allmählich eine mit Chemikalien aller Art gesättigte Lauge, in der kein Fisch mehr leben, von der kein Tier mehr trinken konnte und aus deren Nähe jeder Mensch mit normalem Geruchsempfinden möglichst wich; mit dem Namen ‚Flußwasser' konnte diese Lauge nicht mehr bezeichnet werden. Und doch waren die Wasserwerke im unteren Ruhrtale auf das von diesem ‚Ruhrwasser' gespeiste sog. Grundwasser des Ruhrtales angewiesen.[25]

Nach der Jahrhundertwende wurde zwar die Aufbereitungstechnik verbessert, doch noch 1925 konstatierte ein Beamter der Emschergenossenschaft: „Wo rd. 9/10 ... des ... Wassers zu gewerblichen Zwecken Verwendung finden, da ist es unmöglich, das Wasser ... umständlichen und vor allem teuren Veredelungsprozessen zu unterwerfen; da gilt ... die Forderung, daß keine Krankheitsfälle hervorgerufen werden können." Bei Hochwasser oder in trockenen Sommern sei Trinkwasser aus der Ruhr „nicht unter allen Verhältnissen als einwandfrei zu bezeichnen ..., es ist lediglich *brauchbar*, aber für die industriellen Zwecke erfüllt das Ruhrwasser alle Anforderungen".[26]

Eine Lösung schien nur möglich, indem Wasser über größere Entfernungen herangeschafft wurde, insbesondere aus dem Sauerland. Der Ruhrtalsperrenverein, dem alle Großverbraucher angehörten, begann 1904 mit dem Bau eigener Talsperren. 1913 galt der Industriebedarf als gesichert, dennoch hatte die Ruhr im Sommer 1929 wieder drei Wochen keinen Abfluß in den Rhein, und die Versorgung wurde mit Rheinwasser aufrechterhalten. Die weiter periodisch auftretende Wasserknappheit zeigt, daß der Ruhrtalsperrenverein die gegensätzlichen Interessen der Wassernutzer nur vorübergehend zu regulieren vermochte. Auch war die steigende Verschmutzung durch Zuleitungen aus dem Sauerland nicht dauerhaft zu kompensieren. Da ein Einleitungsverbot für Abwässer undenkbar war, konnte eine Lösung nur gemeinschaftlich erfolgen: 1914 faßte der Ruhrverband Abwasserproduzenten und Wassernutzer zusammen und ermöglichte so eine Regelung. Größere Projekte wurden ab 1921 begonnen: Der Bau eines Kanals, der ab 1925 jährlich rund 50 Mio m³ Abwässer aus

Duisburg, Mülheim und Oberhausen ungeklärt in den Rhein leitete, diesen zwar belastete, aber so die Reinhaltung des Unterlaufs der Ruhr sicherte. Damit wurde nicht nur die Versorgung, sondern auch die Entsorgung zu Lasten weiter entfernter Gebiete geregelt: Talsperren im Sauerland und Verseuchung der Rheinfische. Der Ruhrverband sah hierin kein Problem, sondern erklärte:

Die Anforderungen des Rheins an die Abwasserreinigung sind gering. Die ... Klagen der Fischer sind übertrieben und, wirtschaftlich betrachtet, bedeutungslos. (...) Auch abgesehen von der Fischerei liegt kein Grund vor, beim Rhein Besonderes in der Abwasserreinigung zu tun, denn er ist infolge seiner ungeheueren Wassermassen besonders geeignet, Abwasser aufzunehmen und unschädlich zu verarbeiten.[27]

Ende der 30er Jahre waren 1,1 der 1,4 Mio Einwohner im Verbandsgebiet an Kläranlagen angeschlossen – vereinzelt mit einfacher biologischer Reinigung. Industrieabwässer wurden als „nicht unmittelbar ... gesundheitsgefährlich"[28] eingeschätzt und weitgehend ungeklärt in den Rhein geleitet mit einer Begründung, die heute makaber anmutet:

Die schwierigsten Fragen der Reinigung gewerblichen Abwassers werden meistens dadurch von selbst erledigt, daß man das Abwasser von vielen Betrieben und möglichst noch gemischt mit städtischem Abwasser in großen genossenschaftlichen Kläranlagen zusammen behandelt. So ist z.B. die überaus schwierige gewerbliche Abwasserfrage von Mülheim durch den ... zum Rhein führenden Abwassersammler ... erledigt worden. Das Abwasser, das in der Ruhr in jeder Beziehung gefährlich und teilweise sogar giftig war, ist durch die Einführung in die Strommitte des Rheins endgültig unschädlich gemacht worden.[29]

Der Ruhrverband betrachtete den Rhein und auch Stauseen, die er ab Mitte der 20er Jahre an der Ruhr errichtete, als ‚Kläranlagen'.

Vom Fluß zum Abwasserkanal: die Emscher

Die Emscher hat auf ihrem rund 110 km langen natürlichen Lauf ein Gefälle von nur 121,5 m, von denen 40 auf die ersten 9 km entfallen. Entsprechend gibt es im Mittel- und Unterlauf kaum Gefälle. Zwischen Herne und Oberhausen lag eine

sumpfige Niederung. Mit dem Vordringen des Bergbaus mußte die Emscher die Masse der Abwässer des größten Ballungsraums im Reich aufnehmen: 1901 bestanden nur noch 47%
der mittleren Wasserführung im Flußgebiet aus natürlichen
Niederschlägen, in Trockenzeiten sank der Anteil auf 12%.
Von den rund 96 Mio m^3 Abwasser, die 1910 eingeleitet wurden, kamen 89% von Industrieen und 11% aus Kommunen.[30]
Die Lage wurde durch bergbaubedingte Bodensenkungen verschlimmert: Bäche sanken ab, es entstanden quadratkilometer
große Sümpfe. Die Einleitungen führten zu einer Flut von
Konflikten zwischen Ober- und Unterliegern. Einer Reihe
von Zechen wurde untersagt, Abwässer in die Emscher einzuführen, was – wenn das Verbot wirksam geworden wäre – zur
Schließung geführt hätte, und 1897 erreichte die Gemeinde
Altenessen ein Urteil, das der Stadt Essen verbot, Abwässer in
das Emschersystem zu leiten. Wäre es durchgesetzt worden,
dann hätte Essen sich selbst unter Wasser setzen müssen.

Diese katastrophale Situation hatte Konsequenzen: Die
Thyphussterblichkeit im Emschergebiet lag 1887–1900 beim
Doppelten des preußischen Durchschnitts. Der Hygieniker
Emmerich faßte 1901 seinen Eindruck von Gelsenkirchen drastisch zusammen: „Ich habe die hygienischen Verhältnisse in
Neapel, Palermo und Konstantinopel während der . . . Choleraepidemien untersucht und dabei . . . sehr schlimme sanitäre
Zustände gesehen . . .. Ich kenne . . . die hygienischen Verhältnisse in Lissabon, Oporto und Funchal auf Madeira, ferner jene in einigen französischen, österreichischen und deutschen
Städten, aber so bedenkliche Zustände in bezug auf Entwässerung, Abwasser und Fäkalienbeseitigung, . . . auf die Schweinewirtschaft und den Grad und die räumliche Ausdehnung
der Bodenverunreinigung wie in den von Thyphus ergriffenen
Bezirken des Emschertales habe ich nirgends gefunden.“[31]

Der Essener Oberbürgermeister Zweigert, der die Emscherregulierung in Gang bringen wollte, plante einen Kommunalverband, der die Kosten auf alle Abwasserproduzenten umlegen sollte. Er scheiterte am Einspruch der Montanindustrie,
die als Hauptverursacher die Masse der Kosten zu tragen ge

habt hätte. Das Genossenschaftsgesetz des Jahres 1904 gab den Unternehmen die Stimmenmehrheit und machte die erste große Abwassergenossenschaft im Reich zu einer Selbstverwaltung der Abwasserproduzenten. Die ab 1906 von der Genossenschaft vorangetriebene Emscherregulierung kann jedoch kaum als eine echte Lösung des Abwasserproblems betrachtet werden. Sie verwandelte das Fluß-System in einen offenen Abwasserkanal.

Die Abwasserphilosophie der Genossenschaft

Aufgrund ihrer Struktur, die „für ihre Mitglieder einen Schutz gegen zu hohe Anforderungen" bildete,[32] operierte die Emschergenossenschaft an der Untergrenze des technisch-ökonomisch Möglichen. Für die 30er Jahre wurden die Kosten der Abwasserbeseitigung im Emschergebiet auf 22 Pf pro Einwohner geschätzt, was unter den in Industrieregionen üblichen Sätzen und auch unter denen des Ruhrverbands lag.[33]

Das wichtigste Ziel der Genossenschaft war es, die wirtschaftliche Nutzung des Emscherraumes zu sichern: „Sowohl die Emscher wie ihre Nebenbäche (wurden) ... zu offenen Abwassersammlern ausgebildet ..., in denen selbst völlig ungereinigtes Abwasser bis in den Rhein geführt wird. Für ... (die) Abwasserreinigung ist daher in erster Linie die Selbstreinigungskraft des Rheines maßgebend."[34] Die Hebung der Wasserqualität war nicht beabsichtigt, denn „die dazu erforderlichen Mittel würden zum erreichten Nutzen in gar keinem wirtschaftlichen Verhältnis stehen".[35] Als problematisch sah die Genossenschaft, ähnlich wie später auch der Ruhrverband, lediglich das Kommunalabwasser an: Es ist „derart stark verunreinigt, daß es vor Übergabe an das Vorflutsystem noch außerdem in Kläranlagen ... gereinigt werden muß. Das industrielle Abwasser ist im allgemeinen nicht derartig verunreinigt, daß ... vor Abgabe in die Vorfluter ... derartig hohe Aufwendungen" nötig sind.[36] Tatsächlich jedoch waren etliche Industrieabwässer giftig. Die Emschergenossenschaft folgte hier dem Schadensbild ihrer Zeit. Solange keine Katastrophen drohten, war eine Klärung nach dem Stand der Technik nicht erforderlich. So lehnte sie zunächst biologische Methoden ab, die die Abwässer bis zum damals technisch möglichen Maximum gereinigt hätten. Erst mit der Erfindung des Emscherbrunnens, in dem Abwasser nach einem Absetzraum einen Faulraum durchläuft, war eine billige Klärung möglich.

Mitte der 20er Jahre, nach massiver Kritik im preußischen Landtag, sah sich die Genossenschaft zu Untersuchungen über biologische Verfahren genötigt. Sie entschied sich für das Tropfkörperverfahren, obwohl sie zugab, daß das damals verbreitete Belebtschlammverfahren „die Reinigung bis zu einem Grad durchzuführen vermag, der bei Tropfkörpern nicht zu erreichen ist ... Maßgebend für die zu wählende Ausführung wird immer die Wirtschaftlichkeitsberechnung sein."[37]

Die bergbaulichen Abwässer

Die Bergwerke produzierten überwiegend Grubenwasser mit hohem Salzgehalt. „Von einer Reinigung ... kann naturgemäß keine Rede sein. Ein wirtschaftlich benutzbares Verfahren zum Ausscheiden der Chloride gibt es nicht".[38] So erreichte die Salzfracht der Emscher bei Mündung in den Rhein 3,6 g/l. Die Nebenbäche waren mit über 6 g/l noch stärker belastet. Das Wasser war für landwirtschaftliche Zwecke nicht nutzbar, das Grundwasser wurde geschädigt: Eine Untersuchung von 46 Brunnen in der Nähe von Bächen ergab Werte von 29–360 mg gebundenen Chlors pro Liter; selbst nach der damals großzügigen Obergrenze führten 45 Brunnen kein Trinkwasser mehr.

Kohlen werden gewaschen, um Beimengungen und Kohlenstaub zu entfernen. Obwohl der Schlamm als Brennstoff genutzt werden konnte, war es für die Zechen billiger, Waschwasser fast ungereinigt abzuleiten. Die Beimengungen verschlammten die Abwasserläufe und störten den Betrieb der Kläranlagen. An Bächen sind „enorme Mengen Kohlenschlamm ... abgelagert. (Sie) behindern einerseits den glatten Durchfluß ... andererseits verhindern sie an den Böschungsrändern die Entwicklung einer gesunden Vegetation. Das ... Wasser ist selbstverständlich zu keinem Zwecke verwendbar."[39] Um gegenzusteuern, mußte die Genossenschaft eine eigene Kläranlagenkonstruktion entwickeln und Auflandungsbecken bauen. Erst ab 1929 wurden die Abwässer von 80% der Bergwerke in einer Großkläranlage mechanisch nachgereinigt, d. h. nicht am Entstehungsort, wo die Einzelunternehmen die Kosten zu tragen gehabt hätten, sondern an zentraler Stelle, wo die Kosten umgelegt wurden.

Die Politik der Zechen, „durch dreistes Eingeben von Schmutzwässern"[40] einen Teil ihrer Kosten zu vergesellschaften, zeigte sich auch bei ihren Nebenbetrieben. Die Abwässser der Teer-, Ammoniak- und Benzolgewinnung aus Kokereigas enthalten Ammoniak, Ammoniumverbindungen und Phenole. Phenole sind starke, nach heutiger Kenntnis kanzerogene Protoplasmagifte, die Pflanzen und Tiere töten. Bäche, in die sie eingeleitet wurden, stanken durchdringend nach Karbol. Es handelte sich, soviel war auch um die Jahrhundertwende bereits bekannt, um „eines der offensivsten gewerblichen Abwässer . . ., da es einerseits giftige Stoffe enthält, andererseits bisher keine Methoden zur Beseitigung . . . bekannt sind".[41] Bis in die 20er Jahre hinein wurden Phenole nach einer mechanischen Vorklärung entweder in die Vorfluter geleitet – was die Mikroben in den Emscherbrunnen abtötete – oder auf Bergehalden gespült. Schon seit 1910 klagten Rheinfischer über die Unverkäuflichkeit von unterhalb der Emschermündung eingebrachten Fängen. Phenole aus der Emscher ließen selbst 20 km unterhalb der Mündung gefangene Fische nach Karbol stinken; sie beeinträchtigten die Wassergewinnung bis nach Holland.[42] Die Genossenschaft reagierte erst, als der Landwirtschaftsminister damit drohte, eine Änderung des Genossenschaftsgesetzes zu betreiben. Unter diesem Druck begann sie 1925, Entphenolungsanlagen zu bauen, die einen Teil der Einleitungen zurückhielten.

Eine systematische, an den Interessen der Montanindustrien ausgerichtete Wasserwirtschaft hat eine ganze Region umgestaltet: Rechtsrheinisch behielten, abgesehen von Ruhr und Lippe, weder die Emscher noch die kleineren Wasserläufe ihre Gestalt. An die Stelle der Flüsse und Bäche traten Kanäle, großenteils in Stein gefaßt oder mit Böschungen versehen, in denen alles Leben weitgehend abgestorben ist. Aus den Flüssen wurden Kloaken. Viele Wasserläufe wurden so vollständig in die Wasserwirtschaft einbezogen, daß ihr Lauf der Sicht völlig entzogen ist. Diese Umwandlung einer Flußlandschaft wird jedoch, gerade weil sie mit solcher Gründlichkeit geschah, kaum mehr als Problem wahrgenommen. Verschmutzungen des Rheins gelten als Skandal – hier ist die Vorstellung, daß es sich um einen Fluß handelt, noch gegenwärtig. Im Gebiet der Emscher hingegen sind derartige Vorstellungen so abwegig, daß sie schon sehr früh nicht mehr als ernsthafte Überlegung thematisiert wurden:

> Der Ausbau der Emscher zu einem Entwässerungsnetz bedeutete zwar für die 2,5 Millionen Bewohner dieses Gebiets einen Verzicht auf reines Wasser in Bachläufen. Diese Regelung war aber notwendig, wenn nicht der Bergbau zum Erliegen gebracht werden sollte. Auch mußten zum Ausgleich für die Bodensenkungen alle Bachläufe ohnehin so tief in das Gelände eingeschnitten werden, daß eine Nutzung nicht mehr in Frage kommt, die überdies durch das stark salzhaltige Grubenwasser erschwert oder unmöglich gemacht wird. Unter diesen Umständen war es nicht vertretbar, außer dem natürlichen Entwässerungsnetz mit 100 Mio. Mark Aufwand noch ein zweites besonderes Schmutzwassernetz anzulegen.[43]

Der ideale Wasserkreislauf

Die nun 110 Jahre alte Forderung nach einem Einleitungsverbot für Abwässer in die Flüsse zeigt, daß aktuelle umweltpolitische Themen durchaus ihre Geschichte haben. Heute scheinen die zeitweilig erfolgreichen Bemühungen, die im Kontext von Städtewachstum und Industrialisierung entstandenen Probleme einer industrialisierten Wassergewinnung und -nutzung in den Griff zu bekommen, an einem Endpunkt angelangt zu sein. Nicht nur die Frage der Abwassereinleitung in die Flüsse steht zur Debatte: Zur Zeit werden die letzten Reserven in Grundwassergebieten der BRD (Lüneburger Heide, Vogelsberg, Spessart, Loisachtal . . .) an überregionale Verbundnetze angeschlossen, was den ohnehin dramatischen Rückgang der Artenvielfalt noch beschleunigt. Kluge/Schramm[44] verdeutlichen am Beispiel des Ballungsraums Rhein/Main die prekäre Situation, zu der die industrialisierte Wassergewinnung geführt hat. Hier wird das Wasser für rund 3,5 Millionen Menschen im Hessischen Ried, im Vogelsberg und im Spessart gewonnen. Im Ried und am Vogelsberg sank das Grundwasser seit 1960 um 8–10 m, was schwere Umweltschäden nach sich zog. Nach Bürgerprotesten sollen nun Großprojekte Abhilfe schaffen: Zunächst wurde ein Verbundnetz für den Ballungsraum geschaffen, das den Ausfall einzelner Wasserwerke auffangen soll. Nachdem eine Talsperre im Taunus nicht durchsetzbar war, wird im Hessischen Ried eine Aufbereitungsanlage gebaut, in der ab 1989 jährlich rund 46 Mio m³ Rheinwasser verrieselt werden, um das erforderliche Grundwasser zu erhalten. Ziel ist eine dynamische Wasserbewirtschaftung: In trockenen Sommern deckt Rheinwasser den Mehrbedarf, während Vogelsberg und Spessart geschont werden, in niederschlagsreichen Zeiten wird die dortige Produktion erhöht. So entsteht ein großtechnischer Kreislauf, der das gerade in Trockenperioden besonders verschmutzte Rheinwasser einbezieht. Ein Durchbrechen einzelner Gifte durch die Filter ist dann nicht mehr ausgeschlossen. Auch wird durch die Verrieselung in bisher unbekannter Größenordnung ein bedeutendes Grundwassergebiet langfristig kontaminiert.

Im Rhein-Main-Gebiet ist der im 19. Jahrhundert eingeschlagene Weg an sein logisches und zugleich aberwitziges Ende gelangt. Die einheitliche Wasserleitung, die im Kontext von Städtewachstum und Industrialisierung durchgesetzt worden war, zog die „Mechanisierung" des Wassers nach sich. Grund- und Flußwasser zu vermischen, wie dies hier demnächst erfolgen soll, ist der Endpunkt einer Entwicklung, die nicht sehen will, daß die politischen Weichenstellungen des 19. Jahrhunderts durch erneute politische Entscheidungen verändert werden können. „Wenn man sich vergegenwärtigt, welche ungeheuren Anstrengungen der Bau des einheitlichen Wasserleitungssystems im 19. Jahrhundert darstellte, so steht gegenwärtig eine vergleichbare Aufgabe an: eine neue Auftrennung in Trink- und Brauchwasser."[45]

Arne Andersen/Franz-Josef Brüggemeier
Gase, Rauch und Saurer Regen

Am 20. Mai 1846 wandten sich 14 Bürger und der Gemeinde-
vorstand von Halsbrücke an das sächsische Finanzministerium. Schon seit Jahren litten sie unter dem Rauch und Staub
der benachbarten königlich-sächsischen Hüttenwerke, doch
die Belastung war in der letzten Zeit deutlich angestiegen. In
ihrer Petition führten sie aus:

> Der Obstbaum gedeiht nur kümmerlich und ist er endlich tragbar und
> steht in Blüthe, so braucht der Hüttenrauch diese nur gelind zu überstrei-
> chen, um sie zu vergiften. Unter den Gartenfrüchten, die man jedes Früh-
> jahr zu säen und pflanzen pflegt, ist nicht eine, die der Hüttenrauch ver-
> schonte. ... Von einem solchen totalen Schaden werden wir heuer
> betroffen, wir schweben aber auch Jahr für Jahr in der nämlichen Gefahr.
> Derartige Verluste sind wir, die wir meist arme Berg- und Hüttenarbeiter
> sind, auf die Dauer auszuhalten nicht im Stande, sondern gehen dabey
> allmählig der Verarmung entgegen.[1]

Das zuständige Oberhüttenamt lehnte eine Entschädigung
rundweg ab. Da weitere Gemeinden Klage führten und Halsbrücke sich nicht mit der Ablehnung abfinden mochte, sondern einen staatlichen Gutachter forderte, beauftragte das Finanzministerium, dem die Hütten unterstanden, den Agrar-
chemiker Adolph Stöckhardt von der land- und forstwirtschaftlichen Akademie in Tharandt, ein Gutachten „Über die
Einwirkungen des Rauches der Silberhütten auf die benachbarte Vegetation" anzufertigen. Es war der Anfang der deutschen Rauchschadensforschung, richtungsweisend für die weitere Debatte.

Stöckhardt bestätigte die Beschwerden der Anlieger. Früchte und das Gras sähen kümmerlich aus, „die Bäume und Hek-
ken hatten nicht das lebhafte Grün, sondern erschienen, namentlich auf der dem Hüttenwerk zugewandten Seite, zum

Theil verwelkt und versengt".[2] Auf einigen Wiesen in der Nähe der Hüttenwerke machte er „ganz kahle Stellen" aus, „auf denen für dieses Jahr alle Vegetation verschwunden war".[3] Zum ersten Mal in Deutschland benannte er dabei Schwefeldioxyd als hauptschädigende Substanz. Im nachhinein zeichnen zwei weitere Dinge das Stöckhardt'sche Gutachten aus: seine Stellung zur Frage der hohen Schornsteine und zu den Grenzwerten.

Die geplante Schornsteinhöhe von ca. 15 m erschien ihm nicht ausreichend; er verwies auf einen doppelt so hohen Schornstein in Iserlohn, ohne daß sich dort die Schädigungen zurückgebildet hätten. Die Höhe müsse gewährleisten, daß der Rauch über die Talregion hinaus verteilt werde. Er gab jedoch keine Garantie, daß in diesem Falle keine Schäden mehr auftreten würden. Insgesamt stand er der Politik der hohen Schornsteine skeptisch gegenüber, ohne sich allerdings vollständig dagegen auszusprechen. Seine Skepsis trug jedoch keine Früchte. Im Gegenteil: die Freiberger Hütten wurden zu Vorreitern beim Bau hoher Essen.

Gegen die zunehmenden Proteste der umliegenden Gemeinden und Bauern baute man 1860 eine ca. 60 m hohe Esse mit dem Erfolg, daß ein Jahr später Schäden in dem 5 bis 6 km entfernten Grillenburger Wald auftraten. Forstleute stellten „ein auffallendes Erkranken und Absterben" des Fichtenbestandes fest.[4] Wegen der zunehmenden Schädigungen und zahlreicher Proteste von Grundbesitzern ordnete das sächsische Finanzministerium im März 1862 eine vorübergehende Außerbetriebnahme der hohen Esse an. Doch trotz der Aufnahme einer Schwefelsäure-Produktion und des Einbaus zusätzlicher Flugstaubkammern, die einen Teil der Schadstoffe abfingen, verstummten die Schadensersatzansprüche nach der Wiederinbetriebnahme des Schornsteins nicht, wenngleich die Entschädigungen zurückgingen. Im Zeitraum von 1855–1865 mußten die Hütten 119 018 Taler zahlen, eine Summe, die nur den kleinsten Teil der geforderten Ansprüche abdeckte.[5] Der Gutachter und Tierarzt Haubner schrieb 1878:

Trotz der seit dem Jahr 1855 gewährten Vergütung für Hüttenrauch-schäden gehen die Besitzer der allmählichen Verarmung entgegen. Mit der gewährten Entschädigung läßt sich der Rückgang der Wirtschaft nicht aufhalten.[6]

1889 wurde eine noch höhere, 140 m hohe Esse errichtet, die bis 1928 die höchste in Europa blieb. Sie war so ausgelegt, daß ihr Rauch und ihre Gase über das Muldetal, in dem die Hütte lag, hinwegziehen konnte. In der unmittelbaren Umgebung verringerte sich der Schaden erheblich, gleichzeitig weitete sich aber das Schadensgebiet aus. 1897 schrieben Einwohner des 10 km von der Hütte entfernten Colmnitz:

Wie bekannt, hat gerade unser Ort mit der Erbauung der hohen Esse bedeutend mehr unter Rauchschäden zu leiden als je zuvor. Die allernächste Umgebung nimmt von Jahr zu Jahr einen trostloseren Anblick an. Überhaupt die Tanne wird bald ganz verschwunden sein.[7]

Die Politik der hohen Schornsteine basierte auf der Annahme, bei entsprechender Verdünnung der Schadstoffe in der Luft würden keine Schäden auftreten. Auf das Problem dieser Denkungsart hatte Stöckhardt schon 1850 in seinem ersten Gutachten hingewiesen. Er sträubte sich gegen die Festlegung einer Unschädlichkeitsgrenze; es sei vielmehr gewiß,

daß schädliche Stoffe selbst bei einer sehr bedeutenden Verdünnung schließlich eine verderbliche Wirkung auszuüben vermögen, wenn die Einwirkung eine langanhaltende oder massenhafte ist.[8]

Nach den Schadensmeldungen im Anschluß an den Bau der ersten hohen Esse 1860 beauftragte das Finanzministerium Stöckhardt damit nachzuprüfen, ob der Hüttenrauch auch für Schäden in größerer Entfernung verantwortlich sei. Bei Begasungsversuchen mit Fichten in einem Rauchhaus stellte er 1864 fest, daß selbst die damals unvorstellbare Verdünnung von einem Raumteil SO_2 mit Luft auf eine Million Raumteile immer noch schädigend wirkte.[9] Die Verdünnung 1:1 000 000 entspricht 2900 Milligramm pro mg/m^3. Die heutigen Grenzwerte der Technischen Anleitung (TA) Luft für SO_2 liegen bei 400 Milligramm pro mg/m^3 als Langzeitwert. Eine weitere Verdünnung war zum damaligen Zeitpunkt technisch nicht möglich, und Stöckhardt kam zu dem Schluß, daß eine „Schädlichkeitsgrenze in bestimmten Zahlen" nicht anzugeben war. Als wichtigsten Nachweis hielt er fest, „daß schweflige Säure enthaltende Luft störend auf das Pflanzenwachstum wirkt".[10]

Zuvor war versucht worden, den Ausstoß schwefliger Säure und anderer schädlicher Bestandteile durch Absorptionsverfahren zu reduzieren, und im Laufe der nächsten Jahre wurden so unterschiedliche Substanzen wie Reisig, Kohle, Sägespäne und verschiedene Metalloxyde vorgeschlagen, doch die Resultate waren wenig ermutigend.[11] Erfolgreich verliefen lediglich die Experimente, bei denen Rauchgase durch Kalklösungen geleitet wurden, etwa durch ein Sieb, das ständig mit Kalkwasser benetzt wurde. Hierbei gelang es, die Schwefelgase nahezu vollständig zu absorbieren und die Rußteile auszuwaschen. Entsprechende Versuche in Freiberg, bei denen glühender Kalk verwendet wurde, waren allerdings ein vollständiger Fehlschlag. Die Gase traten in solcher Menge aus der Ofentür aus, „daß ein Fortarbeiten unmöglich wurde". Zudem galt dieses Verfahren als zu teuer, da den Berechnungen zufolge die Absorption einer Tonne Schwefel ca. 1,75 t Kalk benötigte.[12] Die Entschwefelung durch Kalk wurde deshalb nicht weiter betrieben, weder in Freiberg noch an anderen Orten. Zwar wurde dieses Verfahren immer wieder erwähnt, da es als einziges zu befriedigenden Ergebnissen geführt hatte, doch bis in die jüngste Zeit verhinderte der Hinweis auf die hohen Kosten eine allgemeine großtechnische Einführung. Kostengünstiger waren Versuche, durch das sogenannte Bleikammer-Verfahren Schwefelsäure zu gewinnen. 1857 wurde die erste Kammer in Freiberg errichtet, der mehrere folgten, so daß eine Schwefelsäure-Fabrik entstand, deren Produkte gewinnbringend verkauft werden konnten.[13] Dies war jedoch nur wegen des hohen Schwefelanteils in den Erzen möglich; bei der Verbrennung von Kohle fiel eine zu geringe Menge Schwefel an, um dieses Verfahren profitabel einsetzen zu können.

Als vermeintlich sicherer und zugleich billiger Ausweg wurde deshalb der Bau hoher Schornsteine empfohlen. Die ersten streuten noch in die unmittelbare Umgebung, die späteren erreichten jedoch eine derartige Höhe, daß sie die Schadstoffe in so kleinen Konzentrationen und über eine so große Fläche verteilen konnten, daß vorerst kaum nachteilige Wirkungen zu bemerken waren.

Die Diskussion um den Freiberger Hüttenrauch ist in mehrfacher Hinsicht aufschlußreich. Sie macht deutlich, daß schon in der Mitte des 19. Jahrhunderts ein recht präzises Wissen von der schädigenden Wirkung des Hüttenrauches, insbesondere seiner schwefligen Bestandteile vorhanden war. Auf die Arbeiten Stöckhardts bauten spätere Forscher auf und wiesen unter anderem nach, daß nicht nur die Bestandteile der Luft, sondern auch die Aufnahme von Schwefelsäure über den Boden bei Pflanzen zu Belastungen führten. Es gab Auseinandersetzungen darüber, wie die Aufnahmemechanismen und die schädigenden Prozesse im einzelnen abliefen, doch die Gefährdung war im Grundsatz bekannt. Mit den verfügbaren Mitteln war keine Schädlichkeitsgrenze meßbar, und Stöckhardt zumindest war der Auffassung, daß es eine solche nicht gebe; andere Gutachter widersprachen ihm, und diese Frage blieb lange Zeit strittig.[14] Die Unsicherheit hätte zu der Schlußfolgerung führen können, jede Belastung möglichst zu vermeiden, damit keine Schadstoffe anfielen. Dazu ist es jedoch nicht gekommen, zu groß war die Erwartung, durch immer höhere Schornsteine und weitergehende Verdünnung das Problem aus der Welt und aus den Augen zu schaffen.[15]

Die Politik der hohen Schornsteine wurde zu einem zentralen Element des Immissionsschutzes, ohne daß bisher eine gesetzliche Regelung bestand. Einfluß auf die Schornsteinhöhe wurde vielmehr über Betriebsgenehmigungen genommen, beginnend mit Vorschriften in den 1860er Jahren, die Höhe auf 30 m festzusetzen, bis zur heutigen Höhe von 300 m. Noch 1980 veranstaltete das nordrhein-westfälische Ministerium für Arbeit, Gesundheit und Soziales ein Kolloquium mit dem Thema ‚Hohe Schornsteine als Element der Luftreinhaltungspolitik in NRW'. Es legte ein Programm auf, das mit einem

Jahreszuschuß von 20–30 Mio DM ausgestattet war und vorsah, etwa 20 Schornsteine mit einer Höhe von bis zu 300 m zu errichten. Die 1984 erteilte Betriebsgenehmigung der niedersächsischen Landesregierung für das Kraftwerk Buschhaus sah einen 300 m hohen Schornstein vor, obwohl die TA Luft bereits 1974 eine maximale Höhe von 250 m veranschlagt hatte. Eine Umweltpolitik, die Emissionen an ihrem Entstehungsort verhindert und Belastungen dadurch möglichst nicht entstehen läßt, gewinnt erst langsam an Konturen.[16]

Das Erwachen der letzten Jahre hat deutlich gemacht, wie lange und mit welchen Folgen ein falscher Weg beschritten wurde. Im ersten Schrecken über das Waldsterben schien es so, als seien wir mit einem völlig neuartigen Phänomen konfrontiert. Das Freiberger Beispiel zeigt jedoch, daß dies nicht der Fall ist. Im Gegenteil, seit der zweiten Hälfte des 19. Jahrhunderts bis in die 20er Jahre hinein hat es eine umfangreiche Diskussion um die Verschmutzung der Luft gegeben, wenngleich anzumerken ist, daß die Diskussionen um Hüttenrauch (= Saurer Regen) in Fachkreisen geführt und von der Öffentlichkeit bestenfalls in den Schadensgebieten zur Kenntnis genommen wurden. Dennoch muß die Frage gestellt werden, warum diese umfangreiche und ausführliche Diskussion in Vergessenheit geraten ist und warum sie so wenig bewirkt hat.

Geschäftliche Kalkulationen

Die Bestrebungen zur Reinhaltung der Luft – so ein Autor im Jahre 1911 – seien gewiß „aufs äußerste zu unterstützen, aber so sehr von der geschäftlichen Kalkulation abhängig, daß der Hygieniker und mitunter auch der Techniker hier dem Kaufmann das Wort lassen muß".[17] Wenige Jahre später schrieb R. Meldau in seiner umfassenden Untersuchung über den Industriestaub:

Der Grund, weshalb nicht mehr gegen den Staub und Rauch geschieht, ist zunächst im allgemeinen mit der Sorge zu erklären, den Fortschritt zu hemmen und im besonderen die Industrie aus bestimmten Städten fortziehen zu sehen.[18]

Insbesondere die Industrie verwies immer wieder auf die hohen Kosten, die entstanden, wenn es galt, Verschmutzungen aus der Luft auszuschalten. So lassen sich keine nennenswerten Ansätze feststellen, Produktionsverfahren so zu ändern, daß schädigende Stoffe gar nicht erst anfielen. Soweit überhaupt Bestrebungen erkennbar sind, liefen sie darauf hinaus, die bereits entstandenen Schadstoffe herauszufiltern. Im Falle der Schwefelsäurefabriken und bei einigen anderen Stoffen bot sich die Möglichkeit, die Stoffe gewinnbringend zu verwerten; ansonsten verhinderte der Verweis auf anfallende Kosten die Einführung vergleichbarer Verfahren.

Es kann nicht verwundern, daß sich die Industrie gegen zusätzliche Investitionen sträubte. Hinzu kam jedoch, daß auch die Rechtsprechung, die Gewerbeordnung und die Praxis der Aufsichtsbehörden wenig Anlaß boten, Schädigungen zu verhindern. Die Bewohner von Halsbrücke z. B. hatten feststellen müssen, wie schwierig es war, Schadensersatzansprüche durchzusetzen – ein Problem, das sich in der Folgezeit verschärfte, da es zunehmend komplizierter wurde, die Schadensquelle eindeutig auszumachen. Mit wachsender Industrialisierung stieg die Zahl der Betriebe, die Schadstoffe ausstießen, so daß es fast unmöglich wurde, eine eindeutige Schuldzuweisung vorzunehmen; diese war jedoch erforderlich, um Veränderungen durchzusetzen bzw. auf Schadensersatz zu klagen. Sollten sich – so hieß es 1928 – „einzelne industrielle Werke nicht als außerordentlich schädigend ermitteln lassen, dann ist jegliche Schadensersatzforderung überhaupt unmöglich und vor dem Prozessieren zu warnen".[19]

Hinzu kam, daß im Bürgerlichen Gesetzbuch der Begriff der „ortsüblichen Belastung" eingeführt war, die mit Zunahme der Zahl der Betriebe ebenfalls anstieg. Wo – wie etwa im Ruhrgebiet – in nächster Umgebung mehrere Zechen, Kokereien und andere Betriebe existierten, war die ständige Belastung so hoch geworden, daß die „ortsübliche Belastung" einen Schadensersatzanspruch weitgehend ausschloß. Diese Argumentation galt generell für industrielle Gebiete, wie 1915 ein Besitzer von Obstbäumen feststellen mußte, die – in der

Nähe einer Kokerei stehend – abgestorben waren. Er hatte auf Schadensersatz geklagt, unter anderem mit dem Argument, die Kokerei habe die Zahl ihrer Öfen von 120 auf 180 vermehrt und dadurch die Belastung erheblich gesteigert. Das Reichsgericht wies jedoch die Klage zurück und führte aus, daß in unmittelbarer Umgebung noch sechs weitere Kokereien ansässig seien, von denen jede 100–120 Öfen betreibe, so daß keine nennenswerte zusätzliche Belastung angefallen sei. Die von den Kokereien ausgehende Schädigung wurde nicht bestritten, im Gegenteil, sie wurde nachdrücklich betont und die Klage gerade mit dem Hinweis auf die ausgeprägte „ortsübliche" Schädigung abgewiesen. Die Gegend, in der die Besitzung des Klägers lag, trage den „typischen Charakter einer Industriegegend". Sie

... zeige weit und breit dasselbe Bild, überall sehe man kranke und tote Obstbäume, und soweit diese vereinzelt noch gesund seien, tragen sie mit ganz verschwindenden Ausnahmen keine Früchte mehr. Damit wird deutlich zum Ausdruck gebracht, daß in der näheren und weiteren Umgebung der Grundstücke des Klägers infolge der von den Kokereien ausgehenden Einwirkungen kein Obstbau möglich ist, daß solcher dort auch nicht mehr betrieben wird und daß sich hiermit die Bevölkerung in ihrer Allgemeinheit abgefunden habe. Die Beklagte hat, wie die Sachverständigen bekunden und das Berufungsgericht feststellt, „nichts getan, was nicht in der dortigen Gegend üblich wäre".[20]

Auch die Inbetriebnahme zusätzlicher Öfen verpflichte nicht zum Schadensersatz, denn die „Obstbäume des Klägers würden, wie ausdrücklich festgestellt ist, auch ohne die Erweiterung der Anlage eingegangen sein".[21] Das Ergebnis war, daß die Landwirtschaft weichen oder sich umstellen mußte. Bereits den Freiberger Bauern war vorgeschlagen worden, ihren Betrieb nach „rationellen" Gesichtspunkten umzustrukturieren und den Anbau entsprechend den Schadstoffen zu wechseln: Mehr Hackfrüchte anzubauen, Rüben und Rapsmehl zu füttern, die Kühe alle acht bis neun Monate zu wechseln, kein Jungvieh mehr aufzuziehen und dafür die Schweinemast einzuführen.[22]
Von industriellen Unternehmen wurden derartige Umstel-

lungen der Produktionsverfahren nur in seltenen Fällen verlangt. Bei Zechen und Kokereien z. B. galt die Luftverschmutzung als unvermeidliche Folge der Produktion, so daß allenfalls Schadenersatz verlangt werden konnte, mit allerdings zweifelhaften Erfolgsaussichten. Eine Abänderung des Produktionsverfahrens hingegen, um die Schadensursache selbst zu beseitigen, stand kaum zur Debatte, zumal dann nicht, wenn das praktizierte Verfahren dem „Stand der Technik" entsprach. Damit ist ein Schlüsselbegriff genannt, dem bis in die jüngste Zeit hinein eine zentrale Bedeutung zukam, wenn über Umweltbelastung durch die Industrie diskutiert und Verfahren zur Abhilfe entwickelt wurden.[23]

Stand der Technik

An Vorschlägen, der Rauchplage Herr zu werden, fehlte es nicht, und sie reichen weit zurück. Am 25. März 1785 schrieb James Watt: „Ich glaube, wir sind am Vorabend des Tages, an dem wir den Feuerrauch loswerden."[24] Er hatte ein Verfahren patentieren lassen, bei dem Rauchgase durch ausgebrannte glühende Schlacke geführt wurden, die als Filter dienen und den Ruß zurückhalten sollte – allerdings ohne den gewünschten Erfolg. Auch die zahlreichen Vorschläge der nächsten Jahre, die auf vergleichbaren Überlegungen basierten, brachten keine Besserung. Der Rauch wurde allenfalls heller und der rußige Anteil geringer, wenn es gelang, hohe Verbrennungstemperaturen zu erreichen. Eine grundlegende Änderung ergab sich erst durch den Einbau von Elektrofiltern, die mittlerweile mehr als 90% des anfallenden Staubes zurückhalten. Bekannt war das Verfahren schon vor dem Ersten Weltkrieg, doch erst seit den 50er Jahren fand es weite Anwendung. Der Himmel über der Ruhr wurde wieder blau – allerdings nicht sauberer, denn die wenig sichtbaren, jedoch nicht minder gefährlichen Schadstoffe blieben.[25]

Auch Verfahren zur Entschwefelung waren bekannt, z. B. durch Kalkwäschen oder Katalysetechniken, die für großtechnische Anlagen zu Beginn dieses Jahrhunderts durch den Chemiker Knietsch entwickelt wurden. Der Stand der Technik bestimmte sich jedoch nach anderen Kriterien. Damit waren die Verfahren gemeint, die üblich und gebräuchlich und damit auch wirtschaftlich, nicht hingegen diejenigen, die technisch möglich waren. Im Gegenteil, neue Verfahren konnten sich häufig deshalb nicht durchsetzen, weil sie als nicht allgemein erprobt bezeichnet wurden. Allgemein erprobt wiederum wurden sie nicht, weil ihre Einführung Kosten verursacht hätte. Selbst in den Fällen, wo praktische Erfahrungen bestanden und der Nachweis erbracht war, daß neu entwickelte Verfahren technisch beherrscht wurden, bestimmte sich der Stand der Technik weiterhin nach der gängigen Praxis, wie unbefriedigend und überholt sie auch immer war. Hinzu kam, daß bis in die jüngste Zeit der Gesetzgeber keine wirksamen Grenzwerte festsetzte, so daß auch von dieser Seite kein Anlaß bestand, von den gängigen Verfahren abzugehen oder gezielt nach Möglichkeiten zu suchen, Belastungen zu vermeiden.[26]

Von den Beteiligten wurde dieser Prozeß wenig thematisiert, geschweige denn problematisiert. Sie hatten sich zu sehr darauf eingestellt, sich mit eingeführten Verfahren zufriedenzugeben und auf weiterführende Veränderungen zu verzichten. Als Beispiel hierfür kann eine Kommission dienen, die in den zwanziger Jahren das Waldsterben im Ruhrgebiet behandelte. Die Kommission war vom Siedlungsverband Ruhrkohlenbezirk einberufen worden, einem 1920 gegründeten Zusammenschluß der Kommunen, der übergreifende Planungsaufgaben wahrnahm. Anlaß war das Sterben der Wälder, das „in erschreckender Weise" um sich griff – das Ergebnis jedoch war wenig befriedigend.[27] Mehrfach wurde angegeben, daß es kein Mittel gebe, „die den Pflanzen so schädliche schweflige Säure aus den Rauchgasen von Feuerungsanlagen zu entfernen".[28] Alle Maßnahmen zur Beseitigung oder Minderung der Rauchschäden könnten sich „daher nur auf die Beseitigung oder Verminderung des Rußes, der Flugasche und dergleichen richten";[29] damit jedoch, so wurde selbstkritisch festgestellt, konnten nur Belästigungen unterbunden werden, während die eigentliche Schadensquelle, die schweflige Säure, unvermin-

73

dert in die Luft gelangte. Mehr noch, manche der Einrichtungen zur Verminderung des Rauches vergrößerten die Schädlichkeit der Verbrennungsgase unter anderem dadurch, daß Ammoniak zur weiteren Verarbeitung herausgefiltert wurde, das zuvor die Wirkung der sauren Gase abgeschwächt hatte.

Als Abhilfe wurde empfohlen, die Heizer besser auszubilden, die Haushalte zu sorgfältigerem Umgang mit den Brennmaterialien anzuhalten und möglichst schwefelarme Kohle zu verfeuern. Dem stand jedoch entgegen, daß gerade diese sich gut exportieren ließ, so daß im ohnehin belasteten Ruhrgebiet die besonders schadstoffhaltige Kohle verblieb. Ferner wurde empfohlen, Fernheizungen einzurichten und die industriellen Abgase bzw. Abwärme zu nutzen; jedem wirtschaftlich denkenden Menschen müsse es bedenklich erscheinen, „daß Tag für Tag auf den großen Hüttenwerken das überschüssige und dort nicht mehr verwendbare Gas in riesigen Fackeln nutz- und zwecklos verbrannt wird, nur um es zu beseitigen".[30]

Derartige Projekte konnten nicht über die wenig ermutigende Feststellung hinwegtäuschen, „daß der Kampf gegen die durch die Großindustrie verursachten Rauchschäden wenig Aussicht auf Erfolg zu haben scheint".[31] Da es nun aber Tatsache sei,

... daß schweflige Säure derjenige Stoff ist, welcher im hiesigen Industriebezirk die Tannenwälder verwüstet und den Obstbau fast unmöglich macht, und wenn andererseits feststeht, daß es bis jetzt kein Mittel gibt, diese Säure aus den Verbrennungsgasen auszuscheiden, dann kann der Weg zur Erhaltung des Waldbestandes nur in der Richtung liegen, daß nur säurefeste Baumarten gepflanzt werden, jeder Versuch aber, empfindliche Nadelhölzer zu erhalten, als aussichtslos aufgegeben wird.[32]

Laubbäume hatten sich als widerstandsfähiger erwiesen als Koniferen, und einzelne Sorten galten als besonders rauchfest. Baumschulen wurden errichtet, um diese Hölzer zu züchten und sie zu günstigen Preisen an Waldbesitzer abzugeben, verbunden mit der Aufforderung an die Regierung, dieses Vorhaben zu unterstützen.

Diese Empfehlungen muten befremdlich an, doch sie entsprachen den geläufigen Vorstellungen. Wie schon in Freiberg wurde die industrielle Produktion geschützt, nicht hingegen die Umwelt. Überraschend war nicht der Versuch, rauchfeste Hölzer zu züchten, überraschender war vielmehr, daß überhaupt eine Kommission eingesetzt wurde, um sich mit der Frage des Waldsterbens zu befassen. Die Gewöhnung an industrielle Schadstoffe war bereits so weit fortgeschritten, daß diese als unabdingbare Folge industrieller Produktion weithin akzeptiert wurden. Besonders deutlich wird dies an der lapidaren Feststellung, daß gegen schweflige Säure nichts unternommen werden könne; nicht einmal der einschränkende Hinweis auf zu hohe Kosten findet sich noch. Verfahren wie die Kalkwäsche sind vergessen oder an den Rand gedrängt. Sie werden der Erwähnung nicht wert befunden.

Besonders große Hoffnungen setzte man statt dessen auf die zunehmende Verbreitung elektrischer Energie, die vermeintlich sauber aus der Steckdose kam. Sie lieferte klares und helles Licht und scheinbar saubere Energie an jeden Punkt der Stadt und selbst in entlegene Gebiete. An die Stelle qualmender Dampfmaschinen und einer endlosen Zahl rauchender Schornsteine traten Steckdosen, anfänglich in den Stadtzentren, nach und nach auch in den Vororten. Zentrale Kraftwerke wurden gebaut und Überlandleitungen errichtet, erst kleinere, dann immer größere, die zwar die Landschaft verschandelten, zugleich jedoch eine deutliche Reduktion der Staub- und Rußbelastung mit sich brachten. Zum einen lagen die neuen Kraftwerke an der Peripherie, und zudem konnten die Elektrizitätsgesellschaften die geforderten hohen Schornsteine finanzieren, die die Schadstoffe in feinsten Konzentrationen weitflächig verteilten. Hierdurch wurde trügerische Sicherheit vermittelt, langfristig jedoch das Problem verschärft, wie mittlerweile deutlich geworden ist. Gerade der vermeintlich saubere Strom kommt aus Kraftwerken, die erst jetzt – unter dem Zwang von Gesetzen – die unsichtbaren, zugleich jedoch besonders belastenden Schadstoffe herausfiltern.[33]

Hinzu kam, daß auch die Energiepolitik der Elektrizitätskonzerne zu einer Verschärfung des Problems beitrug, in erster Linie dadurch, daß diese weniger belastende Alternativen nicht entwickelt, vielfach gar verhindert haben. So haben sie Tarife festgesetzt, die Verschwendung von Energie belohnen, für sparsame Verwendung hingegen keine Anreize setzen; Nutzungen industrieller Abwärme und Gase, wie z. B. von der Kommission vorgeschlagen, sind kaum erfolgt; auch Fernheizungen sind allenfalls zögerlich errichtet worden, es sei denn in der wenig sinnvollen Form der Nachtspeicherheizungen. Zugleich hat die Elektrizitätswirtschaft monopolartige Strukturen hervorgebracht, die sich einer Kontrolle weitgehend entziehen und dazu gerade in der aktuellen Diskussion ihre beträchtliche Macht zur Wahrung des bestehenden Systems eingesetzt haben. Dieser Prozeß ist noch kaum untersucht und er wird erst seit einigen Jahren als Problem wahrgenommen – genauso wie die Luftverschmutzung selbst. Für den hier vorgestellten Zeitraum ist auffallend, wie wenig öffentliche Diskussion oder gar Widerstand es hiergegen gab, zumindest ist wenig darüber bekannt. Das Beispiel der Ruhrbesetzung verdeutlicht einige der Gründe dafür.[34]

Ortsübliche Belastung

1923 besetzten die Franzosen das Ruhrgebiet. Die Bevölkerung war zum passiven Widerstand aufgerufen, und vom Mai bis in den Herbst hinein ruhte die Industrieproduktion: Die Fabrikanlagen verwaisten, die Förderräder standen still und aus den Kaminen kam kein Rauch. Die Einwohner litten unter Entbehrungen, und Hunger kam auf; doch die Natur erholte sich, der Himmel wurde klar, und überall blühte und gedieh es. Augenblicklich trat „... eine deutliche, selbst von Menschen wahrnehmbare Verbesserung der Luftverhältnisse im Ruhrgebiet ein, so daß man keinen Unterschied mehr zu nichtindustriellen Gegenden bemerkte".[35]

Besonders auffällig waren die Veränderungen der Vegetation. Die sehr rauchempfindlichen Kartoffeln „zeigten überall eine so große Blühfähigkeit, wie man sie seit langem nicht mehr kannte",[36] und der Ertrag pro Hektar stieg von 72 bis 180 Doppelzentner auf 280 bis 430. Das Laub der Hackfrüchte blieb bis in den Herbst hinein grün. Die Knospen der

Kleepflanzen konnten ungestört aussprossen, die Getreideerträge stiegen sprunghaft an, die Gemüsekulturen gediehen vortrefflich und die „saubere Beschaffenheit der Früchte, die sonst ständig mit einer dünnen Schicht von Ruß, Flugstaub und teerigen Bestandteilen beschmutzt waren",[37] fiel auf. Selbst die Jahresringe an den Bäumen waren deutlich breiter als in den Jahren zuvor und danach. Die Folgerung war eindeutig: Industrielle Abgase bedeuteten eine erhebliche Belastung. Die Lektion, die gelernt wurde, war jedoch eine andere. Während die Pflanzen blühten, litten die Bewohner des Ruhrgebietes große Entbehrungen. Sie sehnten die Wiederaufnahme der Produktion herbei, die schließlich im Herbst begann und bald zu den bekannten Verunreinigungen führte, zugleich jedoch die Einwohner in Arbeit setzte. Gegenüber diesen Bedürfnissen hatte der Schutz der Umwelt wenig Chancen, und es kann nicht überraschen, daß auch die Arbeiterbewegung dem wirtschaftlichen Wachstum oberste Priorität einräumte.

Soweit Widerstand gegen industrielle Anlagen vorkam, blieb dieser örtlich begrenzt. Insbesondere die Errichtung von Hütten aber auch von anderen großen Fabrikanlagen sowie deren weiterer Betrieb waren vielerorts von Protesten begleitet. Deren Hauptträger waren ansässige Landwirte oder Forstverwaltungen, deren wirtschaftliches Fortkommen mit dem der Industrie kollidierte, da Abgase und Abwässer den Ertrag schmälerten. Die Auseinandersetzungen blieben jedoch lokal oder regional begrenzt, und im Mittelpunkt standen einzelne Industriebetriebe bzw. unterschiedliche wirtschaftliche Interessen, meist Industrie auf der einen und Landwirtschaft auf der anderen Seite. Der Schutz der Umwelt als eigenständiger Faktor spielte demgegenüber keine Rolle. Auch Verbindungen zu anderen Schadensgebieten wurden nicht gesucht, ein Erfahrungsaustausch mit Betroffenen aus verschiedenen Regionen läßt sich nicht feststellen. Lediglich in Einzelfällen wie bei der Genehmigung der Nordenhamer Zink- und Bleihütte kam es dazu, daß sich ein Beschwerdeführer an sämtliche Gemeindeverwaltungen wandte, in deren Bereich eine Metallhütte angesiedelt war, und sie bat, ihre Erfahrungen über Belastungen der emittierenden Hütten mitzuteilen.[38]

Die Versuche, die Ansiedlung von Industriebetrieben zu verhindern, blieben in der Regel erfolglos; dann bestand zwar noch die Möglichkeit, Schadensersatz einzuklagen, doch dessen Summe bedeutete allenfalls einen Teilersatz, wenn nicht der Hinweis auf die zunehmende ortsübliche Belastung jede Erfolgsaussicht zunichte machte. Es gab allerdings auch Fälle, in denen der Widerstand erfolgreich war, wenn es nämlich darum ging, bürgerliche, von Belastungen ohnehin weitgehend verschonte Vororte oder Gemeinden zusätzlich zu schützen.

1891 wurde in Schulau/Blankenese bei Hamburg eine Bleihütte projektiert. Neben den Einsprüchen der betroffenen Bauern protestierten auch zahlreiche Hamburger, die eine Villa an der Elbe besaßen, gegen die Anlage. In einem von ihnen bestellten Gutachten schrieb der sonst eher industriefreundliche Prof. Freytag, daß „der entstehende Schaden für die Besitzer der schon erbauten Villen und Parkanlagen, sowie die Besitzer des erhöhten wellenförmigen Terrains in der Nähe von Schulau ein sehr erheblicher (sei), weil die Errichtung neuer Villen und die Benutzung der schon gebauten als Luxusaufenthalt keine weitere Verwendung finden dürfte".[39] Im Mai 1891 teilte der Bezirksausschuß Schleswig den Beteiligten mit, daß der Antrag auf Errichtung einer Bleiraffinerie zurückgezogen worden war. Der Protest hatte Erfolg gehabt.

Grundlegend für derartige Auseinandersetzungen war der bereits erwähnte Begriff der „ortsüblichen Belastung". Während Kurorte oder Villenvororte sich vor Industrieansiedlungen mit dem Argument schützen konnten, eine entsprechende Anlage sei nicht ortsüblich, kehrte sich in Arbeitersiedlungen und Industriegebieten das Argument um. Ein Hausbesitzer im oberschlesischen Industrierevier z. B. klagte wenige Jahre später auf Schadensersatz, weil der Ausbau einer in der Nachbarschaft liegenden Hütte ihn verstärkt durch Hüttenrauch belästigte, so daß er den Mietpreis senken mußte. Das Landgericht Beuthen und das OLG Breslau lehnten die Klage ab, denn

„die Bewohner einer Industriegegend könnten an die Luftverhältnisse nicht solche Ansprüche stellen, wie man sie in einem Bade- oder Luftkurort stellte".[40] Dem Einwand des Klägers, man könne kein Fenster mehr öffnen, hielt das Gericht entgegen, „das Öffnen der Fenster (sei) in diesem Arbeiterviertel nicht üblich".

Die juristische Klausel der Ortsüblichkeit bestimmte die Auseinandersetzungen und wirkte gleichzeitig städteplanerisch. Im Ruhrgebiet z.B. wurde die südliche Zone entlang der Ruhr zu einem Refugium vor den Belastungen der Industrie, wo unter anderem die Villa Hügel liegt, Residenz und Wohnstätte von A.Krupp. Einige Jahre zuvor hatte dieser einen prächtigen Bau im Essener Norden errichten lassen, unmittelbar neben seinen Fabrikanlagen, war dann jedoch vor dem Lärm und Gestank in die Bredeneyer Idylle geflohen. Die südlichen Vororte wurden systematisch von den Belastungen der Industrie freigehalten und entwickelten sich zu Villensiedlungen der Oberschicht; im Norden konzentrierten sich die industriellen Werke und die Siedlungen der Arbeiterschaft. Die anfänglich noch anzutreffende Landwirtschaft wurde an den Rand gedrängt und schließlich vertrieben, so daß auch deren Schadensersatzansprüche nach einigen Abfindungen entfielen.[41]

Die Arbeiterbevölkerung hat – soweit bisher bekannt – dieser Entwicklung wenig Widerstand geleistet. Die Sorge um einen Arbeitsplatz hatte Vorrang vor dem Streit um die Schädlichkeit der Industrieemissionen, auch deshalb, weil diese zwar als unangenehm, zugleich jedoch als für Menschen nicht weiter schädlich angesehen wurden. Es gab zwar Ärzte, die dieser Auffassung widersprachen, doch die medizinische Diskussion insgesamt bot ein wenig klares Bild.

Bedrohte Gesundheit

Die in Berlin verfeuerten Kohlemengen produzierten im Jahr 1925 jeden Monat „35 000 t Koks, Asche und Ruß, also im Tag rund 20 000 Zentner Ruß und Staub".[42] Hinzu kamen tausend Zentner schweflige Säure, die nur in sehr hohen Konzentrationen zu riechen und nicht zu sehen bzw. zu fühlen war. Auch Messungen ergaben keinen nennenswerten Anstieg in der Luft, zu effektiv war die rasche Verteilung sowie die Oxydation zu Schwefelsäure, die im Regen herunterkam. Bei Nebel allerdings war aufgrund der hohen Luftfeuchtigkeit die Konzentration höher, sie trug zu einer erhöhten Kranken- und Sterbeziffer an feuchten, lichtlosen Tagen bei.

Die meßbaren Veränderungen in der Luft fielen gering aus; dennoch wurde weithin die Meinung vertreten, daß ein schädigender Einfluß auf die Gesundheit anzunehmen sei. Jede Minute atme ein Erwachsener – so die Argumentation – im Durchschnitt 8 l Luft ein, in der Stunde ca. 12 m^3 mit einem Gewicht von 14,4 kg, d.h. ein Mehrfaches der Menge, die durch Nahrung aufgenommen wird. Diese Aufnahme geschehe tagaus, tagein, Jahr für Jahr, so daß im Laufe der Zeit große Volumina eingeatmet würden. Kleinste Mengen addierten sich und selbst nicht sichtbare und kaum zu messende Quantitäten könnten Bedeutung erlangen.[43]

Allgemein herrschte Übereinstimmung, daß die sichtbaren Bestandteile zwar eine Belästigung bedeuteten, für die menschliche Gesundheit jedoch wenig gefährlich waren. Sie waren zu groß, um in den Körperkreislauf zu gelangen, wirkten jedoch auf indirektem Wege. Ruß und Staub verdunkelten den Himmel der Großstädte, besonders ausgeprägt in London, der „typischen Großstadt", die ob ihres Smogs bekannt war. 1880 wurde London von einer erneuten Nebelkatastrophe heimgesucht, nicht der ersten, doch dieses Mal konnten genaue Zahlen festgehalten werden: Die Sterblichkeit war doppelt so hoch wie gewohnt. Die jährliche Sterblichkeitszahl für die Woche des dichtesten Nebels lag bei 48,1 pro Tausend, während sie im Durchschnitt von 19 Städten in der Provinz bei 26,3 lag. Das British Medical Journal kam zu dem Ergebnis:

Es ist deshalb auszuschließen, daß die abnorm bedeutende Sterblichkeit in der Hauptstadt mehr dem Nebel, welcher local war, zugeschrieben werden muß, als der Kälte, welche allgemein herrschte ... Es ist der Rauch, welcher den Londoner Nebel so verderblich macht.[44]

Worin jedoch der Zusammenhang zwischen Luftverschmutzung und Gesundheitsgefährdung im einzelnen bestand, war umstritten, ebenso wie die Frage des Wirkungsmechanismus. Es gab vereinzelte Tierexperimente, die z. B. nachweisen sollten, daß Tuberkulose und Luftverschmutzung unmittelbar zusammenhingen, doch diese Experimente hielten einer genauen Überprüfung nicht stand.[45] Wichtiger und aufschlußreicher waren Statistiken, von denen eine folgendermaßen zusammengefaßt wurde:

> Die Sterblichkeit an Luftröhrenentzündung und Lungenkatarrh ist in den Stadtgemeinden überhaupt – sowohl im ganzen preußischen Staat wie in der Rheinprovinz – um mehr als das Doppelte größer als in den Landgemeinden; sie steigt zu ungewöhnlicher Höhe nicht wie die Lungentuberkulose in den Städten mit Textilindustrie, sondern in denjenigen mit massenhaften Steinkohlefeuerungen und erreicht z. B. in Essen, Bochum, Duisburg und Dortmund die höchsten Verhältniszahlen. In dem Zeitraume zwischen 1875 und 1879 starben in jeder der genannten Städte an jenen Krankheiten von je 100 000 Einwohner jährlich 100 bis 120, während in den Stadtgemeinden der gesamten Rheinprovinz das Verhältnis 32 bis 36 betrug, in den Landgemeinden 7 bis 9.[46]

Ganz so eindeutig, wie diese Zahlen vermuten lassen, war der Zusammenhang allerdings nicht. Eine exakte Analyse hätte die unterschiedlichen Wohn- und Arbeitsverhältnisse, Einkommen, Kleidung und Ernährung sowie weitere Faktoren zu berücksichtigen gehabt, worauf Kritiker immer wieder hinwiesen. Dennoch, der Zusammenhang zwischen Luftverschmutzung und Wohlbefinden war nicht zu bestreiten, ebensowenig, daß diese einen nachteiligen Einfluß auf die Gesundheit ausübte. Der Einfluß konnte allerdings nicht quantifiziert werden, und es war darüber hinaus nicht möglich, exakte Schädlichkeitsgrenzen zu benennen. Doch desungeachtet war das Argument, aus gesundheitlichen Gründen eine Reduzierung der Belastung anzustreben, nicht von der Hand zu weisen. Passiert jedoch ist wenig.

Die Schwierigkeit, den Schadensmechanismus exakt bestimmen und eine Schadensgrenze festlegen zu können, hat fraglos dazu beigetragen, daß auch aus medizinischen Gründen wenig unternommen wurde, um Belastungen durch verunreinigte Luft möglichst weitgehend zu vermeiden. Doch der Hinweis auf mangelnde Kenntnisse kann nicht genügen, wenngleich noch heute damit argumentiert wird, wie etwa im Fall des Pseudokrupp oder des Waldsterbens. Es ist geläufige wissenschaftliche Praxis, Zusammenhänge durch statistische Untersuchungen zu begründen und sich auf signifikante Korrelationen zu stützen, gerade dann, wenn exakte Mechanismen nicht bekannt sind. So ist z. B. in der Hygienebewegung die Forderung nach sauberem Trinkwasser und besserer Kanalisation erhoben sowie durchgesetzt worden, lange bevor Bakterien als Ursache von Infektionen und Wasser als Übertragungsmedium identifiziert wurden.[47]

Entscheidender für die geringe Schlagkraft gesundheitlicher Überlegungen waren andere Faktoren. Im Gegensatz zu Gestank und Staub, die weniger gefährlich sind, können die eigentlichen Schadstoffe in der Luft nicht wahrgenommen werden, mit Ausnahme dramatischer Zuspitzungen während eines Smogs. So ist es kein Zufall, daß intensive Diskussionen wie auch gesetzgeberische Maßnahmen mit Smogkatastrophen zusammenfallen. Hinzu kommt, daß nur bei derartigen Anlässen eine akute Gefährdung deutlich wird. Ansonsten wirken die Schadstoffe in der Luft chronisch; ihre Wirkung akkumuliert sich im Laufe der Jahre, unbemerkt und ohne die Möglichkeit, zwischen eigener Erkrankung und stattgehabter Belastung eindeutige Verbindungen festzustellen.[48]

Das Gefühl ohne Bedrohung zu leben, hat sich mittlerweile als trügerisch erwiesen. Die Grenzen einer Politik hoher Schornsteine sind deutlich geworden, ebenso die Zunahme der Belastung in den letzten Jahrzehnten. Verschwand auf der einen Seite ein Teil des alten Hüttenrauchs, so produzierte der gestiegene Individualverkehr tonnenweise Stickoxyde, Schwefeldioxide und Blei. Andere Schadstoffe, die in geringsten Konzentrationen toxisch wirken wie z. B. Dioxin, werden freigesetzt. Allein die chemische Industrie produziert zur Zeit jährlich 60 000 Stoffe, von denen nur für den geringsten Teil der Nachweis der Unschädlichkeit erbracht oder Grenzwerte angegeben sind. Wenig berücksichtigt sind die Gefahren, die von radioaktiven Strahlen ausgehen, und weitgehend unbekannt sind bisher die Folgen des Synergismus, d.h. des Zusammenwirkens verschiedener Stoffe.[49] Die Forschung darüber steckt noch in den Anfängen und ist so komplex, daß die vorläufigen Ergebnisse eher verzweifeln lassen, als daß sie Mut machen. Wo immer wir hinkommen, was immer wir einatmen, die Schadstoffe sind schon da. Selbst in industriefernen Gebieten wie im Innern Grönlands sind erhöhte Bleikonzentrationen nachgewiesen worden.

Der Eindruck, zu spät zu kommen und die Folgen der Entwicklung nicht aufhalten, geschweige denn rückgängig machen zu können, drängt sich auf. Er ist nicht unberechtigt, erscheint zugleich jedoch verkürzt. Trotz der Beschreibung zunehmender Belastung in unserem Beitrag möchten wir abschließend drei Aspekte benennen, die in eine andere, etwas hoffnungsvoller stimmende Richtung weisen.

Mit Nachdruck ist festzuhalten, wie kurz der Zeitraum ist, für den jene Luftverschmutzung festgestellt werden kann, die in diesem Beitrag beschrieben wurde. Klagen über Kohlerauch, Ruß und Gestank gibt es seit Jahrhunderten, doch die Entwicklung seit der Mitte des 19. Jahrhunderts ist damit nicht zu vergleichen, weder in ihrem Umfang noch in ihrer Qualität. Auf mehreren Ebenen zugleich haben Prozesse eingesetzt, die in ihrer kumulativen Wirkung einschneidende Veränderungen herbeigeführt haben, sei es durch Rechtsprechung und Gesetzeslage, die Genehmigungs- und Aufsichtspraxis oder die technische Diskussion und Entwicklung.

Stellenweise hat es eine intensive Diskussion über mögliche Gefährdungen gegeben, doch diese blieb weitgehend folgenlos – nur bedingt deshalb, weil Wissenschaft und Technik keine Antworten zu geben wußten. Es trifft zu, daß deren Standard heutigen Ansprüchen nur selten genügte, doch es gab Ansätze, die in die richtige Richtung wiesen. Das Wissen um Zusammenhänge war ausreichend und zumindest einige der vorgeschlagenen Lösungen hätten eine wirksame Abhilfe bedeutet. Entscheidend war vielmehr, daß keine gesellschaftliche Gruppierung auf wirksame Änderungen drängte. Das Bewußtsein und die Diskussion um die Gefährdung blieben auf kleine Gruppen beschränkt und wurden gesellschaftlich nicht wirksam. Die Zunahme der Umweltzerstörung durch die zunehmende Industrialisierung blieb zwar nicht ohne Widerspruch, und neben direkten Protesten gab es eine Vielzahl stadt- und industriekritischer Strömungen, doch nur in Ausnahmefällen griffen sie in die Auseinandersetzungen mit eigenen Vorschlägen ein. Vorherrschend war eine kultur- und zivilisationskritische Fluchtbewegung, die sich nicht auf die Ebene einer wissenschaftlichen und technischen Diskussion begab. Es muß allerdings zugegeben werden, daß gerade hier eine erhebliche Forschungslücke besteht. Proteste gegen Industrieansiedlungen z. B. waren offensichtlich häufiger als bisher vermutet, doch sie blieben lokal begrenzt und waren über den Einzelfall hinaus wenig wirksam. Zudem spielte der Schutz der Umwelt als eigenständige Kategorie offensichtlich keine Rolle. Zur Debatte standen durchgehend unterschiedliche wirtschaftliche Interessen. Gerade hier hat sich in den letzten Jahren ein grundlegender Wechsel ereignet, der hoffen läßt.

Der Fortschrittsoptimismus und insbesondere dessen Gleichsetzung mit wirtschaftlichem Wachstum, der den untersuchten Zeitraum bestimmte, hat an Tragkraft verloren. Was an dessen Stelle treten könnte, ist noch nicht zu übersehen; es ist jedoch deutlich geworden, daß zumindest einige der Selbstverständlichkeiten, die den Umgang mit der Natur bestimmt haben, nicht länger allgemeine Zustimmung finden. Ein Dialog auf einem Symposium über industrielle Rauchschäden im Jahre 1954 an der TH Dresden zeichnet diese nahezu idealtypisch nach. Zur Frage der Schäden an den Nadelbäumen äußerte sich ein Direktor des Hüttenkombinats in Freiberg, das etwa 100 Jahre zuvor Anlaß zur ersten intensiven Diskussion war: „Ich bin zwar Laie auf forstlichem Gebiet. Daher meine Frage mit Rücksicht auf die Gefährdung. Muß man unbedingt Fichten anpflanzen?" (Allgemeine Heiterkeit). Professor Ziegler von der Fakultät für Forstschutz in Tharandt, an der bereits Stöckhardt tätig gewesen war, entgegnete: „Meine Herren, ich glaube, ich kann es kurz machen. Ich könnte Herrn Direktor Stohn fragen: Müssen Sie denn Pyrit verhütten."[50] Die Antwort war eindeutig. Natürlich müsse man Pyrit verhütten, da man die daraus dringend benötigte Schwefelsäure gewänne – auch auf die Gefahr hin, durch austretende Schadstoffe die Fichten zu gefährden.

Mittlerweile würde die Antwort nicht mehr so eindeutig ausfallen. Die Prioritäten ändern sich, bisher jedoch nicht im erforderlichen Maße. Der Beitrag hat gezeigt, in welch kurzer Zeit und auf wie vielfältigen Ebenen Prozesse abliefen, die zur Verschmutzung der Luft geführt haben. Es muß gelingen, in ähnlich konzentrierter Form und Zeit Maßnahmen zu ergreifen, damit die Luft wieder sauberer wird. Ob dann, wie während der Besetzung des Ruhrgebiets, die Natur sich in kürzester Zeit erholt und die Kartoffelknospen wieder blühen, vermögen wir nicht vorherzusagen. Versuchen müssen wir es.

Engelbert Schramm
Zu einer Umweltgeschichte des Bodens

Der Konzeption dieses Buches liegt – ähnlich wie der staatlichen Naturpolitik – die Konzentration auf die verschiedenen ‚Umweltmedien‘ zugrunde. Dabei entsteht für den Boden (im Unterschied zu Luft und Wasser) eine besondere Schwierigkeit, da dieses Medium immer wieder aus der Aufmerksamkeit der gesellschaftlichen Akteure (und erst recht der Verwaltungen) geraten ist. So gab es im letzten Drittel des 19. Jahrhunderts einen ‚Internationalen Verein gegen Verunreinigung der Flüsse, des Bodens und der Luft‘, der sich aber, wie die Durchsicht des langjährigen Vereinsblatts Gesundheit bestätigt, kaum um Probleme des Bodenschutzes bemühte und schon gar keine geschlossene Konzeption entwickelte.[1] Auch aus der Landwirtschafts-, Garten-, Forst- oder Stadtgeschichte liegen bisher kaum Untersuchungen vor, die sich mit der Bodenproblematik in ökologisch-historischer Sicht beschäftigen. Daher soll in dieser Übersicht versucht werden, den Gegenstandsbereich grob zu skizzieren und die Vielfalt der Entwicklungen nachzuzeichnen.

Der heutige Bodenschutz beschränkt sich weitgehend auf Boden als das Substrat, das in der Land- und Forstwirtschaft nutzbar ist. Wenn mit dieser Definition nach Vorläufern in der Vergangenheit gesucht wird, so läßt sich zwar eine Linie von (vermeintlichen und wirklichen) Vorläufern konstruieren, tatsächlich hat es jedoch eine einheitliche und frühzeitige Bodenschutzpolitik nicht gegeben.[2]

Vorläufig soll daher der Begriff Boden weiter gefaßt werden; er soll auch als im Bergbau ausbeutbares Gestein und als unterschiedlich nutzbare Fläche verstanden werden. Wenn bei Konkurrenzkonflikten um Bodennutzungen und bei Flächenumwidmungen ökologische Probleme sichtbar (oder vermutbar bzw. benannt) werden, sind sie ebenfalls zu einer Umweltgeschichte des Bodens zu zählen; sie stellen zugleich Berührungspunkte zur Historischen Geographie dar, sofern diese sich allgemeiner mit Problemen der anthropogenen Veränderung ruraler oder urbaner Landschaften beschäftigt.[3]

Boden als Ressource für die Landwirtschaft

Trotz aller Veröffentlichungen zu den Neuerungen der Feldbewirtschaftung unterschied sich um 1800 die *praktische* Lage der Landwirtschaft kaum von jener der vorangegangenen Epochen: Zwar waren die Bauerngärten und die inneren Teile der Gemarkung recht gut mit Dünger versorgt; in den *outfields* dagegen waren (wie wenigstens für Mecklenburg bodenkundliche Analysen belegen)[4] die Böden weitgehend erschöpft. Beim damaligen Viehbestand konnte der Dünger allenfalls von außerhalb besorgt werden – neben der Waldstreu und den Heideplaggen wurden aus den Städten Fäkalien herangekarrt; zum Teil wurde der Boden auch mit Mineralien aus kleinen Gruben innerhalb der eigenen Gemarkung aufgemergelt.[5]

Durch Landesausbau und die Agrarstrukturreformen zu Beginn des 19. Jahrhunderts wurde bis 1880 die Flächenproduktivität auf das Doppelte gesteigert. Die gemeinschaftliche, offene Mehrfelderwirtschaft mit ihrem Flurzwang wurde aufgegeben; die Brachen wurden nun planmäßig mit Klee oder Luzerne begrünt, wodurch (unbewußt) der Stickstoffgehalt der Böden verbessert wurde. In Norddeutschland und im Allgäu entstanden bereits Höfe, die sich auf Vieh- und Milchlandwirtschaft konzentrierten; hier verbesserte der ausreichend vorhandene Mist die Nährstoffbilanz des Bodens. Zusätzlich gab es umfangreiche Anstrengungen, um die landwirtschaftlich genutzte Fläche zu steigern und neues Land zu gewinnen.

Die staatlichen Landgewinnungsprogramme in Nordwestdeutschland (Hannover, Oldenburg) und den Flußtälern von Oder und Havel konzentrierten sich auf das Trockenlegen großer, noch zusammenhängender Moorlandschaften, die nach holländischem Vorbild mit Kanälen entwässert werden sollten (= Melioration). Zwischen 1856 und 1911 war die Fläche trockengelegter Hochmoore zwar noch relativ gering; von 1,8 Millionen Hektar meliorisiertem Land in Preußen war jedoch bereits fast ein Drittel ehemaliges Niedermoor. Um 1880 starben so für Deutschland erste Pflanzenarten der anmoorigen Flächen aus. Schon im Jahr 1901 hatte das preußische Landwirtschaftsministerium an den Leiter der Bremer Moorversuchsstation, Weber, ein Gutachten vergeben, das sich mit der Frage einer stellenweisen Erhaltung von Moorfauna und -flora, aber auch der „Gegenden von hervorragender Schönheit" beschäftigte. Weber prognostizierte den baldigen Untergang der Torfmoorbestände.[6]

Erst nach der Gründung von Großkraftwerken 1909 im Emsland und bei Aurich gestaltete sich – im Gegensatz zur früheren (rein agrarischen) Fehnkultur – der Torfabbau so profitabel, daß die riesigen Hochmoorflächen zu inselartigen Reliktbiotopen innerhalb einer neuen Agrarlandschaft schrumpften; dies hatte erhebliche Folgen für die ursprünglich dort lebenden Tiere und Pflanzen, aber auch – kaum wahrgenommen – für den Wasserhaushalt und den künftigen Erhalt des Bodens.

Raschere Verbreitung fand die aus England eingeführte Drainage bei der Trockenlegung feuchter Flußtäler. Die erste Dränanweisung wurde 1857 von der Generalkommission für Schlesien erlassen.[7] Neben Moor- und Sumpfarten wurden so die Lebensgemeinschaften der Feuchtgebiete und besonders der Auenwälder zurückgedrängt: „Selbst wenn der Wasserspiegel nur erniedrigt wird, geht die Bodenfrische in dem umgebenden Gelände zurück, und darunter leidet die dortige Pflanzen- und Tierwelt." Wie hier, in jener Denkschrift von Hugo Conwentz, die schließlich die Institutionalisierung des staatlichen Naturschutzes zur Folge hatte,[8] beschränkten sich die Klagen auf die direkt absehbaren biologischen Auswirkungen einer solchen Standortveränderung. Nicht diskutiert wurde, ob es auch zu indirekten langfristigen Folgen kommen müßte, d. h. die Frage nach der Belastbarkeit und der ökologischen Dynamik der Böden durch diese Eingriffe und nach deren Auswirkungen auf die Folge-Lebensgemeinschaft wurde nicht gestellt. Mit den damaligen Kenntnissen vom Boden (einschließlich Agrikulturchemie und -physik) hätte sie aber auch nicht beantwortet werden können.

In bestimmten regenreichen Naturräumen hatte die Landwirtschaft früherer Epochen verursacht, daß ein immer größerer Teil der oberen Bodenschicht zu Bleicherde verwitterte. Diese schweren Podsol-Böden konnten (z. B. in Dithmarschen und der Lüneburger Heide) nun mit Dampfpflügen wieder umgebrochen und nach zum Teil jahrhundertelanger Verheidung der Fruchtproduktion zugeführt werden. Der Heidekulturverein für Schleswig-Holstein etwa führte so von 1871 bis 1923 rund 70 000 Hektar dem Landbau zu. In der Lüneburger Heide wurde zum Teil auch aufgeforstet.[9]

Die älteren Deichverordnungen für die Küste der Nordsee wurden 1859 durch ein erstes Gesetz betreffend die Landgewinnung an der Westküste ergänzt; neben die bisherige, eher zufällige Landgewinnung aufgrund der natürlichen Verlandungsvorgänge im Wattenmeerbereich traten verstärkt planmäßige Versuche, der Nordsee neue Köge bzw. Polder abzuringen. 1894 wurde ein großrahmiger Landgewinnungsplan für Schleswig-Holstein aufgestellt. Durch die verbesserte Befestigung der Dünen mittels Faschinen (= Reisigbündel) und Pflanzungen standortgerechter, bodenbefestigender Vegetation (z. B. Strandhafer) konnten Dünen der Geest als Teil der Landesbefestigung gegen Sturmfluten genutzt werden, da sie nun vor einem Abtrag durch das Meerwasser (Erosion) geschützt wurden. Die noch verbliebenen Geestteile der Nordseeküstenlandschaft konnten so erhalten bleiben; sie spielten bis dahin aber keine wesentliche Rolle für die Landeskultur, da sie mit ihren zahllosen wüstenartigen Wanderdünen als völliges Ödland galten. Durch eine Bepflanzung ließ sich jedoch die Dynamik von Wanderdünen erheblich einschränken. Insbesondere Maurice Calmeyn entwickelte um die Jahrhundertwende ein spezielles, auf Versuchen begründetes Schutzwaldprogramm, um eine Windverdriftung des Sandes innerhalb einer vegetationsentblößten Dünenlandschaft (aber auch aus ihr heraus) zu verhindern. Im Binnenland erwiesen sich entsprechende Befestigungen durch Bepflanzungen ebenfalls als sinnvoll, da sie eine weitere Deflation (Winderosion) verhinderten; zuvor hatte sich der Sand häufig auf besseren Ackerböden abgesetzt und zur Verminderung der Bodenfruchtbarkeit beigetragen.[10]

Durch die Aufgabe des Zelgenzwangs (in unterschiedlichen regionalen Spielarten)[11] konnten zum Teil die bis dahin die Flurteile umgebenden typischen Hecken, die das Vieh auf dem jährlich als Weide dienenden Bracheteil halten sollten, wegfallen. Dadurch wurde dem Wind eine gute Angriffsfläche auf den Boden geboten. Besonders in Schleswig-Holstein jedoch erhielt man die landschaftstypischen „Knicks" unter anderem aus diesem Grund einer Deflationsverhinderung weiter; zum Teil werden die Knickhecken bei Flurbereinigungen heute im Ganzen verpflanzt.[12] Die Folgen der Abschaffung von Hecken und anderen auflockernden Landschaftselementen in einem ausschließlichen Getreideanbaugebiet (bei gleichzeitiger Drainage) wurden am deutlichsten im amerikanischen Südwesten nach 1930 sichtbar; in der damaligen wirtschaftlichen Situation wurden viele Farmer zum Verlassen ihres Grundes gezwungen, da heftige Sandstürme die fruchtbareren Bodenschichten weggeweht hatten.[13]

Bereits in früheren Intensivierungsphasen der Landwirtschaft (Bronzezeit, Spätmittelalter) gab es einen Bodenabtrag durch das Regenwasser in Hanglagen mit starkem Gefälle. Um 1800 nahmen diese Erosionen erneut zu; als Gründe dafür werden die Agrarreform und die Produktionssteigerungen diskutiert, die dazu führten, daß stark exponierte Flächen unter den Pflug genommen wurden – Flächen, die bis dahin landwirtschaftlich nur extensiv (Streuobstanbau) oder fast nicht genutzt wurden (gelegentliche Schafweideflächen usw.). Der Bodenabtrag – zum Teil in Form von Erosions-*gullies* – nahm stellenweise solche Formen an, daß nach wissenschaftlichen Lösungsmöglichkeiten Ausschau gehalten wurde; beispielsweise wurde von der Göttinger Akademie der Wissenschaften ein Preisausschreiben ohne großen Erfolg initiiert.[14]

Der aus Hanglagen abgetragene fruchtbare Boden lagerte sich zum Teil in den Tälern als ‚Auelehm' ab; die dortige Landwirtschaft bekam also mit den Frühjahrs- und Herbstüberschwemmungen eine kostenlose Düngung. Allerdings resultierten bei ‚wilden' Bächen und Flüssen, die gerade aus dem Quellgebirge austraten, daraus auch eine weitgehende Umgestaltung und geringe Stabilität der Flur. Von bäuerlicher Seite wurde entsprechend bereits um 1800 der Ruf nach staatlicher Regulierung der entsprechenden Wasserläufe laut.

Sofern die Flüsse und Bäche als Vorfluter benutzt wurden, um die Rückstände der vorindustriellen Produktion zu „beseitigen", konnte es zu frühen Bodenvergiftungen kommen. Einen entsprechenden Konflikt gab es bereits zu Beginn des 19. Jahrhunderts im Tal der aus dem Harz fließenden Innerste; deren Wasser wurde dazu verwendet, um die in Poch- bzw. Stampfwerken mechanisch zerkleinerten Münz- und Schwermetallerze voneinander zu trennen. Die bleihaltigen Pochsande wurden zum Teil mit dem Wasser davongetragen bzw. die entstehenden Abraumhalden bei Hochwasser fortgeschwemmt. In den Niederungen lagerten sie sich ab; die dort entstehende Bodenunfruchtbarkeit aufgrund der Schwermetallvergiftung wurde 1822 von G. W. F. Meyer in einer – ebenfalls Göttinger – Preisschrift ‚Die Verheerung der Innerste' ausführlich beschrieben. Als Sanierungsprogramm wurde eine Produktionsänderung und ein damit verbessertes Rückhalten der Pochsände vorgeschlagen. Im Innerstetal kam es aber noch bis ins 20. Jahrhundert hinein zu Bleivergiftungen des Viehs, vermutlich nicht nur durch Altlasten verursacht, sondern zum Teil durch neue, weiterhin mit abgeschwemmtem Bodenmaterial in die Talweiden gelangte Schadstoffe.[15]

In anderen Regionen, etwa im Siegerland, wo der Bedarf des Bergbaus an Holz früh zu einer intensiven kombinierten Land- und Forstwirtschaft geführt hatte, wurden Wiesenüberschwemmungen zum Teil künstlich herbeigeführt. Es bildeten sich regelrechte Bewässerungsgenossenschaften aus, um so gemeinsam für eine indirekte Düngung der Ländereien zu sorgen. Die Verwendung von nährstoffreichem Fließwasser zur

Landbewässerung führte zum preußischen Privatflußgesetz von 1843, das entsprechende Konflikte zwischen den verschiedenen Wassernutzern (Müller, Bauern usw.) regelte. Neu war der Gedanke des Gesetzes, die Beteiligten zu Genossenschaften zusammenzuschließen, so daß auch solche Wiesen bewässert werden konnten, die zu keiner nach der Gemeinheitsteilungsordnung aufzuhebenden Allmendefläche gehörten. Während in Preußen zunächst ein freiwilliger Austausch von einzelnen Flurstücken möglich war, deren Besitzer sich einer Bewässerung widersetzten, wurden durch das Gesetz von 1879, betreffend die Bildung von Wassergenossenschaften, auch Zwangsmitgliedschaften ermöglicht, da die Wiesenbewässerung hohe Priorität in der Landeskultur erhalten sollte.[16] Ernährungsschwierigkeiten in und nach dem Ersten Weltkrieg führten dazu, daß sich die Rechtslage hinsichtlich jeder genossenschaftlichen Bodenverbesserung, aber auch für die Moor- und Heidekultur erheblich verschärfte. Bereits im Krieg wurden die Genossenschaften zum Zwecke der Bodenverbesserung zu privatrechtlichen Regelungen ermächtigt; durch Verordnungen und 1922 durch Reichsgesetz wurde diese Befugnis fortgeschrieben.

In den Inflationsjahren behinderte die Geldentwertung weitere Maßnahmen zur „Bodenverbesserung"; die daher 1922 gegründete ‚Deutsche Aktiengesellschaft für Landeskultur' vergab Meliorationsdarlehen, die nicht auf der Wertbasis von Geld beruhten, sondern auf der von Roggen. Seit 1924 konnten zudem die Besitzer privaten Ödlandes auch gegen ihren Willen zu ‚Bodenverbesserungsgenossenschaften' zusammengeschlossen werden.[17] Damit wurde die Urbarmachung der vorletzten und letzten Landreserven zu einem über Individualinteresse stehenden Planungsziel; die weitere „innere Kolonisation" von Ödland, Heide, Moor und Wattenmeer in der NS-Zeit im Namen einer landwirtschaftlichen Erzeugungsschlacht war somit – fast – folgerichtig, auch wenn sie zu einem Trockenfallen weiter Gebiete (zum Beispiel in der Oberrheinischen Tiefebene) führte.[18] Die Melioration wurde nun nicht mehr vom Hof des Grundeigentümers oder Pächters ausgeführt, auch nicht mehr von einer im Dorf beheimateten Genossenschaft, sondern vom ortsfremden ‚Reichsarbeitsdienst‘ im Auftrag zentraler Planer. Die neugeschaffenen Hofstellen – etwa im ostfriesischen Wattenmeerbereich – wurden mit Siedlern aus anderen Regionen besetzt, deren Alltagswissen aus andersgearteten ökologischen Zusammenhängen stammte. Verklärung des Bauerntums und besonders die Steigerung der landwirtschaftlichen Produktivität waren wichtiger als eine Sicherung der Bodenfruchtbarkeit und eine ökologische Unversehrtheit der Bodenlebewelt auf Dauer.[19]

Damit wurde hier der gleiche Weg eingeschlagen wie bereits zuvor landesweit in der Frage der Düngung. Durch die Einführung der Schwemmkanalisation in immer mehr Städten wurden die Fäkalien um 1900 nicht mehr von den Bauern abgefahren.[20] Bereits seit 1840 hatte Justus Liebig die mögliche Anwendbarkeit der neu entwickelten Organischen Chemie auf die Landwirtschaft propagiert. Aufbauend auf Gedanken Lavoisiers hatte er zudem betont, daß die Stoffkreisläufe auf den Äckern geschlossen werden müßten. Dem Boden müßten die mit den geernteten Pflanzen entzogenen Nährstoffe auf jeden Fall wieder zugeführt werden; nur so könne der „Raubbau" am Boden verhindert werden.[21] Ähnlich wie auch sonst in ökologischer Aufklärungsliteratur des 19. Jahrhunderts (z. B. Carl Fraas oder George P. Marsh) verlängerte Liebig die Argumentation nach „hinten" in die Geschichte: den Niedergang der alten Zivilisation, z. B. des römischen Imperiums, führte er darauf zurück, daß diese Raubbau am Boden betrieben hätten, statt ihn pfleglich zu behandeln und den Nährstoffkreislauf zu schließen. Diese Reduktion der geschichtlichen Dynamik auf einen Öko-Determinismus verdeckt viele der möglichen Gründe; andererseits sind tatsächlich für den Mittelmeerraum bereits lange vor dem 19. Jahrhundert zahlreiche Formen des Mißmanagements in ökologischer Hinsicht festzustellen, die sich wesentlich in nicht wieder rückgängig zu machenden Bodenverschlechterungen niederschlugen. Neben den Verkarstungen (besonders im Balkan durch eine zu intensive Ziegenweide mitbedingt) spielen hier Deflationen eine

Rolle; neben den anthropogenen Ursachen müssen jedoch auch Klimaveränderungen als Auslöser angenommen werden.[22]

Zum Schließen der Nährstofflücke der Äcker und Wiesen empfahl Liebig Mineralstoffe und besonders chemisch bereits ,aufgeschlossene' Substanzen. Dies sei letztlich die einzige Möglichkeit, auf Dauer jene Mehrerträge aus dem Boden herauszuwirtschaften, die von den ,rationellen Landwirten' seit etwa 1800 angestrebt wurden; chemische Analysen – wie sie z.B. Adolph Stöckhart in Tharandt durchführte – zeigten, daß die Böden ,rationell' bewirtschafteter Güter „schrittweise ärmer an Kali, Talgerde, Kieselerde etc. (wurden), ja selbst an Phosphorsäure und Kalk in dem Falle, wenn der gebotene Ersatz den Verbrauch nicht vollständig deckt".[23] Andererseits gingen nach Liebigs Ansicht in absehbarer Zukunft die leicht verwertbaren mineralischen Düngervorräte („Mammutfriedhöfe"[24] oder der südamerikanische Seevogel-Guano) zu Ende. Durch die weitgehend von ihm entwickelten neuen Düngemittel konnte (ähnlich wie zuvor schon für Phosphor) für Kalium, später zum Teil auch für Stickstoff, die Nährstoffbilanz des Bodens gesichert werden. Allerdings lassen sich, wie wir heute wissen, mit der Methode der chemischen Düngung jene Stoffe, die aufgrund von Ernteausfuhr, Erosion usw. den biogeochemischen Kreislauf des Ackers verlassen haben, nur kurzzeitig durch ähnliche Verbindungen mit den gleichen Elementen ersetzen. Wenn – wie weitgehend in den konventionellen Betrieben mit Konzentration auf Getreidewirtschaft – die Rückführung organischen Materials (z.B. Stroh, Kompost, Mist, Mulch) auf den Boden versäumt wird, kommt es zu einem erheblichen Rückgang der im Boden lebenden Organismen (Destruenten und Produzenten), der sich indirekt auch auf die Bodenfruchtbarkeit auswirkt und zum Ausgleich wesentlich höhere Kunstdüngergaben erfordert.[25]

Zu einem flächenhaften Durchbruch der Mineraldüngung kam es jedoch erst seit den 1880er Jahren, als Kalisalze sowie Thomasmehl als Nebenprodukte der Steinsalz- bzw. Stahlproduktion billig angeboten werden konnten. Selbst in den Kreisen der ‚rationell‘ orientierten Großgrundbesitzer wurden Stickstoffdünger erst ab 1880 häufiger verwendet; regelmäßig eingesetzt wurden sie jedoch, als mit dem Haber/Bosch-Verfahren eine zwar energieintensive, aber relativ ressourcenunabhängige Darstellungstechnik aus dem Luftstickstoff entwikkelt worden war. Über die Mineraldüngung kann es so erst seit etwa 1920 zu jenen ökologisch unerwünschten Auswirkungen nicht nur auf die Pflanzen, sondern auch auf die ‚Bodengesundheit‘ gekommen sein, wie sie von den biologisch-organischen und den biologisch-dynamischen Landwirten schon im ersten Viertel unseres Jahrhunderts den konventionell düngenden Bauern angelastet wurden: Beide Richtungen der alternativen Landwirtschaft profilierten sich zunächst anhand einer Kritik der chemisch-organischen Düngung.[26]

Auch alternative Landwirte verwendeten jedoch lange Zeit (wie auch Kleingärtner) ‚unaufgeschlossene‘ chemische Stoffgemenge, die als Abfallstoffe an den Filtern der luft-emittierenden Industrie (Flugasche) und bei der Schwemmkanalisation (Klärschlamm) anfielen. Die Belastung mit Schwermetallen oder mit halogenierten bzw. polyzyklischen Aromaten (Dioxin!) für die Ernte und für den Boden wurde nicht thematisiert! Bis heute werden Klärschlämme aus der Kanalisation auch dann noch verwertet, wenn ihr Schwermetallgehalt über entsprechenden Grenzwerten liegt; sie werden mit anderen Materialien verschnitten und mit der maximal zulässigen Belastung als „Bodenverbesserungsmittel“ verkauft. Die Giftstoffe, die eigentlich aus der Kanalisation bzw. den Fabrikschornsteinen zurückgehalten werden sollten, werden so fein verdünnt im landwirtschaftlich genutzten Boden „endgelagert“.

Ähnliche Beseitigungsstrategien bestehen auch für die tierischen Fäkalien bei den vielen Höfen, die sich als Folge der EG-Förderpolitik in den letzten 30 Jahren auf eine ausschließliche Fleisch- und Milchproduktion konzentrierten. War zu Beginn des 19. Jahrhunderts die Düngererzeugung ein limitierender Faktor für eine ausreichende Nährstoffversorgung des

Ackenbodens, so muß heute in diesen Betrieben (z. B. in Oldenburg, zum Teil auch im Allgäu) das bewirtschaftete Grünland überreichlich mit Gülle gedüngt werden; teilweise werden Flächen nur noch bewirtschaftet, um so den staatlich geforderten Nachweis der Güllebeseitigung erbringen zu können. Die dauerhaften ökologischen Auswirkungen der Nährstoffüberfütterung werden kaum problematisiert.

Daneben führten seit etwa 1950 die Flurbereinigung, neue landwirtschaftliche Produktionsmethoden und der Einsatz schweren Ackergeräts zu einer verstärkten Erosion von Hangböden: Größere, „maschinengerechte" Feldstücke wurden von den Raumplanern aus der zuvor oft stark parzellierten Flur zurechtgeschnitten; bei der Formung nahm man aber keine Rücksicht mehr auf eventuelle Hanglagen. Damit wurde der Boden häufig quer zum Profil bearbeitet, so daß ein Abtrag bei Regen begünstigt wurde. Erst seit etwa 1980 wird allgemein das Pflügen entlang der Hanglinien empfohlen, um die Erosionen zu minimieren. Auch der Anbau von Pflanzen ohne eine begleitende Unkrautflora (besonders Silomais), und die Vernichtung der Unkräuter mit Herbiziden führen bei Hanglagen dazu, daß der Boden ohne ausreichende Vegetationsdecke heftigem Regen ungeschützt ausgesetzt ist. Die Tendenz zum Bodenabtrag wird darüber hinaus durch massive Bodenauflockerung mit besonders tiefgehenden Pflügen verstärkt. Durch solche Bodenbearbeitungsmaschinen wird die Ackerdecke zum Teil einen Meter weit umgebrochen; dies hat zwar kurzfristig die erwünschten produktiv nutzbaren Auswirkungen, mit denen sich auch Mängel der konventionellen Düngung kompensieren lassen. Auf Dauer aber werden so die in den oberen Bodenschichten in Schichtenfolgen vorkommenden unterschiedlichen Lebensgemeinschaften durcheinandergemengt und – wenn die „überflüssigen" chemischen Substanzen verbraucht sind – in ihrer ausnutzbaren Produktivität stark verringert.[27]

Die „grüne Wüste Wald" (L. Trepl), die Mitteleuropa seit dem Neolithikum bedeckte, wurde durch siedelnde Bauern immer weiter zurückgedrängt. Weitere Landnahmephasen waren die Bronzezeit, zum Teil die späte Eisenzeit, die Karolingerzeit und das Hochmittelalter; anstelle der Wälder traten Felder, Wiesen und Siedlungen. Weil Holz als vorindustrielle Zentralressource so wichtig war, wurden Klagen über eine angebliche Holzknappheit immer lauter; in siedlungsnahen oder verkehrsmäßig (mit Flößerei) günstig zu erreichenden Wäldern herrschte mit wenigen Ausnahmen (z. B. Spessart, Schwarzwald) eine intensive Niederwaldwirtschaft mit kurzen Umbruchzeiten vor. Durch die Waldweide besonders mit Schweinen wurden allerdings die mit dem Holz und der Streugewinnung entzogenen Nährstoffe teilweise wieder ausgeglichen, so daß der Boden nicht zu stark verarmte.[28]

Aufgrund der Ängste vor vermeintlicher Holzknappheit, der um 1800 verwissenschaftlichten Forstkunde und der agrarstrukturellen Veränderungen der gleichen Zeit konnte die Forstwirtschaft – wie die Landwirtschaft – im 19. Jahrhundert von einer Flächenvergrößerung profitieren: Für das damalige Reichsgebiet wird die Aufforstungsfläche (vor allem ehemalige Hutungen, d. h. Weideflächen) auf 1,2 Millionen Hektar geschätzt. Allein von 1885 bis 1918 kaufte der preußische Staat zur Aufforstung über 200 000 Hektar Ödland an. Auf diesen neuen Waldflächen wurde nicht nur die ökonomisch günstig scheinende Kultivierung und Abholzung gleichaltriger Bestände betrieben, sondern es wurden zumeist statt der standorttypischen Baumarten Fichten in Monokultur angepflanzt. Dies entsprach auch der stärkeren forstwirtschaftlichen Orientierung am Geldertrag. Langfristig aber hatte diese Bewirtschaftung Windbruch und – ab der dritten Fichtengeneration auf dem gleichen Standort – auch Aufforstungsschwierigkeiten wegen des Graswuchses zur Folge.

Oben wurden bereits die Schutzwälder gegen Deflation im Küstenbereich erwähnt; durch Bepflanzung ließ sich die

Wasserhaltefähigkeit des Sandbodens zudem so weit steigern, daß sich aufgeforstete Dünen sogar als Quellengebiete für Wasserleitungen eigneten.

Im Hochgebirge sollten die zum Teil wesentlich älteren Schutzwälder die in der Talaue gelegenen Siedlungen und Felder vor Lawinen schützen; entsprechende ,Bannwälder' werden bereits in mittelalterlichen Urkunden erwähnt. Als sich jedoch nach 1800 liberalistische Anschauungen in der Forstwirtschaft durchsetzten, wurden die Alpenwälder verstärkt ausgeplündert. Bereits 1825, in der ökologischen Aufklärungsschrift des Moreau de Jonnés, wurde dies wirksam angeprangert.[29] Aber erst nach 1850 wurden im alpinen Bereich von staatlicher Seite neue Schutzwälder geschaffen. Mit der durch einen Wald erreichten räumlichen Trennung der Rodungsräume im Tal und jener im Almenbereich entstand eine Barriere für die sonst bis ins Tal stürzenden Lawinen und vor allem Muren; die Schnee-, Eis-, Geröll- und Wassermassen hätten sonst (neben Personen- und Gebäudeschäden) auch bei dem landwirtschaftlich genutzten Boden der Talhänge zu einem verstärkten Erdabtrag führen können. Auch die bereits von Moreau de Jonnés geäußerte Kritik an der Entwaldung von Quellgebieten wurde in den späteren Diskussionen – z.B. von Schultz-Lupitz vor dem preußischen Parlament 1891 (anläßlich der Auseinandersetzung um das Talsperrengesetz) – wieder aufgegriffen: Die Wasserhaltefähigkeit von mit Wald bestocktem Boden sei deutlich höher als jene von Wiesen. Waldbestockung dieser Gebirgsflächen könne folglich ein indirekter Schutz vor den Frühjahrsüberschwemmungen sein. Mit dem Gesetz von 1913 ist in der Folge für die Mittelgebirge der preußischen Rheinlande die Umlage von Holzungen und Ödland in solchen Gemarkungen erlaubt worden, in denen zur Vermeidung schwerer Hochwasserschäden oder zum Verhindern von Erosionen die Anlage von Schutzwäldern besonders zum Zurückhalten des Niederschlagswassers notwendig erschien. Auch hier wurde auf den ,bewährten' Rahmen einer Zwangsgenossenschaft zurückgegriffen.[30]

Auf die problematischen Folgen einer Kultivierung mit

Fichte (sofern nicht standorttypisch) wurde bereits hingewiesen; die verursachenden Vorgänge sind wissenschaftlich nicht geklärt, doch ist anzunehmen, daß die bodenökologischen Funktionen durch den Bestand mit der ‚falsch‘ gewählten Baumart bis zur Funktionsbeeinträchtigung verändert werden. Die im Forstwesen ebenfalls zur Erhöhung der Produktivität vorgenommenen Trockenlegungen veränderten zudem die Bodenverhältnisse so, daß zahlreiche zunächst standortgerechte Baumarten des Waldes eventuell deshalb zu kümmern begannen. Heute ist das in der Oberrheinischen Tiefebene großflächig zu beobachtende Waldsterben auf diese Trockenlegungen (im Verein mit einer Grundwasserentnahme für die Wasserwerke) zurückzuführen. Bereits 1879 hat der Chemie-Industrielle Hasenclever auf diese Form des Waldsterbens hingewiesen – wohl, um von den Auswirkungen seiner Fabrik abzulenken.[31]

Zu Beginn des 19. Jahrhunderts wurden die Immissionsschäden in der Nähe industrieller Werke zunächst auf Bodenvergiftungen zurückgeführt, im Bereich von Metallhütten meist auf emittierte Bleisalze. Seit 1850 hingegen verengte sich die Diskussion auf die sauren Gase und auf das Transportmedium Luft. Andere mögliche Schadensursachen und die Rolle des Bodens wurden abgedrängt. Erst nach 1900 wurde der Boden von den Immissionsschadensforschern wieder beachtet; besonders A. Wieler konnte neben einer direkten Vergiftung der Bäume auf dem Luftweg mit Schwefeldioxid und Salzsäuregas eine Schädigung der Bodenfunktionen (und eine indirekte Schädigung der Pflanzen durch Schadstoffaufnahme über die Wurzeln) nachweisen. Zunächst ging Wieler von recht einfach erklärbaren Entkalkungsvorgängen im Boden durch die sauren Gase aus; von 1905 bis 1914 versuchte er in Rauchschadensgebieten des Harzes, diese Bodenverschlechterung mit einer Kalkdüngung zu kompensieren und so eine (bis dahin nicht mögliche) Wiederaufforstung der ‚Rauchblößen‘ zu ermöglichen. Eine Auswertung von Experimenten 1932 zeigte ihm aber, daß es aufgrund der Emissionen im Boden letztlich zu einer Umwandlung der dortigen Aluminiumionen in eine lösliche und zugleich pflanzengiftige Form kommen konnte. Wieler führte die damals beobachteten lokalen Waldsterben in der Nähe chemischer Fabriken und Metallhütten zum Teil auf diese bodenchemischen Folgen der Emissionen zurück. Von der Mehrheit der Immissionsschadensforscher wurde diese Erklärung, die ungefähr jener des Göttinger Bodenkundlers B. Ulrich zu dem heutigen Waldsterben entspricht, jedoch nicht akzeptiert und schließlich wieder „vergessen".[32]

Städtischer Boden

Naturpolitik wurde und wird in Städten gemacht und fast ausschließlich auf die Natur außerhalb der Städte bezogen. Daher gab es lange Zeit nur in Ausnahmefällen einen Konflikt zwischen Naturpolitik und Wirtschaftspolitik, deren Ziel ja fast ausschließlich eine Förderung der Industrie war. Land- und Forstwirtschaft galten zumindest im 19. Jahrhundert nicht als (förderungswürdige) Gewerbe. Die Produktionseinbußen von Land- und Forstwirtschaft, die aufgrund einer Bodenversauerung und eines Schwermetalleintrags in den Boden entstanden, wurden für weniger wichtig genommen – zu einem Schutz des Bodens kam es noch weniger als zu einer geregelten Luftreinhaltepolitik, über die wenigstens diskutiert wurde.

Dabei wurde auch das städtische Grün – das als Naherholungsgebiet und auch als Sauerstofflieferant immer wichtiger wurde – durch die gleichen Emissionen bedroht. Beispielsweise ist für die Stadt Aachen bekannt, daß dort in einem parknahen Viertel 1911 eine Industrieansiedlung aus Angst vor einer Bodenvergiftung (und damit vor indirekter Parkvernichtung) durch den schwefelsauren Rauch der Schornsteine verhindert wurde. Es hat sich dabei aber vermutlich eher um eine Ausnahme gehandelt: ein aufklärender Vortrag von A. Wieler über die Bodenwirkung der Emissionen und dadurch verstärkter bürgerlicher Protest konnten in einer Stadtpolitik, die bereits auf Planungsgesichtspunkten aufbaute, besser wirken als anderswo. Außerdem handelte es sich nicht um einen beliebigen

Park, sondern um den Kurpark des aufstrebenden Badeortes, dessen Vernichtung ökonomische Einbußen für die Stadt zur Folge gehabt hätte. Es ging also um den Park, um die Pflanzen; das ‚Medium' Boden jedoch wurde in diesem Fall wie auch generell von den Städten nicht systematisch geschützt.[33]

Die Prozesse der Bodenverschlechterung wurden damals sogar – ähnlich wie bei der sog. Landeskultur – teilweise positiv bewertet. Mit Hilfe der Kanalisation konnten nicht nur die Fäkalien aus den Städten geschwemmt, sondern auch anmoorige Flächen als Baugrund in Stadtnähe dräniert werden; die Kanalisation sorgte daneben auch für einen – gleichfalls erwünschten – raschen Abfluß des Regenwassers. Dabei war schon seit Beginn des 19. Jahrhunderts bekannt, daß sich das Zubauen der Stadtfläche und das Auffangen des Regens (damals noch zum Zweck der Viehtränke in Zisternen) negativ auf den Wasserhaushalt und damit den Boden auswirkte: die Brunnen versiegten.[34]

Die positive Bewertung der Bodentrockenlegung ist darauf zurückzuführen, daß Ärzte schon im 18. Jahrhundert vermuteten, daß von feuchten Stellen und Sümpfen krankheitserzeugende ‚Miasmen' entwichen: Die Kanalisation sollte also auch die Krankheitsherde trockenlegen. Auch sonst wurde der Boden in der hygienischen Diskussion als traditionelle Ursache der Verschmutzung angesehen, während Wasser und Luft nur als Trägermedien galten, die eher durch die neuere industrielle Verschmutzung behelligt wurden (und daher auch mehr Aufmerksamkeit erhielten).[35] So nahm noch Pettenkofer in seiner zwischen 1860 und 1890 einflußreichen Choleratheorie eine Vergiftung des Bodens mit Krankheitskeimen an (tatsächlich wurde der Bazillus mit dem Trinkwasser aufgenommen). Entsprechend glaubten die Hygieniker auch, daß durch die verwesenden Leichen auf Friedhöfen, besonders bei hohen Umsatzraten, der Boden vergiftet würde und daß Krankheitskeime über Brunnenwasser und Luft die Anlieger behelligen könnten. Die Konflikte um die Nutzung von innerstädtischen Friedhöfen führten nicht nur zu ihrer Verlagerung an die Stadtränder, sondern ebenso zu dem Wunsch, die Feuerbestattung einzuführen. Für den ‚Internationalen Verein' beschränkte sich der Bodenschutz auf die Propagierung von Feuerbestattungen, während die Forderung nach einer Luft- und Wasserreinhaltepolitik so modern anmuten, daß der Verein auch als frühe Bürgerinitiative bezeichnet werden kann.[36]

Boden und industrielle Produktion (Standort und Ressource)

Außer bei der Bestattungsfrage im späten 19. Jahrhundert wurde die Bodenschutzproblematik nur noch ein zweites Mal deutlich von Vorläufern der heutigen Umweltpolitik angesprochen, nämlich den Natur- und Landschaftsschützern. Sie bemängelten vor allem die Extraktion des Bodens für Steinbrüche in naturschönen Gegenden. So heißt es in Conwentz' Denkschrift von 1904:

Auch der *Boden* wird im Gebirge wie im Flachland zu verschiedenartigen Zwecken gewonnen, sei es als Baustein zu Tief- und Hochbauten, sei es als Rohmaterial für gewerbliche und andere Unternehmungen. So erfreulich es im allgemeinen ist, daß die Steinbruchanlagen an Zahl und Umfang immer mehr zunehmen, läßt sich andererseits doch nicht in Abrede stellen, daß hierdurch weite Gebiete der ursprünglichen Natur mehr oder weniger beeinträchtigt werden. Wenn auch die Gewinnung keineswegs verringert werden soll, könnte in einzelnen Fällen der Betrieb von solchen Stellen, die in ästhetischer oder wissenschaftlicher Beziehung besonders ausgezeichnet sind, abgelenkt und nach anderen, weniger bemerkenswerten Stellen hin verlegt werden.[37]

Dieser Lösungsvorschlag verdeutlicht, daß es keinesfalls um eine neue Form des Umgangs mit dem Boden gehen sollte, sondern nur um eine das ästhetische Gefühl weniger verletzende Art; einzigartige Naturdenkmäler sollen von einer Nutzung als Steinbruch ausgenommen werden. Über die Industriehalden, die Braunkohlentagebaue und die Auswirkungen des Steinkohlebergbaus wird jedoch kein Wort verloren.

Dabei waren die Chemiehalden, wie sie zunächst in der Sodaindustrie entstanden sind, durchaus landschaftsbestimmend – etwa jene der ‚Rhenania" parallel zum Bahnhof von Stolberg/Rheinland – und hätten daher in die Kritik der Naturschützer aufgenommen werden müssen, wenn es um einen umfassenden ökologischen Landschafts- und Bodenschutz gegangen wäre. Bis heute emittieren diese Halden (in Stolberg also mehr als 60 Jahre nach der Produktionsaufgabe) giftigen Schwefelwasserstoff; Polysulfane und andere, nur teilweise zersetzte Abfallstoffe gelangen in die Wassergräben am Haldenrand und werden von dort zum Teil in das Grundwasser und den Boden weitergeleitet. Auf diesen Halden siedelt sich keinerlei Vegetation an.[38] Ihre Gefährdungspotentiale – nicht nur für den Boden – sind bis heute nicht ausreichend anerkannt, die Sanierungskonzepte hilflos. In anderen Regionen wurden aufgehaldete Abfallprodukte (z.B. aus der Pflanzenschutzmittelproduktion) von den Kleingärtnern auf ihren Parzellen sogar untergearbeitet! Seitdem sich Mitte der 1970er Jahre HCH-Rückstände in der Vorzugsmilch fanden, ist deutlich, daß die Giftmüllhalden keineswegs isoliert in der Landschaft stehen, sondern daß die Substanzen von dort mit dem Wasser in den Boden benachbarter Weiden und Felder gelangen können. Der Transport von Schadstoffen mit dem Wasser in den Boden ist aber durchaus keine erst heute gemachte Entdeckung: Immer wieder kam in Konflikten – schon des 19. Jahrhunderts – nebenbei auch schon eine Bodenvergiftung zur Sprache.[39] 1902 wurde in Wuppertal-Elberfeld bei Kanalisationsarbeiten festgestellt, „daß der *Erdboden* unterhalb der Farbenfabrik vorm. Friedr. Bayer & Co. vollständig *mit Farbstoffen,* anscheinend aus den Abgängen und Absonderungen der Farbenfabriken herrührend, durchsetzt war".[40] 1903 wurden auch oberhalb des Bayerwerks entsprechende Bodenverschmutzungen im neuen Brunnen einer Brauerei bemerkt. In einem Rechtsstreit wurde erörtert, ob diese Verunreinigung nicht auch von anderen Betrieben (z.B. Färbereien) im Tal stammen könnte. Es wurde jedoch „von den Fabrikleitern der Bayer'schen Farbwerke nicht bestritten, daß die zahlreichen Rohrleitungen ihrer Fabrik nicht immer dicht gehalten werden könnten. Eine Verunreinigung des Untergrunds unter der Farbenfabrik ist also als sicher anzunehmen."[41] Statt den Boden zu sanieren, wurde aber die Brauerei entschädigt!

Noch in den 1970er Jahren wurde nach der Stillegung von

Fabrikanlagen, wenn das Grundstück anders genutzt werden sollte, die Bodenverschmutzung des Produktionsgeländes nur unzureichend problematisiert. Auf den Flächen, die früher von Metallhütten, chemischen Fabriken oder Kokereien eingenommen waren, wurden z. B. Jugendzentren und andere soziale Begegnungspunkte eingerichtet; obgleich die entsprechenden Betriebe häufig wegen ihrer Luft- und zum Teil Wasserverunreinigung bei den Anliegern und bei neutralen Gutachtern als Umweltverpester galten (z. B. Oberhausen), wurde der Boden vor der Umwidmung nicht saniert: Hohe Schwermetallgehalte oder andere „Altlasten" führen daher heute zur Schließung der Zentren![42]

Seit mehr als 100 Jahren problematisiert werden hingegen „tiefer angelegte" ökologische Folgen des Bergbaus, nämlich die Bergschäden, die sich in Verwerfungen des Geländes bis zu seiner Unwegsamkeit bzw. bis zur Nichtbewohnbarkeit von Gebäuden äußern. In der Nähe von Fließgewässern (z. B. Emscherniederung) kam es zu Bodenversumpfungen, die Prozesse nach sich zogen. Flußkorrekturen und Trockenlegungen von Sumpfstellen waren die eher kosmetischen Lösungen von Staat und Fabrikanten;[43] die bessere Absicherung der Stollen vor einem Einbruch war dagegen zweitrangig. In Braunkohlegebieten galten seit etwa 1950 oberflächliche Rekultivierungen der aufgelassenen großen Tagebaugruben[44] unter Naturschutzgesichtspunkten als vorbildlicher Ausweg.

Statt eine Bodenvergiftung zu vermeiden, erfolgt weiterhin die Sanierung nicht gleich nach der Verursachung, sondern erst in einem viel zu späten Schritt. Diese Mißachtung der ökologischen Bodenfunktionen ist nicht nur für die industriellen Verursacher typisch, sondern symptomatisch für den staatlich akzeptierten und geförderten Umgang mit der Natur in der bisherigen Umweltpolitik: Gerade durch die offizielle Politik der Luftreinhaltung (Filterstäube) bzw. der Gewässerreinhaltung (Klärschlamm usw.) mit ihrer vermeintlichen Problemlösung in einem Medium entstehen in dem bis heute vernachlässigten Medium Boden Folgeprobleme. Und wenn der Boden dann vergiftet ist, wird er bis in die Gegenwart nach ein und demselben Schema saniert: nämlich abgetragen und selbst auf flächenverbrauchenden Deponien als Sondermüll „entsorgt" oder in Spezialöfen (neue Filterstäube!) verbrannt.

Erst in den letzten Jahren wurden nicht nur ausdrückliche Bodenschutzkonzeptionen entwickelt, sondern auch – bisher zumeist noch nicht genügend ausgeführte – Vorstellungen, wie grundsätzlich und von vornherein die Verschmutzung der Böden verhindert werden soll. Dieses Vorgehen wird nur dann Erfolg haben, wenn die Geschichte der Wasser- und Luftpolitik, der Verkehrs- und der Landschaftsplanung gerade unter dem Gesichtspunkt einer auf Problemverlagerung beruhenden Lösungsstrategie erforscht wird: Daß für den Bodenschutz die Entscheidung für bestimmte technische Lösungen wie zum Beispiel die undifferenzierte Abwasserleitung verhängnisvoll ist, muß deutlicher erkannt und problematisiert werden. Soll die Geschichte des Bodens für eine sozial und ökologisch orientierte Naturpolitik anleitend sein, muß sie also im Verbund mit den Geschichten anderer Umweltbereiche aufgearbeitet werden.

Wolfgang Sachs
Die auto-mobile Gesellschaft
Vom Aufstieg und Niedergang einer Utopie

Eine wollüstige Perspektive: Wir werden nie von der Angst geplagt werden, daß wir einen Zug versäumen könnten. Wir werden nie nach dem Packträger schreien, nie nachzählen müssen, eins, zwei, drei, vier – hat er alles? Herrgott, die Hutschachtel; sind auch die Schirme da? Wir werden nie Gefahr laufen, mit unausstehlichen Menschen in ein Coupé gesperrt zu werden. (. . .)[1]

So schwärmte der Schriftsteller Otto Julius Bierbaum 1903 im ersten Autoreisebericht deutscher Sprache vom aufrauschenden Gefühl der Ungebundenheit, das ihn in seinem neuen „Adler Phaeton" befiel. Bierbaums Enthusiasmus war der Auftakt zu einer Begeisterungsgeschichte, die das Automobil zur begehrtesten Ware einer Epoche aufsteigen ließ und an deren Ende wir uns, verwundert die Augen reibend, als ein Volk von Pendlern und Passagieren wiederfinden.

Die Aura des Automobils wurde aus seinem Kontrast zur Eisenbahn geboren. Kein versäumter Zug, kein überfülltes Abteil, keine vorgeschriebene Strecke mehr; das Auto schien die verlorene Souveränität der Kutsche wiederherzustellen. Pferd und Kutsche, die herkömmlichen Insignien privilegierter Stellung, hatten nämlich im Laufe des 19. Jahrhunderts an Würde verloren: wenn die Eisenbahn eine Kutsche überholte, lachte das Volk hämisch aus den Zugfenstern. Da mußten sich auch die besseren Herrschaften auf die Eisenbahn begeben und wurden notgedrungen zu Insassen eines Massentransportmittels. Vom technischen Fortschritt genötigt, war ihnen nichts anderes geblieben, als die Kutsche mit ihren Möglichkeiten an Improvisation und Ungebundenheit aufzugeben und sich dem Regiment des Fahrplans, dem Zwang zur Schiene und den Ausdünstungen der Menge zu unterwerfen. Da tat sich im Automobil ein Ausweg auf, denn es bot Maschinenkraft und gleichzeitig Selbstbeweglichkeit, es vereinte, in einem gewissen Sinne, Lokomotive und Kutsche. Das Automobil trat das Erbe der Eisenbahn an und stellte gleichzeitig in Aussicht, die Früchte der Verkehrsrevolution ernten zu können, ohne ihren Preis zahlen zu müssen.

Die Lokomotive und die Eröffnung der Ferne

Am 7. Dezember 1835 brach in Deutschland – zehn Jahre später als in England – das Zeitalter des maschinengetriebenen Verkehrs an. Die Pferde wurden ausgespannt, den Kutschen Schienenräder untergeschraubt, es reichte ein „Feuerroß", um in glatter Fahrt die neun aneinandergehängten Postkutschen von Nürnberg nach Fürth zu ziehen. Das Ereignis markiert einen entscheidenden Bruch in der Geschichte des Verkehrs: fortan ist die Fortbewegung nicht mehr den Grenzen der Natur unterworfen; die Maschine sprengt die Fesseln der Körperlichkeit, und die Schiene überwindet die Hindernisse der Topographie. Einer der ersten Berichte über das Erlebnis der Eisenbahn – Friedrich von Raumer 1835 aus England – setzt diese Erfahrung anschaulich ins Wort:

> Vorn der feurige Drache, stöhnend, schnaubend und brausend, bis die 20 Wagen an seinem Schwanz befestigt sind und er sie kinderleicht mit größter Geschwindigkeit über die waagrechte Bahn fortzieht. Durch Berge ist der Weg gebrochen, Täler sind aufgehöht, in die Nacht des überwölbten Hohlweges wirft der Drache Funken und Flammen; aber trotz all der Gewalt und trotz allen Tobens lenkt ein Mensch mit einem Finger das ganze Ungetüm nach Willkür.[2]

Staunen und Schauder zugleich erregte die Eisenbahn; kein Wunder, denn die Lokomotive räumt mit den Schwächen der organischen Natur auf und eilt gleichmäßig und ohne Erschöpfung dahin, während der Schienenweg die Landschaft durchschneidet und sich weder um Berge noch um Täler schert. Mit diesem Triumph der Maschine über die Natur verschaffte sich ein Drang nach Beschleunigung Durchbruch, der schon zwischen 1814 und 1848 die Durchschnittsgeschwindigkeit der Postkutschen in Frankreich von 4,5 auf 9,5 Stundenkilometer erhöht hatte, aber an die Schranken der Natur gestoßen war. Kutschen ließen sich optimieren, aber Pferde machten immer noch schlapp, die Segelfläche von Schiffen ließ sich vergrößern, aber Flauten konnten immer noch Stillstand verordnen. Erst die mechanische Antriebskraft entfesselt die steigende Geschwindigkeit der Verkehrsmittel, welche die Erfahrung von Raum und Zeit umprägt.

Die maschinengetriebene Geschwindigkeit erweiterte schlagartig den Horizont des leicht zugänglichen Raums, indem sie die Entfernungen schrumpfen ließ. Was vormals weit entfernt war, rückte plötzlich in unmittelbare Reichweite. „Vor meiner Tür, da brandet die Nordsee", war Heines berühmter Kommentar zur Eisenbahn. 1840 offerierte der Brockhaus eine Definition, die das neue Raumgefühl hervorhebt:

Sie (die Eisenbahn) löst die räumlichen Trennungen durch Annäherungen in der Zeit auf ... denn der Raum stellt für uns nur insofern eine Distanz dar, als Zeit nötig ist, um ihn zu überwinden. Beschleunigt sich die Zeit, so reduziert sich der Raum und damit auch der Einfluß, den er auf das Leben und die Bewegungsmöglichkeiten hat.[3]

Mit dem Ausbau des Schienennetzes – von 2200 km im Jahre 1845 auf 65000 km im Jahre 1917 – schien in der Tat Deutschland auf die Größe eines seiner Staaten, sagen wir: Bayern, zu schrumpfen. Gerade Industrie und Gewerbe scheuten kaum Geld und Mühen, das Gleisnetz auszudehnen, denn mit der neuen Geschwindigkeit waren Zeit und Raum keine unbeweglichen Größen mehr; eine größere Zahl von Gütern ließ sich immer schneller und weiter transportieren. Mit einem Male schien da die Zeit der Kleinstaaterei vorbei, unter den Stakkatoschlägen der Züge nahm die Nation greifbare Gestalt an, und ein Wirtschaftskörper schickte sich an zu entstehen, dessen Warenströme durch Dampfkraft in Zirkulation gehalten wurden. Die Eisenbahn öffnete die Ferne, sie erzwang eine einheitliche Uhrzeit im ganzen Land und schuf einen durchgängigen nationalen Raum. Nicht zufällig wirkten die Bahnhöfe wie Kathedralen; sie symbolisierten die Verbindung zur großen Welt und waren erfüllt vom Fieber der Ferne.

Das Fahrrad und die Öffnung der Nähe

In denselben Jahren, als Carl Benz in Mannheim seine Benzinkutsche ausprobierte, tüftelte John Kemp Starley in London das Niederrad aus. Damit war die Massenverbreitung jenes fahrbaren Untersatzes eingeläutet, der in den Jahrzehnten nach der Jahrhundertwende den populären Genuß der Beweglichkeit begründete und damit der Attraktion des Automobils den Weg bereitete. Eine wahre Fahrradbegeisterung brach um die Jahrhundertwende aus, jung und alt schwang sich in den Sattel, und das Fahrrad wurde auch für weniger bemittelte Schichten erschwinglich: von den ca. 1 Million Fahrrädern im Jahre 1903 gehörten etwa 30% Arbeitern.

Auf dem Stahlroß konnten nun viele eine Beweglichkeit genießen, wie sie früher nur den vornehmen Herren hoch zu Roß vorbehalten war. Im sinnreichen Zusammenspiel von Muskelkraft und Mechanik potenzierten sich die eigenen Kräfte; in behender Geschwindigkeit ließ man die Fußgänger zurück und freute sich übermütig an der neu gewonnenen Macht über den Raum.

Dabei waren es gerade auch die neuen Bewegungsabläufe, das Treten und das Balancieren, überhaupt das Ausarbeiten des Körpers in der Öffentlichkeit, die Symbol auch für eine moralische Befreiung wurden, ganz besonders für die Frauen: „Das erste, was unbedingt in die Rumpelkammer muß, ist das Korsett. Tiefes, lebhaftes Atmen, wie es das Radfahren verlangt, kann nur geschehen bei voller Ausdehnung des Brustkorbs ... Am freiesten und wohlsten", so scheut sich die Radlerin um 1900 nicht fortzufahren, „fühlt man sich ja allerdings mit ganz unbeengtem Oberkörper. Bei mir macht es sogar einen ganz bedeutenden Unterschied ... ob ich ganz ungezwungen oder mit – wenn auch noch so losem – Büstenhalter fahre."[4]

Allerdings blieb den Zeitgenossen nicht verborgen, daß dieses Gefühl der Ungebundenheit mit Schnaufen und Schweiß bezahlt werden muß; deshalb ist das Fahrrad nie zu einem Symbol sozialer Überlegenheit aufgestiegen. Ihm haftete der Makel der Körperlichkeit an, und es blieb im Kreis der fortschrittsstrahlenden Technologien ein Außenseiter; denn im Ersatz der körperlichen Kraft durch die maschinelle Kraft wurde damals die Pointe des Fortschritts gesehen.

Während mit der Eisenbahn die Magie der Ferne lockte, freute man sich mit dem Fahrrad an der Zugänglichkeit der Nähe. Das Fahrrad erschloß den Nahraum und vervielfältigte die Ziele, die in einer kurzen Zeitspanne erreichbar waren, was gerade die tägliche Mobilität der auf Fabriken angewiesenen Arbeiterschaft in den Städten erhöhte, ganz zu schweigen davon, daß auch der Badesee oder das Schäferstündchen im Wald nicht mehr so weit weg waren. Im Fahrradsattel konnte man sich als Herr über die Heimat fühlen, während die Eisenbahn eher dazu verleitet hatte, sich als Herr über die Nation (und das Flugzeug später: als Herr über die Welt) zu betrachten. Nachdem die Eisenbahn den nationalen Raum erschlossen hatte, öffnete das Fahrrad den lokalen Raum.

Luxusautos und die Eroberung der Straße

„Eisenbahn, Dampfschiff, Fahrrad, Luftschiff", stellte 1906 die „Allgemeine Automobil-Zeitung" in philosophischer Tonlage fest, „all das dient dem Zwecke, den Raum zu besiegen und die Zeit zu besiegen, in möglichst kurzer Zeit möglichst weite Räume zu durcheilen. Und eben diesem Zweck dient auch das Automobil, es will dem Menschen die Herrschaft über Raum und Zeit erobern, und zwar vermöge der Schnelligkeit der Fortbewegung."[5] Kraft des Motors nicht mehr an die erschöpfliche Natur der Pferde gebunden zu sein, aber dennoch wie in der Kutsche selbstbeweglich zu bleiben, darin wurde der Sinn der Automobile, jener „motorisierten Kutschen" gesehen. Schon vom Erscheinungsbild her konnte sich von Anfang an der Symbolgehalt der Kutsche auf den Motorwagen vererben: es sind die vornehmen Herrschaften, die vom Dreck der Straße geschützt, über die Menge erhoben und von fremden Kräften gezogen, ihren Geschäften nachgehen. Im Design offenbarte sich die soziale Funktion; denn es waren Aristokraten und Großbürger, die sich den Motorwagen aneigneten, um in der Schnelligkeit und Macht der Wagen ihre soziale Überlegenheit darzustellen. Bietet sich doch das Transportgerät vor jedem anderen Objekt an, als Statussymbol zu dienen, da es ja von der Sache her nach Öffentlichkeit verlangt: Gefahren wird auf der Straße unter den Augen aller Leute. Und nachdem das Auto-Design sich vom Vorbild der Kutschen zu lösen begann, brachte eine lange Motorhaube neben der maschinellen Kraft auch soziale Macht zum Ausdruck. Limousinen mit geschlossenen Aufbauten, welche gegen 1910 zunehmend auftauchten, erinnerten immer noch an Equipagen, wo die Diener im Regen sitzen, während die Herrschaften es bequem haben. So brachte das Automobil zunächst noch keine Revolution in der Mobilität, sondern zuerst eine Revolution in den vorherrschenden Prestigesymbolen. In dieser Eigenschaft kam es den Ärzten und Anwälten, den Unternehmern und Großbürgern entgegen, die damit ihren hervorgehobenen Stand demonstrieren konnten, auch wenn sie nicht von adeligem Geblüt waren. Für jene „Neureichen" kam das Automobil gerade recht, um sich als die Herren der heraufbrechenden neuen Zeit in Szene zu setzen; es war das aufsteigende, finanzkräftige Bürgertum, welches mit dem Auto seinen Anspruch anmeldete, als Herren über Raum und Zeit auch zu Herren über die soziale Ordnung zu werden.

Was aber machte einen guten, einen wirklichen Autofahrer aus? Gemütliche Kutscher oder feurige Reiter waren bislang bekannt; aber wie das Leitbild eines Autofahrers auszusehen hatte, wie dieser mit seinem Gefährt umgehen sollte und worauf es hinter dem Steuer ankam, davon fehlte noch jede Vorstellung. Hier schaffte der Rennsport Abhilfe: Während im Alltag erst eher gebrechliche Gefährte zu sehen waren, die an Hühnern vorbei durch winkelige Straßen tuckerten, wurde in den Rennveranstaltungen schon ein Bild des Autofahrens in reiner Form deutlich – beim Autofahren geht es darum, im Wettbewerb durch Tempo den Sieg davonzutragen.

Seit der Fernfahrt Paris-Bordeaux im Jahre 1895, die Levassor mit 24,4 km/h hatte für sich entscheiden können, brauchte der Rennsport für Publizität nicht zu sorgen. Hunderttausende säumten die Straßen, Zeitungen und später der Rundfunk trugen das Rennfieber weit übers Land, Namen wie Lautenschlager oder Caracciola wurden jedem Kind zum Begriff. Indem die begeisterten Massen sich mit dem Rennfahreridol identifizierten, gewann ein neues Leitbild breite Popularität: der sportliche, der triumphierende Fahrer.

Die verlockende Herrschaft über Raum und Zeit mußte jedoch gegen den Zorn des Volkes durchgesetzt werden. O. J. Bierbaum berichtet:

> Nie in meinem Leben bin ich so viel verflucht worden, wie während meiner Automobilreise im Jahre 1902. Alle deutschen Dialekte von Berlin an über Dresden, Wien, München bis Bozen waren daran beteiligt und alle Mundarten des Italienischen von Trient bis nach Sorrent – gar nicht zu rechnen die stummen Flüche, als da sind: Fäusteschütteln, Zungeherausstrecken, die Hinterfront zeigen und anderes mehr.[6]

In der Tat: Flüche und Steinewerfen, Schmähschriften und Parlamentseingaben begleiteten den Weg des Motorwagens durch das erste Jahrzehnt dieses Jahrhunderts. Ein Automobil genügt sich schließlich nicht selbst; es braucht vielmehr Straßen, um ausgefahren zu werden. Die Eroberung der Straßen aber konnte nicht ohne Proteste ablaufen; schließlich waren sie bevölkert von Fußgängern, Pferdefuhrwerken, spielenden Kindern und allerlei Federvieh. Besonders gereizt war die Bevölkerung auf dem Land, die sich von dahinrasenden Städtern mit Geknatter, Gestank und Staub überfallen sah, ohne sie jemals für Schäden zur Verantwortung ziehen zu können. Kein Wunder, daß der Volkszorn mit Klassenhaß durchmischt war. Im Schweizer Kanton Graubünden etwa wogte der Streit um die Zulassung des Automobils volle 25 Jahre. Der Protest gegen die „gefährlichen Spielzeuge müßiger Sportsleute" hallte durch die Täler, Flugblätter und Kampfschriften agitierten gegen die „Schmarotzer in ihren Luxus-Automobilen", und es brauchte zehn Volksabstimmungen, bis das Auto endlich 1925 in Graubünden seinen Einzug halten konnte.

Wem gehört die Straße? Der populäre Protest verteidigte das Recht der Allgemeinheit auf die Straße und forderte die Freiheit ein, die Straße als Lebensraum gegen ihre Eroberung durch das Auto zu erhalten. „Woher nimmt der Automobilist", so wettert Freiherr von Pidoll in Wien in seinem ‚Protest und Weckruf' 1912, „das Recht, die Straße, die er sich rühmt ‚zu beherrschen', die doch keineswegs ihm, sondern der ganzen Bevölkerung gehört, diese auf Schritt und Tritt zu behindern und ihr Verhalten zu diktieren?"[7] Und er fügt, nicht ohne Weitblick, hinzu: „Sollen etwa die öffentlichen Straßen ‚menschenrein' gehalten werden?" Pidoll hat die weitreichenden sozialen Folgewirkungen des Autos erkannt: die geschwinde Freiheit der Wenigen wird mit einer Kolonialisierung des öffentlichen Raums erkauft, bei der die Freiheit der Vielen, zu bummeln oder zu spielen, oder gar: zu atmen oder zu überleben, daran glauben muß. Je zugänglicher der Raum für die Motorisierten wurde, desto unwirtlicher wurde er für alle Nicht-Motorisierten. Indem der vielfältige Gemeingebrauch der Straße unter die Räder kommt, sinkt mit steigender Motorisierung die Qualität des Lebens.

Im Gewoge des Für und Wider tauchte allerdings immer gebieterischer ein Argument auf, dem jene, welche sich um die Zustände auf den Straßen sorgten, wenig entgegenzusetzen hatten. Während sie noch über umgestürzte Fuhrwerke und ruhegestörte Anwohner klagten, wechselten die Autofreunde die Tonart und schlugen die Nationalhymne an: das Wohl der deutschen Industrie steht auf dem Spiel, wer kann da beiseite stehen! „Die junge Automobilindustrie", stellt 1908 die Frankfurter Zeitung fest, „die den Keim künftiger Größe in sich birgt, ... steht noch nicht auf jener geordneten Basis, die notwendig ist, um in der Welt als erfolgreicher Konkurrent auftreten zu können ... Es muß ihr das eigene Land die Bedingungen der Rentabilität bieten ..."[8] Und die Autokritiker damals sahen sich, ähnlich wie die Computerkritiker von heute, mit einer Argumentation konfrontiert, die man den „Dreisatz des konkurrenzgetriebenen Fortschritts" nennen könnte: a. die technische Entwicklung läßt sich sowieso nicht aufhalten; b. wenn schon, dann muß Deutschland sich an ihre Spitze setzen; so daß c. wir also aufgerufen sind, das Automobil mitsamt seiner Industrie mit allen Mitteln zu unterstützen. Vor soviel nationalem Verantwortungsbewußtsein wurden die Kritiker kleinlaut und sahen ihre Fragen, ob man das Automobil überhaupt bräuchte und ob seine Vorteile die Nachteile aufwögen, seltsam belanglos werden. Erörterungen über den Gebrauchswert des neuen Produkts blieben auf der Strecke.

Die Unvermeidlichkeit des Autos einmal unterstellt, begann sich etwas herauszubilden, das man als den „Verkehrserziehungs-Diskurs" bezeichnen könnte: Da der Motorwagen nicht zu stoppen sei, müßten Fahrer, Fußgänger und Fuhrwerker, so wurde in vielen Reden gefordert, zu richtigem Verhalten auf der Straße erzogen werden.

Das Erschrecken und das darauffolgende kopflose Benehmen des Passanten führt zu manchem Recontre. Die meisten Leute können sich, wenn sie das Warnsignal hören, nicht beherrschen und statt stehen zu bleiben, fangen sie erst recht an zu laufen ...[9]

Schließlich könne, so sagt der Redner weiter, das Publikum sich auf der Straße nicht benehmen, als ob es in seinem Salon spazieren oder im Schlafzimmer zu Bette ginge! Fahrer müssen also „geeignet" sein, Passanten sollen sich „richtig" und nicht „falsch" verhalten, Kinder oder Radfahrer müssen „Rücksicht" nehmen, und alle miteinander sind im Hinblick auf die erforderliche Disziplin als erziehungsbedürftig zu betrachten. Bevor noch daran gedacht wird, den Straßenraum zur Verkehrsstrecke umzubauen, wird der Umbau des Verhaltens wichtig: Aufmerksamkeitstraining und Selbstkontrolle müßten jedermann zur zweiten Natur werden.

Es muß in die Gewohnheiten der gesamten Bevölkerung übergehen, da, wo Gehwege vorhanden sind, den Fahrdamm so wenig als möglich zu betreten, beim Betreten des Fahrdamms sich umzusehen, rechts zu gehen und rechts zu fahren; auch wenn die ganze Straße frei ist, auf der Straße nicht herumzustehen ... Eine gewisse Verkehrsschulung der Bevölkerung ist ein dringendes Bedürfnis.[10]

Von oben her ist das Automobil in die Gesellschaft hineingewachsen. Es waren zunächst die Oberschichten, welche sich an ihren Gefährten ergötzten, 1932 war mit 489 270 Automobilen gerade 1% der Bevölkerung motorisiert. Erst im Laufe der Jahrzehnte wanderte das Auto die Leiter der gesellschaftlichen Hierarchie hinab, bis um 1970 mehr als die Hälfte der Arbeiterhaushalte schließlich jenes Vergnügen ausprobieren konnten, das ihnen die betuchten Kreise seit 50 Jahren so sichtbar vorgemacht hatten. Dementsprechend hat sich auch die Automobilflotte nicht vom Motorrad über den Volks-Wagen zum Repräsentationsgefährt erweitert, sondern umgekehrt: am Anfang war der Luxuswagen, dem sich erst im Laufe der Zeit allerlei Mittelklasse- und Kleinwagen zugesellten. So war auch nicht der Massenkonsum, sondern der Luxuskonsum der Geburtshelfer der Autoindustrie; denn bis in die dreißiger Jahre hinein produzierte sie vor allem für Kunden, deren erster Blick nicht dem Preis, sondern der Schönheit und der Leistungsstärke des Wagens galt. So ein Hispano-Suiza strahlte Eleganz und Kraft aus, er war gefragt als Genußmittel, nicht als Transportmittel! Es waren die großen Wagen mit ihren vornehmen Besitzern, die den Glanz des Autofahrens schufen und für die Massen zum Leitbild wurden.

In den zwanziger Jahren eroberte das Auto die Phantasie der Menschen, setzte sich in ihren Sehnsüchten fest und wurde wenigstens in der Einbildungskraft zum Massenartikel. Warum sollte nicht für alle billig sein, was den Reichen wert war?

Der Tag wird kommen – schneller als viele denken –, wo jeder unter dem Erdgeschoß seines Hauses einen Platz in der Garage, die in Zukunft bereitgestellt werden wird, haben wird; wo das Auto, wer weiß?, inbegriffen ist wie der andere ‚moderne Komfort‘; wo man das Auto, das heißt die Geschwindigkeit, zu Hause hat, ganz wie man heute dort – zur Verblüffung unserer Väter, wenn sie es sähen – Wasser, Gas, Strom ... zur Verfügung hat.[11]

Noch gab es erst 130000 Fahrzeuge, doch formte sich in diesem Text von 1923 schon die Utopie einer künftigen Vollmotorisierung, wo jedermann in seiner Garage bedienungsleicht Geschwindigkeit parken würde. Bislang war all das nichts weiter als Zukunftsmusik für das fahrlustige Publikum, fehlte doch noch das billige und massenweise herstellbare „Volksauto". Trotz Fords Modell T und Citroens ‚Citron', trotz ‚Laubfrosch' und ‚Kommißbrot' („Zwei Pfund Blech und ein Pfund Lack, fertig ist der Hanomag") war die Autoentwicklung im Vorbild des Herrschaftsautos festgefahren.

Das sollte bald von höchstoffizieller Seite anders werden. Der Diktator ließ sich von den Hoffnungen des Herrn Biedermann nach oben tragen. Anläßlich der Berliner Automobilausstellung 1934 erklärte Hitler:

Es ist ein bitteres Gefühl, von vornherein Millionen braver, fleißiger und tüchtiger Mitmenschen ... von der Benutzung eines Verkehrsmittels ausgeschlossen zu wissen, das ihnen vor allem an Sonn- und Feiertagen zur Quelle eines bisher unbekannten, freudigen Glücks würde. ... Man muß dem Auto seinen ... klassenbetonenden und damit leider auch klassenspaltenden Charakter nehmen; es darf nicht länger Luxusmittel bleiben, sondern muß zum Gebrauchsmittel werden![12]

Wie mußten solche Sätze all jenen in den Ohren geklungen haben, die seit langem immer wieder vergeblich ihr Geld gezählt hatten, ob es nicht wenigstens zu einem ‚Laubfrosch' reichen würde! „Einfach, bescheiden und zuverlässig", so sollte er denn auch sein, der Volkswagen, ganz auf die „Millionen braver, fleißiger und tüchtiger Mitmenschen" zugeschnitten. Auf der Straße allerdings sah man, ab 1940, nur seinen militärischen Bruder, den Kübelwagen.

Das Volksauto und die Autobahn, diese beiden Grundpfeiler einer Gesellschaft auf Rädern, waren zu Beginn der dreißiger Jahre vorgedacht und wurden im Dritten Reich zum Programm: Hitler war der erste Regierungschef, der das deutsche Volk hinter dem Steuer und das Land mit Rollbahnen überzogen sehen wollte. Ohne „freie Bahn" jedoch war das Auto nur die Hälfte wert; es brauchte einen ganz neuen Straßentyp, um den Raum durchlässig zu machen. In den zwanziger Jahren hatten sich erste Ansätze zu einer Infrastruktur für das Auto entwickelt – in Hamburg 1923 die erste Zapfsäule, in Berlin 1928 die ersten Ampeln und 1929 das erste Parkhaus –, aber der Zustand der Landstraßen war nur jämmerlich zu nennen: eng, kurvig, staubig und natürlich zu wenig zahlreich. Ihnen lag eine andere Raumvorstellung zugrunde; sie waren Verbindungslinien für benachbarte Orte, nicht Durchgangsstrecken für ferne Ziele. Kleinteilig geplant, für langsames Tempo ausgelegt, um Bäche wie Hügel sich schlingend und mitten auf dem Marktplatz mündend, solche Straßen waren für Fahrräder und Pferdekarren zu gebrauchen, doch der raumdurchdringenden Macht des Autos nicht gewachsen. Dem Vorbild der Eisenbahnschiene folgend, war der Widerstand der Landschaft zu beseitigen und die Oberfläche des Landes von einem nationalen Blickwinkel aus mit Straßenlinien zu durchziehen. Hitlers Autobahnen endlich – 6500 km geplant, 3500 km realisiert – brachten die „Nur-Autostraße", damit der Verkehr, ungehindert von Engpässen, durch den Raum zwischen Maas und Memel pulsieren und sich auch eine entlegene Region der Zentralisierung des Lebens nicht mehr entziehen konnte. Es war, im faschistischen Kleide, eine höchst moderne Vision, die da im Autobahnnetz zu Beton gerinnen sollte: die Vision von der durchgängigen Gesellschaft, die von einem einheitlichen Lebensrhythmus durchströmt ist und der sich kein lokales Selbstbewußtsein und keine kulturellen Sonderwelten mehr entgegenstellen.

Massenmotorisierung und die Verstraßung der Republik

„Wir haben es geschafft: Das neue Auto steht vor der Tür. Alle Nachbarn liegen im Fenster und können sehen, wie wir für eine kleine Wochenendfahrt rüsten. Jawohl, wir leisten uns etwas, wir wollen etwas haben vom Leben, dafür arbeiten wir schließlich alle beide." So las sich 1955 die Bildunterschrift zu einer Werbung für den Ford Taunus; im Vordergrund zeigt der Familienvater – in Nyltesthemd und Krawatte –, wie er einen Koffer in den Gepäckraum legt, während sich im Hintergrund die Köpfe der Nachbarn aus den Fenstern des schmucklosen Neubaublocks recken. Die geheimen Wünsche der zwanziger Jahre, unter Hitler zur amtlichen Verheißung erhoben, machten sich nun im Wirtschaftswunder der fünfziger Jahre als Nachfrage geltend, um dann später in unverzichtbare Ansprüche umzuschlagen. „Wohlstand für alle" versprach Ludwig Erhard mit seinem Buchtitel 1957, und mit steigender Kaufkraft rückte die Gleichheit vor der Ware in erreichbare Nähe. Was Hitler dem Volksgenossen nur vorgegaukelt hatte, das wollte Erhard für den Massenkonsumenten zur handfesten Realität werden lassen: das Auto vor der Tür.

Nirgendwo sonst rollte die Kleinwagenwelle so heftig wie in Deutschland, sichtbarer Ausdruck für die massenhaften Wünsche, jeden ersparten Groschen gleich in ein Auto anzulegen, selbst wenn es nur zu einem Lloyd, einem Goggomobil oder gar nur einem Kabinenroller reichte. Doch 1952 waren immerhin 27,3% der Haushalte motorisiert und konnten sich – unter den Augen der neidischen Nachbarn – „eine kleine Wochenendfahrt" leisten. Überhaupt: Auto und Ausflug! Die Utopie vom Volksauto war seit langem schon eng mit dem Reisevergnügen verbunden, einfach ins Blaue fahren, umhergondeln, vielleicht zelten. Mit dem Auto verbreitete sich der touristische Blick auf die Welt, mit dem Auto kamen massenweise Urlaubs- und Wochenendfahrten in Mode. Der touristische Blick läßt die Natur, die früher bedrohliche, zur Augenweide werden und verleiht der Landschaft ebenso wie ihren Bewohnern den Charakter eines Genußartikels. Und mit Urlaubsfahrten werden ganze Regionen in Erholungsgebiete umgedeutet, neue Verhaltensleitbilder – Camping, Skifahren, Surfen – werden populär. Neue Maßstäbe wachsen zu lassen, was im Leben schön, wichtig und erstrebenswert ist, das kann man als den entscheidenden Effekt einer Technologie wie das Auto betrachten. Ist ein technisches Produkt aber Teil des gesellschaftlich normalen Lebensentwurfs geworden, dann ist seine Produktion der materielle Vollzug einer Kultur. Der Aufstieg der Automobilindustrie ist das materielle Korrelat eines Lebensentwurfs, der sich über Jahrzehnte in die Gemüter der Menschen eingesenkt hatte.

Es war wie ein Dammbruch, als vor erst 25 Jahren die Motorisierung begann: In den dreizehn Jahren zwischen 1960 und 1973 vervierfachte sich die Zahl der Pkw, verdreifachte sich die Zahl der gefahrenen Autokilometer und verdoppelte sich die Streckenlänge der Bundesautobahnen. Während jedoch früher Hühner und Fuhrwerke dem Autofahrer die Zornesröte ins Gesicht getrieben hatten, machte sich jetzt in Massen ein neuer Störenfried auf den Straßen breit: der andere Autofahrer. Es rollte die Motorisierungswelle, doch sie kam im Stau bald zum Stillstand: „Überfüllte Straßen" und „verstopfte Städte" drohten die neu gewonnene Freiheit zur Makulatur werden zu lassen. Die Massenmotorisierung fordert den Massendurchlaß; daher war zwischen 1962 und 1978 die Verstraßung der Bundesrepublik angesagt.

Um Durchlaß zu schaffen, ging es im ersten Schritt darum, den Verkehr auf der Straße zu sortieren und dem Auto freie Bahn zu geben: also Schutzzonen für Fußgänger, Radwege für Fahrradfahrer, gesonderte Gleiskörper für die Straßenbahn und Fahrspuren für Abbieger. Im nächsten Schritt stand die Erweiterung der Hauptstraßen zu mehrbahnigen, durch grüne Wellen gesteuerten Schnellstraßen auf dem Programm, die dann durch Tunnel- und Brückenbauten auch noch vom lästigen Querverkehr befreit wurden. Um den „Blutkreislauf" der Stadt nicht durch „gefährliche Thrombosen" zum Kollabieren zu bringen, wurden Radialen durch Vorstädte geschlagen, die das Zentrum mit der Region verbanden, und Tangentialstraßen durch die Innenstadtrandgebiete gebrochen, die den einströmenden Verkehr großflächig verteilen sollten. Den Generalverkehrsplänen in den Städten entsprach das Bundesraumordnungsgesetz (1965) und der Bundesfernstraßenplan für das Land. Kein Dorf sollte zu fern, kein Bürger zu abgeschieden sein, als daß er nicht, gemäß dem berühmten Wort von Verkehrsminister Leber, im Umkreis von höchstens 25 km eine Autobahnauffahrt finden könnte. Das durchschlagende Werk der Planer legte es darauf an, den Raum in wichtigere und weniger wichtige Gebiete zu hierarchisieren und zwischen den wichtigen Gebieten eine stockungsfreie Zirkulation sicherzustellen. Dabei lebt der Zugriff des Planers von der Arroganz gegenüber den Zwischenräumen – den Zwischenräumen, wo Leute schlafen, Kinder spielen oder Tiere wohnen. Dort kann man abreißen, asphaltieren und begradigen; wichtig ist allein die flinke Erreichbarkeit der Ferne, ihr ist die Nähe untergeordnet. Heimat verfiel zur Durchgangsstrecke.

Alternde Wünsche und Flucht nach vorn

Die Vollmotorisierung ist praktisch erreicht, die Wünsche könnten sich zur Ruhe setzen. Doch das Gegenteil scheint der Fall. Das Auto ist nicht nur kein Hoffnungsträger mehr, sondern für manche gar der Inbegriff moderner Armseligkeit. Das historische Projekt der Automobilisierung hat im Augenblick seines größten Triumphs an Überzeugungskraft verloren. Was ist passiert?

Am meisten schadet der Attraktion des Automobils – sein Erfolg. Es ist die Massenmotorisierung selbst, die in ihrem Gefolge die Autobegeisterung erstickt. Die Entzauberung entspringt einem dialektischen Prozeß: die autozentrierten Lebensentwürfe waren so anziehend, daß sie jene Bedingungen hervorriefen, die ihre weitere Glaubwürdigkeit untergraben. Denn die Faszination entstand zu einer Zeit, als das Auto noch Seltenheitswert hatte: sein Wert beruhte darauf, daß nur wenige es besaßen. Seine relativen Vorteile schwinden zusehends: je mehr Wagen, desto geringer der Nutzen, vom Genuß ganz zu schweigen. Was nützen den Herren über Raum und Zeit ihre vielen PS, wenn die Straßen verstopft sind? Auch der Vorzug, als Besitzer eines starken Wagens neidische Blicke auf sich zu ziehen, verblaßt, wenn viele einen solchen Renner haben. Viele Sehnsüchte wie Ungebundenheit, Zeitgewinn, Tempolust, mit denen das Auto besetzt ist, kollidieren mit denselben Wünschen der anderen Fahrer. Aus ihrer inneren Logik heraus mußte die Utopie der Vollmotorisierung mit ihrer Realisierung eher zum Alptraum werden; selbst saubere und benzinlose Autos könnten sich dem Dilemma nicht entziehen. Damit wurde auch erneut die Aufmerksamkeit für einen eigentlich altbekannten Sachverhalt geschärft: daß dieser Fortschritt auf einer gigantischen Kostenverschiebung beruht, bei der das Vergnügen des Autofahrens daran hängt, daß die Gesellschaft als Müllplatz für seine Nebenfolgen herhält. So gehen übers Jahr in der BRD etwa, um eine Auswahl zu nennen, 3400 Tonnen Blei und 5 Millionen Tonnen Kohlenmonoxid über Natur und Mensch nieder, während 9000 Menschen und, als Beispiel, 150 000 Hasen ihr Leben lassen. Wie überhaupt die Magie des Motors daher rührt, daß seine Voraussetzungen – Mineralöl, Fließband, Straßennetz – und seine Folgen – Schadstoffe, Lärm, Schrott – außerhalb des Gesichtsfelds seines Nutzers bleiben; die Überlegenheit des Motors über den Körper ist in diesem Sinne eine Fiktion. Mit der Massenmotorisierung hat sich die Untragbarkeit des Systems von Voraussetzungen und Folgen, das hinter jedem Auto steht, unerbittlich ins Bewußtsein gedrängt. Seit zehn bis fünfzehn Jahren ist so die Mentalitätsgeschichte des Autos ins Kippen gekommen: die Begeisterung, die aus der Erfahrung des Mangels an Autos sich nährte, weicht zusehends einem Verdruß, der von der Erfahrung der Überzahl an Autos bestimmt ist. Die Verheißungen der Automobilisierung haben uns mit Automobilen ohne Verheißung zurückgelassen.

Mehr noch: mit der Befreiung durch das Auto ist, so stellt sich heraus, am Ende der Zwang zum Auto gewachsen. Auch wenn die Wünsche verbraucht sind, läßt sich das Auto nicht mehr leichthin abwählen, weil es sich von einem Luxusspielzeug in einen vermeintlich überlebenswichtigen Ausrüstungsgegenstand verwandelt hat. Die nunmehr weiten Strecken und das verdichtete Zeittempo im Alltag – alles auch Früchte des Autos – lassen den Autokauf oft zu einer Sache der Selbstverteidigung werden, um sozialen Nachteilen zu entgehen. Wer weiß schon, wieviele Neuzulassungen in Wirklichkeit Verteidigungsakte sind, um sich nicht zu verschlechtern, und keine Genußakte, um ein Stück dem guten Leben näherzukommen? Aus Versprechungen sind somit Verpflichtungen geworden; was als grandioser Anlauf zur Befreiung begonnen hatte, endet in einem Netz feingestrickter Abhängigkeiten.

Und eine weitere Befürchtung schiebt sich nach vorne: daß das Autosystem allmählich auch die Alternative zu sich selbst untergräbt. Die Diktatur der Durchlässigkeit hat den Raum auf die Bedürfnisse des Autos zugeschnitten, Straßen, Siedlungsstrukturen und auch der Lebensrhythmus sind für Fußgänger und Radfahrer unwirtlich geworden. Fast läßt sich von einer Umweltkrise zweiter Ordnung sprechen: mit der Automobilmachung verfielen auch jene Umweltbedingungen, unter denen eine nicht-motorisierte Lebensweise gedeihen kann. Die Lebensgrundlagen für unmotorisierte Fortbewegung zerstört zu haben, darin liegt – auch beim rundum „sauberen" Auto – möglicherweise die einschneidendste Folge der Motorisierung. Kein Wunder somit, daß seit den siebziger Jahren der Verdacht wächst, daß mit dem Fortschritt auch der Rückschritt marschiert; kein Wunder auch, daß das Fahrrad plötzlich zum Symbol für menschenfreundliche Technik aufstieg und neue Lebensbilder sich um Ideen für eine gemächliche Gesellschaft drehen.

Zählebig jedoch sind die Hoffnungen und durchaus, für nicht wenige, noch zur Steigerung fähig. Schließlich ist die Schubkraft des Automythos noch lange nicht erloschen, die gegenläufigen Erfahrungen haben bisher nur den fünfzigjährigen Konsensus gebrochen. Insbesondere die Versessenheit auf das Tempomobil zeigt, wie sehr – abgesehen vom altehrwürdigen Argument von der Weltmarktkonkurrenz der deutschen Industrie – das Auto zu einem persönlichen und nationalen Symbol aufgestiegen ist: schnelligkeitsgezüchtete Gefährte sind eine technisch irrationale Lösung für die alltägliche Fahrpraxis, die sich zu 80% (der Betriebszeit) im Stadtverkehr und auf relativ kurzen Strecken abspielt. Solche Übermotorisierung wird angetrieben von der Wunschwelt des 19. Jahrhunderts, und sie stabilisiert sich dadurch, daß der einzelne Käufer den punktuellen Vorteil einheimsen, den Schaden aber der Gesellschaft über den Zaun werfen kann. Zumal die Industrie, unter Trommelwirbeln, allerlei Spitzentechnologien bemüht, um ein „sauberes" und „effizientes" Auto zu propagieren. Im Namen einer sauberen Umwelt erschließen sich der Industrie neue Absatzmärkte und Ingenieuren neue Karrierechancen. Was vormals unentgeltlich zu haben war, nämlich reine Luft, streßfreie Beweglichkeit, sichere Straßen oder Ruhe beim Schlafen, wird nunmehr kommerzialisiert und durch besondere Produkte und Planungen – von der Elektronik bis zum Lärmschutz – hergestellt. Und eine neue Runde im alten Spiel beginnt: Umweltschäden werden zur Quelle von Profit und Prestige, wie in der Geschichte der Industrialisierung zuvor schon Krankheit und Kriminalität.

Lothar Machtan/René Ott
Erwerbsarbeit als Gesundheitsrisiko
Zum historischen Umgang
mit einem virulenten Problem

Szenario

Arbeit ist so untrennbar mit Gefährdung der Gesundheit verbunden, daß in vorindustriellen Zeiten arbeitsbedingte und
allgemein-lebensweltliche Risiken lediglich in einigen Sonder-
fällen – wie Berg- und Hüttenwesen, Schiffahrt und Berufs-
militär – unterschieden wurden. Erst im 18. Jahrhundert, bei
sich verstärkender Arbeitsteilung und dem Aufkommen neuer
Berufe, entdeckte man (und das waren zunächst nur wenige
Ärzte) die Gesundheitsschädlichkeit einer immer größeren
Zahl von Berufstätigkeiten, wie z. B. Spiegelbelegen mit
Quecksilber, Schleifen von Stahl und dergleichen.[1]

Das „Fabrikwesen", die beginnende Industrialisierung, vermehrte die vorhandenen Gefahren, da neue, unfallträchtige
Maschinen sowie neue Werk- und Hilfsstoffe eingesetzt wurden. Auch das Binnenklima der Fabriken: Rauch, Staub, Gas,
Feuchtigkeit und Hitze oder Kälte, ungenügende Beleuchtung
oder grelles Licht, Lärm, das Fehlen sanitärer Anlagen und die
zu enge Aufstellung der Maschinen gefährdeten die Arbeiter.
Zudem bedeutete Fabrikarbeit eine höhere Belastung gegenüber etwa bäuerlicher oder handwerklicher Arbeit wegen ihrer
Monotonie, ihres meist repetitiven Charakters und des mit ihr
verbundenen Kontroll- und Disziplinarwesens.

Die Arbeits- und Lohnverhältnisse trugen kaum weniger
zur Gesundheitsgefährdung bei: 12- bis 16stündige Arbeitszei-
ten, Arbeitshetze und ein fremdbestimmter Arbeitsrhythmus
schwächten die physischen und psychischen Abwehrkräfte,
z. B. die Aufmerksamkeit gegenüber Gefahrenquellen. Außer-

dem litt die arbeitende Bevölkerung aufgrund niedriger Löhne an mangelhafter Ernährung und Kleidung, elenden Wohnverhältnissen, aber auch an den Folgen der industriellen Zusammenballungen wie fehlender Stadthygiene und dergleichen.[2]

Solche Verhältnisse konnten sich entwickeln, weil der frühindustrielle Unternehmer über seinen Betrieb eine volle, nur von den Normen des Straf- und bürgerlichen Rechts eingegrenzte Dispositionsfreiheit besaß und der Staat nur sehr zögernd und wenig wirksam in diese eingriff. So konnte der Fabrikant seinen Betrieb ganz im Sinne des Kosten-Nutzen-Prinzips ausrichten, gleichgültig, wie gesundheitsgefährlich seine Anordnungen für die Arbeiter waren. Menschliche Arbeitskraft war für ihn eine Ressource, deren Gebrauch mit der Lohnzahlung abgegolten war, und die genauso vernutzt werden konnte wie die Ressourcen Luft, Wasser, Boden und Rohstoffe.

Im Zunfthandwerk des Spätmittelalters galt der Grundsatz: „Hat der Meister den Gesellen gehalten in Gesundheit, so hat er ihn auch in Krankheit zu erhalten",[3] nunmehr jedoch waren die arbeitsbedingten Gesundheitsgefahren zum privaten Risiko des Arbeiters geworden. Die traditionellen Auffangmechanismen, z. B. die Selbsthilfeorganisationen der Handwerker, griffen entweder nicht, weil die Fabrikarbeiter außerhalb der Zünfte standen, oder sie waren bald hoffnungslos überfordert – wie das kommunale Armenwesen, das meist nur noch die äußerste Not lindern konnte. Außerhalb des Bergbaus und des Hüttenwesens, wo durch die Knappschaftskassen ein gewisser Schutz vorhanden war, kamen nur vereinzelte Fabrikkrankenkassen für die Heilkosten auf, kaum aber für den Lohnausfall. Sowohl wegen der Dürftigkeit dieser Leistungen als auch wegen einer Abneigung gegen unternehmerische Bevormundung gründeten mancherorts Arbeiter eigene, selbstverwaltete Hilfskassen.

Die Haltung der Mehrzahl der Arbeiter gegenüber den betrieblichen Gesundheitsgefahren war von Risikobereitschaft als Teil der Leistungsbereitschaft geprägt, aber auch von Resignation. 1897 sprach der Gewerkschaftsführer Theodor

Leipart treffend von der „Gleichgültigkeit der Arbeiter, mit welcher dieselben oft die haarsträubendsten, gesundheitsgefährlichsten Mißstände als unabänderliche Thatsachen hinnehmen, sie gewissermaßen als zur Fabrikarbeit und dem Lebenslos der Arbeiter zugehörig betrachten ...".[4]

Es ist außerordentlich schwierig, gesicherte Aussagen über die tatsächliche Größenordnung des Problems zu treffen. Eine allgemeine staatliche Gewerbemedizinalstatistik, die dies erlaubte, wurde nie entwickelt – sie hätte allzu viel enthüllt, was Unternehmer und hohe Behörde lieber im dunkeln beließen.[5] Unter den offiziellen Medizinalstatistiken gehören die ausführlichen Knappschaftsstatistiken zu den aussagekräftigsten, doch auch bei ihnen ist die Repräsentanz über die jeweils beschriebene Einheit hinaus problematisch; arbeitsbedingte und nichtarbeitsbedingte Krankheiten sind außerdem nicht unterschieden. Einige Zahlen mögen die Größe des Gefährdungspotentials verdeutlichen helfen. Für die Arbeiter der Georgsmarienhütte bei Osnabrück ergaben sich im Zeitraum von 1870 bis 1900 pro Beschäftigtem zwei Arbeitsunfälle mit Krankenhausaufenthalt sowie acht leichtere, ambulant behandelte Unfälle.[6] Im gleichen Zeitraum schwankte die Morbidität der Hüttenarbeiter zwischen 0,85 bis 1,2 Krankheitsfälle mit ärztlicher Behandlung jährlich, was der Morbidität anderer deutscher Hüttenarbeiter entsprach.

Die Formen der Vernutzung von Arbeitskraft waren und sind vielfältig. Man kann sie einteilen in Unfall, Verschleiß, körperliche Krankheit und psychomentale Belastung, bei im Einzelfall schwieriger Abgrenzung. Im Lauf der Zeit haben sich die Gewichte zwischen den Risikomomenten verschoben, hauptsächlich durch Veränderungen in der Produktionsweise, zum Teil auch durch gezielte Abhilfe.

Im 19. Jahrhundert standen oft spektakuläre Betriebsunfälle im Vordergrund: Dampfkessel explodierten, wobei ganze Gebäude zerstört wurden und Dutzende von Menschen umkommen konnten;[7] Schwungräder zerplatzten, ebenso Druckgefäße oder Kocher. Die häufigsten Unfallursachen ergaben sich aus den Riementransmissionen der Dampfmaschinen und der

Vielzahl beweglicher Maschinenteile,[8] die bis in die 1880er Jahre hinein nur sehr selten abgesichert waren.[9]

Nicht weniger wichtig als Unfälle, allerdings nicht so spektakulär, waren Risikofaktoren wie Lärm, Beleuchtung, Hitze oder Kälte, Luftverunreinigung und übermäßige, einseitige Körperbelastung. So mußte ein Gichtsetzer auf der Georgsmarienhütte, der Kohle und Erz in den Hochofen füllte, 1867 pro Schicht 35 Tonnen Material bewegen und dies mit der Schaufel im Ofen verteilen, wobei ihm die Flammen, gegen die er durch Gesichtsmaske und einen Asbestüberwurf notdürftig geschützt war, ins Gesicht schlugen. Arbeiter wie dieser unterlagen einer Mehrfachbelastung durch Wechselschichtarbeit, übermäßige Beanspruchung der Arm- und Rückenmuskulatur, durch Hitze, grelles Licht, Staub, Gas und Lärm. So ist es nicht verwunderlich, daß zwischen 1871 und 1883 jährlich bis zu 45% der Belegschaftsmitglieder an den Atemorganen erkrankten.[10] Noch eindeutiger war der Zusammenhang von Krankheit und beruflicher Tätigkeit bei anderen Gruppen, z. B. Bleivergiftungen bei Setzern, die mit Bleilettern umzugehen hatten, bei Installateuren aufgrund der Verwendung von Bleirohren.

Daß aber auch psychomentale Belastungen keine Erscheinung erst unserer Zeit sind, wird vielfach bezeugt. Schon um 1900 klagten Arbeiter, darunter gerade auch Schlosser und andere eher handwerklich arbeitende Metallarbeiter, über Monotonie der Arbeit und über Langeweile, sogar über Depressionen aufgrund derartiger Arbeitssituationen.[11]

Bedeutende Veränderungen der Gefährdung ergaben sich nach dem Ersten Weltkrieg. Durch Schutzmaßnahmen konnten die Maschinenunfälle verringert werden; die Mechanisierung vieler Bereiche – z. B. des Chargierens der Hochöfen – reduzierte die körperliche Belastung. Die Zunahme der Angestellten, die meist weniger gefährliche Arbeitsplätze innehatten, verringerte die Unfallhäufigkeit.

Auf der anderen Seite brachte die Fließbandarbeit eine Zerlegung komplexer Arbeitsverrichtungen in viele einzelne, vom Einzelarbeiter ständig zu repetierende Handgriffe und damit einseitige Beanspruchung bestimmter Körperteile, oft verstärkt durch eine auf Dauer schädigende Körperhaltung. Auch die Mechanisierung konnte sich für die Beschäftigten negativ auswirken: der Siegeszug der Schreibmaschine war begleitet von einer Zunahme der Rückenleiden im Heer der Stenotypistinnen und Sekretärinnen; die Anwendung des hydraulischen Abbauhammers im Bergbau anstelle von Keilhaue und Bohrer war ruinös für die Hand- und Armgelenke der Hauer.[12]

Besonders gefährlich war die Arbeit in der chemischen Industrie, die zu Verbrühungen, Intoxikationen und Allergien führen konnte. Lag ein Unfall vor, bestand ein Anspruch auf Entschädigung. Folgewirkungen hingegen, die sich erst nach jahrelanger Belastung einstellten bzw. erst spät erkannt wurden, fielen anfangs nicht unter die Entschädigungspflicht; um die Anerkennung berufsbedingter Erkrankungen mußte lange gekämpft werden.[13]
Nach der Jahrhundertwende wuchs die chemische Industrie, vor allem jedoch die Zahl und Menge chemischer Substanzen stark an, ebenso ihre Anwendung in anderen Industriezweigen, sei es als Kunstfaser in der Textilindustrie oder als chemische Beize in der Metallindustrie.

In der jüngsten Zeit findet durch Automatisierung und Computerisierung ein grundlegender Wandel der Produktionsweisen statt, der große Auswirkungen auf die Gesundheitsbelastung zeigt. Bei vielen Tätigkeiten verlagert sich die Beanspruchung auf den psychomentalen Bereich; Streß und andere psychosomatische Krankheitsbilder treten verstärkt auf. Mehrfachbelastungen durch unterschiedliche Einwirkungen verschärfen sich teilweise. Allerdings bleiben in manchen Bereichen die „klassischen" Gesundheitsgefahren bestehen; man denke etwa an den Schiffbau mit seinen zahlreichen Unfallrisiken. Schließlich kündigen sich neue Gefahren an, etwa durch die Strahlenbelastung im Nuklearbereich. Insgesamt kann man davon ausgehen, daß die verschiedenen Gefahrenquellen *weit vielfältiger* sind als vor hundert Jahren, wenn auch großenteils erheblich schwieriger zu erkennen und zu vermeiden.[14]

Wie stark auch heute noch der berufliche Kräfteverzehr ist, läßt sich z. B. daran erkennen, daß die Zahl der Arbeiter, die wegen Berufs- oder Erwerbsunfähigkeit in Rente gehen, größer ist als die derjenigen, die aus Altersgründen ausscheiden; bei Angestellten ist das Zahlenverhältnis umgekehrt.[15]

Das hier vorgestellte Bild der Entwicklung industrieller Pathologie paßt schlecht in die verbreitete Vorstellung, im industriellen Zeitalter sei der allgemeine Gesundheitszustand durchgängig besser geworden. Fraglos lassen sich weitreichende Verbesserungen feststellen, und insbesondere Epidemien wie Cholera und Typhus sind mit nachhaltigem Erfolg bekämpft worden; zugleich jedoch ist die industrielle Pathologie wie eine Seuche über die Menschen hereingebrochen, in unterschiedlicher Ausprägung und mit unterschiedlicher Gefährdung. Geringer geworden ist diese kaum, allenfalls die Arten der konkreten Gefährdung wandelten sich.

Wahrnehmungen der Fachleute

Bereits in der Antike besaßen Naturforscher und Ärzte eine Vorstellung von der schädlichen Wirkung bestimmter Metalle.[16] Ihr Wissen nahmen Ärzte der Renaissance auf und entwickelten es weiter. Die systematische Auseinandersetzung mit arbeitsbedingten Erkrankungen begann jedoch erst mit Bernardino Ramazzini (1633–1714), für den die Begegnung mit einem Abortreiniger zum Schlüsselerlebnis wurde. Im Gefolge Ramazzinis problematisierten Ärzte um 1800 die gesundheitlichen Bedingungen des entstehenden Fabrikwesens im Zusammenhang mit dessen Sozialgefüge; zumindest die publizistische Wirkung dieser Kritik war sehr bedeutend. Daß Fabrikarbeit gesundheitsschädlich sei, stand zwischen 1800 und 1850 bei den interessierten Gebildeten außer Frage. In der Revolution von 1848 versuchten engagierte Mediziner wie S. Neumann in Berlin, eine soziale Medizin als Teil der Emanzipationsbestrebungen der arbeitenden Klassen zu etablieren – eine Bestrebung, die alsbald der politisch-polizeilichen Unterdrückung zum Opfer fiel.[17]

Um 1870 begann eine neue Generation von Ärzten, das inzwischen in der Medizin dominierende naturwissenschaftliche Kausalitätsmodell auf die „Arbeiterkrankheiten" zu übertragen.[18] Nach der Identifizierung immer neuer Krankheitserreger, die durch den Aufschwung von Biologie und Chemie möglich geworden war, wurde es innerhalb der Medizin gebräuchlich, Krankheiten nach dem Reiz-Reaktions-Modell zu erklären: habe man erst den Erreger gefunden, so sei dieser unschädlich zu machen, um die Krankheit zu besiegen. Auch bei der Untersuchung der „Arbeiterkrankheiten" ging es nicht mehr um den grundsätzlichen Zusammenhang von Arbeiterverhältnissen und Krankheit, sondern um den ätiologischen Nachweis der Wirkung z. B. von bestimmten Stoffen wie Stäuben. Damit leistete man Epochales in der Erkenntnis einzelner Krankheiten, die erstmals analytisch und empirisch aufgearbeitet und systematisiert wurden. Da sich die frühen Vertreter der Gewerbehygiene (wie man die Arbeitsmedizin damals nannte) jedoch um die konkrete Tätigkeit der Arbeiter und die Bedingungen, unter denen sie stattfand, kaum kümmerten, diese vielmehr als gegeben hinnahmen, entwickelten sie auch wenig soziales bzw. sozialpolitisches Engagement, ganz im Gegensatz zu ihren Vorgängern von 1848. Diese Zurückhaltung ging so weit, daß sich kein Vertreter der Gewerbehygiene zu Wort meldete, als 1878 eine Konkretisierung des Gesundheitsschutz-Paragraphen (§ 107, später 120) der Gewerbeordnung zur Diskussion stand.

Die Sozialgesetzgebung der 1880er Jahre bedeutete eine ungeahnte Ausweitung ärztlicher Tätigkeit und brachte Mediziner in ihrer kassenärztlichen Praxis wie auch als Gutachter bei Renten- und Entschädigungsfragen in vielfachen Kontakt mit industrieller Pathologie, doch Gewerbehygiene sowie Arbeitsmedizin blieben marginale Spezialfächer. Es gab freilich engagierte Arbeitsmediziner, die nicht nur zahllose erkenntnisträchtige Studien zu einzelnen Gefährdungsmomenten, Krankheitsbildern usw. erarbeiteten, sondern auch, vor allem in der Zeit der Weimarer Republik, die feste Hoffnung hatten, das Problem der industriellen Pathologie zusammen mit anderen engagierten Fachleuten und Politikern besiegen zu können.[19]

Die Taylorisierung erforderte eine große Ausweitung von Tauglichkeitsprüfungen, was wiederum die vermehrte Einstellung von Werksärzten in großen Werken notwendig machte. Damit war zwar ein neues Arbeitsfeld für die Arbeitsmedizin geschaffen (die ersten Fabrikärzte gab es in der chemischen Industrie schon seit den 1860er Jahren), in welchem der dort tätige Arzt allerdings der Gefahr einer Identifizierung mit unternehmerischen Zielsetzungen ausgesetzt war. So neigten etwa Werksärzte in der chemischen Industrie dazu, die Gefahren von Intoxikationen zu verharmlosen. In der NS-Zeit mißbrauchten nicht wenige Werksärzte ihre Selektionsmacht zur Disziplinierung nicht „linientreuer" Arbeitnehmer.

Die Ingenieure sahen sich selbst noch in der zweiten Hälfte des 19. Jahrhunderts als „Vollzugsorgane" in doppelter Hinsicht. Einerseits fühlten sie sich als Schüler und Ausführende der theoretischen Naturwissenschaften, andererseits zumeist auch als Lohnarbeiter des Unternehmertums, in das man mit einigem Glück durchaus aufsteigen konnte. Fast alle Ingenieure betrachteten die Industrie als *ihr* Werk, sie waren in den Gedanken des Fortschritts vernarrt, so sehr, daß sie dazu neigten, betriebsbedingte Gefährdungen der Gesundheit zu vernachlässigen und zugleich deren Lösung dem „Fortschritt" zu überantworten. Zugleich gab es jedoch Entwicklungen, die dazu beitrugen, daß jenes Vertrösten auf die Zukunft nicht die einzige Antwort der Ingenieure blieb.[20]

Seit 1834 unterstand der Betrieb von Dampfkesseln in Preußen staatlicher Aufsicht, sehr zum Unwillen der Ingenieurszunft, da die Aufsichtsbeamten keine Ingenieure waren und da die Zahl der Unfälle nicht zurückging. In Anlehnung an englische Vorbilder vermochten sie es, die staatliche Aufsicht durch eine freiwillige Kontrolle auf Vereinsbasis, d. h. einen Zusammenschluß der Dampfkesselbetreiber, zu ersetzen. Der offenkundige Erfolg dieses Modells bestärkte den Verein Deutscher Ingenieure (VDI) – gegründet 1856 – darin, auch andere Sicherheitsprobleme auf der Basis einer Selbstkontrolle der Betreiber anzugehen. Das zeigte sich auch in einer Diskussion, die 1874 durch einen Beitrag des ansonsten unbekannten Ingenieurs Horn ausgelöst wurde.[21] Er plädierte dafür, Unfallverhütung als Konstruktionsprinzip im Maschinenbau zu etablieren. Der VDI hat sich in mehreren Resolutionen dafür ausgesprochen, konnte jedoch keine Einigung darüber erzielen, wie deren Umsetzung zu sichern sei: durch staatliche Kontrolle, durch Festsetzung von Normen und Richtlinien oder durch selbstverwaltete Genossenschaften nach dem Vorbild der Dampfkesselüberwachungsvereine. Eine Entscheidung fiel 1884; im Rahmen der Bismarckschen Sozialpolitik wurde die Unfallverhütung weitgehend den neu gebildeten Berufsgenossenschaften übertragen, einem Zusammenschluß der Unternehmer. Parallel dazu bestand die 1890 reorganisierte Gewerbeaufsicht, die jedoch infolge geringer Kompetenzen und mangelnder Ausstattung nur sehr begrenzt in die Gestaltung der Arbeitsverhältnisse eingreifen konnte.[22]

Beide Einrichtungen standen in Konkurrenz zueinander. Die Beauftragten der Berufsgenossenschaften bemühten sich vordringlich darum, Kosten niedrig zu halten, während es den Gewerbeaufsichtsbeamten darum ging, trotz begrenzter Mittel den Anspruch auf staatliche Zuständigkeit aufrechtzuerhalten. Während der Weimarer Republik schlossen sich mehrere mit dem Arbeitsschutz befaßte Organisationen, darunter auch die Berufsgenossenschaften und die Gewerbeaufsichtsbeamten, zur ‚Arbeitsgemeinschaft für Unfallverhütung‘ zusammen. Hierzu trugen die veränderte politische Lage, der gestiegene Einfluß von Gewerkschaften und Arbeiterparteien sowie eine sich allmählich ändernde Einstellung seitens der Ingenieure bei, unter denen einige nunmehr im betrieblichen Gesundheitsschutz wirtschaftliche Vorteile für die Unternehmer erkannten. Eine gesetzliche Regelung durch ein Maschinenschutzgesetz lehnte der VDI jedoch ab; erst 1968 wurde dieses verabschiedet.[23]

In den letzten Jahrzehnten hat der technische Arbeitsschutz viele Gefahren, besonders Unfallrisiken, weitgehend vermindert; zugleich treten fortwährend neue Gefährdungen auf, überwunden geglaubte machen sich erneut bemerkbar. Ist z. B. eine heutige Großschreinerei mit Unfallschutz- und Holzstaubentfernungsanlagen ziemlich gut gegen Verletzungs- und Staubinhalationsgefahren geschützt, so bedroht die Anwendung neuer, oft toxischer Holzschutzmittel, Farben und Lacke die Gesundheit. Zugleich werden die besten Vorschriften illusorisch, wenn zu hohes Arbeitstempo die Arbeiter derart belastet, daß sie Schutzmaßregeln nicht mehr beachten.

Experten aus der Medizin und den Ingenieurswissenschaften haben einen nicht geringen Anteil an der Erkennung und Definition der industriellen Pathologie gehabt, doch ihr Beitrag blieb begrenzt. In der Regel fühlten sie sich durch die geltenden Normen gebunden und zeigten sich nicht motiviert, den Gesetzgeber zu radikalen Lösungen zu drängen. Entscheidend war der Stand der Technik, der – wie am Beispiel des Immissionsschutzes in einer Studie nachgewiesen wurde[24] – dazu führte, sich auf Bekanntes zu beschränken. Diese Orientierung schloß nicht aus, daß die Unfallsicherheit von Maschinen z. B. erheblich verbessert wurde. Doch insgesamt hat sich die Gefährdung eher verschoben als vermindert. Zu grundlegenden Eingriffen in den Produktionsprozeß, um ihn sicherer und weniger belastend zu machen, ist es nur in Ausnahmefällen gekommen, wenn der Skandal wie im Falle der Verarbeitung von Asbest bereits zu groß geworden war.

Industrielle Pathologie als politisches Problem

Für den Staat bedeutete die betriebliche Gesundheitsgefährdung ein gravierendes und vielschichtiges Problem. Die Gefährdung der Volksgesundheit, die von der Industrie ausging und beispielsweise von der preußischen Generalität schon 1828 anhand der Schwächlichkeit der Rekruten aus den rheinischen Industriegebieten festgestellt wurde,[25] bedrohte langfristig die ökonomische wie machtstaatliche Leistungskraft des Staates und konnte zu finanziellen Einbußen führen. Nicht weniger war ein Verlust an Massenloyalität zu befürchten, wenn die industrielle Pathologie die Hinnahmebereitschaft einmal überschritt. Die Fragen von Arbeit und Gesundheit wurden so zu einer Herausforderung an die Politik.

Der erste Versuch staatlichen Eingreifens in die industrielle Pathologie fand in Deutschland während der Revolution von 1848/49 und erneut 1857 im Königreich Sachsen statt. Dort wurden Kommissionen eingesetzt, in deren Konzepten die Prinzipien Prävention, Haftung und Kontrolle deutlich werden, die sich auch später immer wieder als Voraussetzung für einen effektiven betrieblichen Gesundheitsschutz erwiesen haben. Besonders weitreichend war der Entwurf für eine sächsische Gewerbeordnung von 1857: Jeder maschinelle oder sonst gefährdende Betrieb sollte den Vorschriften der Aufsichtsbehörde unterliegen; die Kosten für Schutzmaßnahmen seien von den Unternehmern zu tragen, die auch für jeden aus Vernachlässigung dieser Vorschriften entstandenen Schaden verantwortlich seien. Fabrikationsanlagen, hieß es in der Begründung, die nur unter Hintansetzung des Wohls der Arbeiterbevölkerung betrieben werden könnten, seien nicht als Gewinn für das Land anzusehen und ihr etwaiger Verlust nicht zu beklagen.[26] Nach heftigen Protesten vor allem aus dem bürgerlich-liberalen Lager zog die Regierung den Entwurf zurück.

Der Einfluß dieses Lagers zeigte sich auch in der 1869 verabschiedeten Gewerbeordnung für den Norddeutschen Bund, die 1871 Reichsgesetz wurde. Im einzigen Paragraphen (§ 107), der sich mit gesundheitlichem Arbeiterschutz befaßte, fanden sich lediglich einige allgemeine Formulierungen.[27] Die Entwicklung von Normen unterblieb, und es gab keine wirksame Kontrollinstanz, so daß dieser Paragraph in der Praxis ohne Bedeutung blieb, worauf unter anderem der nicht endende Strom von Klagen und Beschwerden hinweist. Die offensichtliche Verantwortungslosigkeit vieler Unternehmer, die die krasse Ungleichheit der sozialen Schichten vor Krankheit und Tod verschärfte, trug zur großen Streikwelle der Jahre 1869 bis 1873 bei. Zusammen mit den sich häufenden Massenunfällen im Steinkohlebergbau, die neben Entsetzen und Trauer bald auch Empörung über bedenkenloses Unternehmerverhalten und einen offensichtlich untätigen Staat weckten, erzeugte sie sozialpolitischen Handlungsdruck auf den Gesetzgeber.

Das 1871 vom Reichstag verabschiedete Haftpflichtgesetz stellte den ersten Versuch dar, auf diesem Gebiet zu weiteren Regelungen zu gelangen.[28] Ursprünglich war beabsichtigt, gewerbliche Unternehmer für unterlassene Sicherheitsvorkehrungen heranzuziehen und aus der moralischen Verantwortung eine juristische werden zu lassen. Am konsequentesten hätte sich diese Absicht im Konzept der Gefährdungshaftung umsetzen lassen, mit dem im Schadensfall ein Verschulden des Betriebsinhabers vorausgesetzt worden wäre, es sei denn, dieser hätte ein Verschulden des Geschädigten bzw. höhere Gewalt als Schadensursache nachweisen können.

Im Gesetzgebungsprozeß der Jahre 1869–1871 fand das radikale Konzept der Gefährdungshaftung jedoch nur für die Eisenbahnunternehmer Anwendung. Mit Rücksicht auf die massiven Proteste der Unternehmer, die die Gefährdungshaftung als ruinöse Schikane zurückwiesen, machte das Gesetz die Bergwerks- und Fabrikunternehmer nur *verschuldenshaftpflichtig,* und auch dies nur in verklausulierter Form. Die Beweislast für schuldhaftes Verhalten des Unternehmers überantwortete es dem Geschädigten, während es ersterem freistand, sein Haftungsrisiko auf dem Wege der Privatversicherung zu minimieren.

So war das Haftpflichtgesetz, wie es im Juni 1871 in Kraft trat, weit davon entfernt, die körperliche Integrität der Fabrikarbeiter garantieren zu können. Das lag nicht daran, daß der Grundgedanke verfehlt gewesen wäre, im Gegenteil. Richtig eingesetzt, hätte es vielmehr zu einem strukturpolitisch äußerst wirksamen Mittel werden können, wenn nämlich durch Gefährdungshaftung und hohe Entschädigungen das Risiko für den Unternehmer so kostspielig geworden wäre, daß sich für ihn eine Tolerierung der Gefahrenquellen nicht ausgezahlt hätte.

Die Arbeiterbewegung beklagte als größte Unzulänglichkeit die Beweislastregel, weil sie Schadensersatzansprüche der Arbeiter fast illusorisch machte. Den Arbeitern fehlten sämtliche Veraussetzungen für ein erfolgreiches Prozessieren, während die Unternehmer zumeist erst dann zur Schadensersatzzahlung bereit waren, wenn ein rechtskräftiges Urteil sie dazu verpflichtete – und das konnte durch sämtliche Instanzen gehen. Die politische und gewerkschaftliche Arbeiterbewegung forderte daher eine Revision des Gesetzes mit der *Umkehr der Beweislast* und den Erlaß von *Normativbestimmungen* für den betrieblichen Gesundheitsschutz auch zur Orientierung der Rechtsprechung.

Diese Option fand prominente Befürworter unter den bürgerlichen Sozialreformern. Unter ihnen befanden sich liberale wie konservative Kräfte, die gemeinsam eine klassenversöhnende staatliche Arbeiterpolitik als Ordnungspolitik anstrebten, um ein Vakuum im Verhältnis von Staat und Gesellschaft auszufüllen.[29] Die Überlegungen der Sozialreformer wie der Ministerialen knüpften an die Prinzipien von 1848 an: das Risikopotential der industriellen Arbeitswelt sollte durch eine Kombination von gesetzlichen Schutzvorschriften, eine Meldepflicht bei arbeitsbedingten Erkrankungen, eine verschärfte Haftpflicht (Umkehr der Beweislast) sowie eine umfassende staatliche Gewerbeaufsicht minimiert werden.

Schon das Bekanntwerden derartiger Pläne entfachte erheblichen Widerstand auf seiten der Fabrik- und Kapitalbesitzer; vor allem aber stießen sie auf das Veto des Reichskanzlers Bismarck, da sie nach dessen Ansicht die Konkurrenzfähigkeit der deutschen Industrie schwächten.[30] Er lehnte die geplante Reform des Haftpflichtgesetzes ab und trug entscheidend dazu bei, daß eine präventionsorientierte Regelung sich nicht durchsetzen konnte.

Das Problem selbst war damit allerdings nicht gelöst; die Gegner des Arbeiterschutz-Modells mußten ein alternatives Konzept suchen. In den Vorschlägen des Großindustriellen Louis Baare,[31] die staatliche Arbeiterpolitik *versicherungsförmig* und rein *kompensatorisch* auszurichten, fand der Kanzler schon 1880 ein solches. Im System einer gesetzlichen Zwangsversicherung der Arbeiter gegen die Risiken Unfall und Invalidität sah er die Möglichkeit, jenseits von Prävention und Verschärfung der Haftpflicht einen Kurs zu steuern, der als wohlfahrtsstaatlich ausgegeben werden konnte und doch nicht mit den Interessen der Industrie kollidierte. Die Verabschiedung des Unfallversicherungsgesetzes bedeutete nicht nur einen Erfolg in der Realisierung dieses Kurses, sondern darüber hinaus ein Schwellendatum für eine ganz neue Sozialstaatspolitik.[32] Damit hatte sich der Staat nämlich auf den Modus einer sekundären Intervention festgelegt. Folgenbewältigung statt Ursachenbekämpfung wurde zum Prinzip sozialstaatlichen Handelns; das Gefährdungspotential der Arbeitswelt hingegen wurde dem regulativen Eingriff des Staates weitgehend entzogen. Das bestätigte zugleich den Herrschaftsanspruch der Unternehmer hinsichtlich ihrer Betriebe und gewährte ihnen im voraus eine Entlastung von möglichen Schuldvorwürfen. Mit der Überantwortung der Schutzmaßnahmen an die berufsgenossenschaftlich zu organisierenden Unternehmer verzichtete der Staat in demonstrativer Weise auf eine klassenneutrale Normierung von Ansprüchen der Arbeiter gegenüber ihren Arbeitgebern.

Der Preis, den die Unternehmerseite hierfür zu zahlen bereit war, kam dem Arbeiter in Gestalt einklagbarer Versorgungsansprüche im Fall unverschuldeter Arbeitsunfähigkeit infolge eines Betriebunfalls zugute. Zwar war der Umfang der Leistungen zunächst äußerst bescheiden und keineswegs existenzsichernd, jedoch war die politische Signalwirkung in Richtung auf einen angeblich beabsichtigten Staatssozialismus ungeheuer. Aus kritischer Sicht handelte es sich freilich um einen reduktionistischen Zugriff, um eine Isolierung der Problembehandlung von den Problemwurzeln. Es wurde separiert, was in vorherigen Sozialstaats-Entwürfen noch als sich ergänzende Einheit gedacht war, nämlich Schadensausgleich und Schadensverhütung organisch miteinander zu verbinden. Daß über den Umweg des ökonomischen Kalküls der gleiche, womöglich noch ein größerer Effekt zu erreichen sei, war reine Propaganda; dies durchschauten schon die Zeitgenossen.

Doch der Regulierungsmechanismus war so installiert, daß

er erst einmal konkurrenzlos in Funktion treten und durch die normative Kraft faktischen Wirkens politische Effizienz entfalten konnte. Allein die Tatsache, daß auf diesem Gebiet überhaupt etwas geschah, reichte aus, um diesem Konzept einen kaum mehr einholbaren Vorsprung vor allen Formen präventiver Politik zu sichern. Von einer Garantie für körperliche Integrität im Arbeitsleben war man damit aber weiter entfernt denn je.

Bismarcks Sturz 1890 hätte als Chance für einen Kurswechsel entschiedener Art in der Sozialpolitik genutzt werden können, doch die Reformbemühungen vor allem des preußischen Handelsministers v. Berlepsch kamen nicht über eine Reorganisation und Erweiterung der Gewerbeaufsicht einerseits und eine Ausdehnung der Befugnisse des Staates zum Erlaß von Gesundheitsschutzverordnungen andererseits hinaus.[33] Auch der SPD wurde nach und nach die Eröffnung weiterer Partizipationschancen für Arbeitnehmer innerhalb der einmal gesetzten und grundsätzlich akzeptierten – wenn auch nicht schon gutgeheißenen – Organisationsstrukturen wichtiger als eine grundsätzliche Strukturreform.

Unmittelbar nach dem Ersten Weltkrieg setzte in Deutschland erneut eine lebhafte Debatte über einen grundsätzlichen Umbau der Sozialversicherung ein.[34] Als konsensfähig erwies sich im Lager der bürgerlichen und sozialistischen Sozialreformer jedoch nur der Gedanke von mehr Vorbeugung und mehr „Erwerbsfürsorge" (Rehabilitation) sowie der eines planmäßigen Zusammenwirkens der verschiedenen Versicherungsträger. Einigkeit herrschte in dem Bestreben, die Schattenseiten der wesentlich auf Geldentschädigung gerichteten Sozialpolitik durch einen „organischen Umbau der Fürsorgeleistung im Sinn des Vorbeugens und der schnellen Beseitigung aller Gesundheitsschäden" zu überwinden: Die Schadensverhütung müsse an die Stelle der Schadensvergütung treten.[35]

Keine der Reichsregierungen in der Weimarer Republik war jedoch in der Lage, in der Sozialverfassung einen tatsächlichen Paradigmawechsel im Sinne des Präventionsprinzips eintreten zu lassen. Zum einen, weil der politische Wille dazu fehlte, zum anderen, weil die Widerstände aus den verschiedensten Lagern – unter anderen dem unternehmerischen, dem föderalistischen und aus einzelnen Institutionen der Sozialversicherung selbst – sehr groß war.[36] Insbesondere traten Reichsversicherungsamt und Reichsarbeitsministerium Bestrebungen entgegen, die die Unfallverhütung aus dem Kompetenzbereich der Berufsgenossenschaften lösen und statt dessen eine effiziente staatliche Überwachung der Betriebssicherheit unter Einbeziehung von Arbeitern, Ärzten und Frauen einführen wollten. Durch diesen Widerstand wurde eine strukturelle Reform von großer Tragweite verhindert: nämlich das Ende der Unterordnung zentraler Arbeiterschutzmaßregeln unter den Primat ökonomischer wie betriebspolitischer Interessen der Unternehmer.

Die Mißstände waren allerdings zu eklatant, und der öffentliche Druck war zu groß, als daß alle Reformen hätten unterbleiben können. Selbst die Berufsgenossenschaften wollten den Wind, der ihnen in den Gründungsjahren der Republik ins Gesicht blies, nicht durch mangelnde Kompromißbereitschaft verstärken und hofften, mit der Beteiligung an der erwähnten ‚Arbeitsgemeinschaft für Unfallverhütung' ein Zeichen des guten Willens setzen zu können. Schließlich gaben sie auch ihren jahrelangen Widerstand gegen die Einbeziehung von Gewerbekrankheiten in die Unfallversicherung auf. So konnten in der Berufskrankheiten-Verordnung vom Mai 1925 erstmals 11 Berufskrankheiten, durch die zweite Verordnung von 1929 schließlich 22 für entschädigungspflichtig erklärt werden. Allerdings brachte die Anerkennung verschiedener (heute 56) arbeitsbedingter Erkrankungen als Berufskrankheiten auf Dauer eher eine Stärkung des Kompensationsmodells gegenüber einschneidender Prävention. Daran änderte auch der Kompetenzzuwachs von Reichsarbeitsministerium und Reichsversicherungsamt wenig. Die Monopolstellung der Berufsgenossenschaften wurde zurückgedrängt, doch das Änderungsgesetz zur Reichsversicherungsordnung stellte fest, daß in jedem Falle die Grenze des Erforderlichen durch die „Leistungsfähigkeit der Wirtschaft" bestimmt werde.[37]

Weiterhin wurde der Anspruch der Arbeiter auf Erhaltung ihrer Gesundheit im Betrieb als ein lediglich relativer festgeschrieben.

Mit der Weltwirtschaftskrise ab 1929 und der politischen Krise gegen Ende der Weimarer Republik ging der Spielraum für Reformen vollends verloren. Nicht nur im Abbau aller Reformprojekte, sondern mehr noch im Abbau der ohnehin dürftigen Sozialleistungen erwies sich, daß in der Weimarer Republik der Sozialstaat nicht zu einem wirkungsvollen System sozialer Sicherung ausgebaut worden war. Jedoch war vieles thematisiert und vorgeschlagen worden, was für einen Umbau des Sozialstaates hätte von Wert sein können.

Den Nationalsozialisten schwebte ein Programm der Sozial- und Gesundheitsfürsorge vor, das an der „Rassenhygiene" orientiert war.[38] Die „Minderwertigen" sollten vernachlässigt, die „Lebensunwerten" ausgemerzt, die „rassisch Wertvollen" herangezüchtet werden. Wie bekannt, wurde die erste Hälfte des Programms mit verbrecherischer Konsequenz großenteils ausgeführt. In der Praxis des betrieblichen Gesundheitsschutzes und der Sozialverwaltung aber gelang es den Nationalsozialisten nicht – trotz aller „Gleichschaltung", der Verfolgung sozialistischer und gewerkschaftlicher Kräfte sowie der Aufhebung der vorhandenen Selbstverwaltungselemente –, substantielle Änderungen in die Tat umzusetzen. Als Konzessionen gegenüber der Arbeiterschaft gab es Verbesserungen wie die Eingliederung der Rentner in die Krankenversicherung und Beschränkungen der Jugendarbeitszeit; darüber hinaus überwog die Propaganda, an der Grundstruktur wurde nichts geändert – auch nicht nach 1945.

Historische Chancen für eine Strukturreform des Sozialstaates hat es durchaus gegeben, doch sie wurden nicht genutzt. Zum einen war das Eigengewicht der Institutionen schon bald nach ihrer Gründung so stark, daß sie kaum mehr radikal reformiert werden konnten; zum anderen fielen die Chancen für strukturelle Änderungen – bis auf den Abgang Bismarcks – in Krisenzeiten, in denen wenig Spielraum bestand. Schließlich darf nicht verkannt werden, daß auch Sozialdemokraten und Gewerkschaften sich nach anfänglichem Widerstand in der Praxis des bestehenden Systems etabliert hatten und dadurch dessen Beharrungsvermögen steigerten. Gegenwärtig ist keine politische Kraft auszumachen, die den Willen und die Macht hätte, eine Strukturreform in Angriff zu nehmen.

Die höchst widersprüchliche Entwicklung nach dem Zweiten Weltkrieg kann hier nur noch in einigen ihrer Resultate bilanziert werden.[39] Das mehrfach beschriebene Grunddilemma der staatlichen Regelung von industrieller Pathologie ist geblieben: nach wie vor überwiegt sekundäre Intervention, und der Staat kann körperliche Integrität im Arbeitsleben weder garantieren noch die eingetretenen Schäden wirklich verringern. Dies erreichen selbst Neuregelungen wie das Arbeitssicherheitsgesetz und das Maschinenschutzgesetz nicht, da sie im wesentlichen an technischen Gefährdungsmerkmalen orientiert sind, das umfassendere Ensemble der Arbeitsbedingungen hingegen nicht berücksichtigen.

Die Widersprüchlichkeit der Sozialverfassung hat sich verschärft, und zwar, paradoxerweise, durch Reformen, die man als Verbesserungen im Sinne der arbeitenden Menschen bezeichnen muß. Die Demokratisierung der Verwaltung aller Sozialversicherungsträger, die Liberalisierung der Sozialrechtsprechung und vor allem die Ausweitung der Leistungen sprengen tendenziell das System, dessen Kosten untragbar werden. Mit anderen Worten: Die Zunahme der tatsächlichen Gefährdung und der Ansprüche auf mehr Gesundheit wird mit einem erhöhten kompensatorischen Aufwand verfolgt, der jene jedoch nie einholen kann, weil auch die beste Kompensation das Nachwachsen des Risikos nicht unterbinden kann. Der *Kostendruck* – und nicht etwa der eigentliche Problemdruck der industriellen Pathologie – ist das schlagendste Argument für eine prinzipielle Reform, ein Argument, das nicht nur von den Gewerkschaften und ihnen nahestehenden Kreisen verstanden wird. Die Folgenbewältigung ist damit zu einem eigenen Problem geworden; sie bewirkt gegenwärtig immer mehr das Gegenteil von dem, wozu sie einst eingeführt worden war: mit relativ geringem Aufwand für die Unternehmer die Auswirkungen der industriellen Pathologie auf eine für die Gesellschaft tolerierbare Weise zu kompensieren.

Die Geschichte der industriellen Pathologie und des Umgangs mit ihr zeigt gerade aufgrund ihrer relativ großen Dichte, wie durch Umformulierung des Problemzusammenhangs ursprünglich sachgerechte, zum Teil sogar radikale Lösungsversuche ihrer historischen Chancen beraubt und gegen sachlich zweifelhafte, jedoch systemadäquate und politisch durchaus erfolgreiche Folgelast-Bewältigungsstrategien eingetauscht wurden. Der Erfolg dieser Strategien wird jedoch, je länger je mehr, nicht nur mit der Fortexistenz und der Verschärfung der industriellen Pathologie erkauft, er wird auch im Wortsinn unbezahlbar und führt sich selbst ad absurdum. Die meisten der früheren Lösungsvorschläge wie auch die Reformüberlegungen führen – und das ist sicherlich kein Zufall – in Richtung Prävention, Gefährdungshaftung, staatliche Kontrolle unter Beteiligung von Medizinern und Betroffenen bis hin zum Verbot gefährlicher Produktionen. Die Alternativen zum Kompensationssystem haben sich rehabilitiert.

Arne Andersen
Heimatschutz: Die bürgerliche Naturschutzbewegung

Fortschrittsgläubigkeit und Technikbegeisterung erfaßten in den ersten Jahrzehnten nach 1850 weite Teile des Bürgertums. Der wirtschaftliche Aufschwung sicherte Deutschland einen Platz an der Sonne. Lediglich im Bildungsbürgertum gab es Stimmen, die die zunehmende Industrialisierung mit der damit einhergehenden Zerstörung von Landschaft und Natur kritisch betrachteten.[1]

Der Musiker Ernst Rudorff, einer der späteren Gründer der Heimatschutzbewegung, verfaßte 1880 einen Aufsatz „über das Verhältnis des modernen Lebens zur Natur", der diese Kritik exemplarisch ausdrückte. Er klagte darüber, daß die Industrialisierung die Natur zerstöre sowie das „Malerische und Poetische der Landschaft", und führte aus:

In dem innigen und tiefen Gefühl für die Natur liegen recht eigentlich die Wurzeln des germanischen Wesens. Was unsere Urväter in Wodans heilige Eichenhaine bannte, was in den Sagen des Mittelalters, in den Gestalten der Melusine, des Dornröschens lebt, was in den Liedern Walthers von der Vogelweide anklingt, um dann in neuer ungeahnter Fülle in Goethes oder Eichendorffs Lyrik, endlich in der eigenartigen Offenbarung des deutschen Genius, in unserer herrlichen Musik wieder hervorzubrechen: immer ist es derselbe Grundton, derselbe tiefe Zug der Seele zu den wundervollen und unergründlichen Geheimnissen der Natur, der aus diesen Äußerungen des Volksgemütes spricht. Ist es nicht, als wenn ein böser Dämon uns triebe, in der Jagd nach den Phantomen des Glanzes und des Genusses dies Allerheiligste, das uns gleichsam das Leben gegeben, zu zertreten, den Born zu verschütten, aus dem wir immer wieder verjüngenden Trank schöpfen konnten? Wer vermag von nationalökonomischen Vorurteilen zu hören, der weiß, daß sie um solchen Preis erkauft sind, daß um ihretwillen die Keime zerstört werden, aus denen frisches geistiges Leben erblühen kann![2]

Rudorff bietet als Ausweg den romantischen Blick zurück. 17 Jahre später – Deutschland konnte sich inzwischen als imperiale Großmacht behaupten – wurde seine Zivilisationskritik dezidierter. Unter dem Titel „Heimatschutz" präzisierte er in der Zeitschrift „Grenzboten" seine Auffassungen. Heimatschutz war für ihn das „von der Natur Gegebene, dann aber ebenso auch dasjenige, was seine Bewohner im Laufe der geschichtlichen Entwicklung am Gegebenen verändert und an Menschenwerken hinzugeschaffen haben".[3] Hier finden sich Elemente, die über die Heimatschutzbewegung hinaus für die im Bürgertum verbreitete Kultur- und Zivilisationskritik kennzeichnend waren. Beschworen wurde eine idealisierte Vergangenheit, deren Ursprünge sich teilweise im Mystischen verloren, die jedoch angeblich im nationalen Charakter der Deutschen fortbestünden. Kritisiert wurde die fortschreitende Industrialisierung, doch der eigentliche Stein des Anstoßes war die Arbeiterschaft mit ihrem „heimatfremden Internationalismus", ihrer Gleichmacherei und ihrer Vaterlandslosigkeit.[4] Die konservative Kulturkritik bekam damit eine merkwürdige Schlagseite: Ausgangspunkt war ein weit verbreitetes und diffuses Unbehagen an der Moderne, doch als eigentlicher Gegner wurde die Arbeiterschaft, wurden die kulturlosen Massen in den städtischen Ballungsgebieten gesehen. Hinzu kam, daß deren Theoretiker und Organisationen große Hoffnungen an die weitere Industrialisierung knüpften und nicht die technische Entwicklung selbst kritisierten, sondern vielmehr die politischen und wirtschaftlichen sowie die sozialen Strukturen des kapitalistischen Systems. Natur und Umwelt tauchten in dieser Konzeption kaum auf.[5] Eine bürgerliche Kritik an konkreter unternehmerischer Praxis lief damit Gefahr, als sozialistische Agitation diffamiert zu werden, während zugleich der wirtschaftliche Fortschritt selbst von der wichtigsten oppositionellen Gruppe, der Arbeiterbewegung, nicht grundsätzlich in Frage gestellt wurde.

Diese merkwürdige Frontstellung der bürgerlichen Naturschützer schloß nicht aus, daß Forderungen zum Schutz der Heimat und Natur erhoben wurden, sie erklärt jedoch, warum diese sehr eingegrenzt blieben und nicht zu einer weitreichenden Auseinandersetzung mit den Folgen der Industrialisierung führten.

Rudorff selbst – vermutlich unter dem Eindruck der Gründung von Nationalparks in Amerika – forderte Schutzgebiete für „unantastbare Heiligtümer der Natur und der Geschichte". Ihm ging es nicht darum, jede Waldwiese, jede Bachkrümmung unversehrt zu erhalten. Es ging auch nicht um ein umfassendes Gegenkonzept, sondern um Reservate, die aus den Veränderungen ausgeklammert werden sollten. Rudorffs Vorstellung einer handwerklich-bäuerlichen Feudalgesellschaft, die das Gesamtensemble der Landschaft kaum veränderte, war jedoch 1887 nicht mehr aufrechtzuerhalten. Die Forderung nach Schutzgebieten nahm der Naturschutzbewegung ihre Spitze gegen die industrielle Produktion. Aus der diffusen und anfänglich grundsätzlichen Ablehnung des industriellen Kapitalismus resultierte lediglich eine Politik, die sich auf den Schutz vereinzelter Reservate beschränkte. Eine Auseinandersetzung der Heimatschutzbewegung mit den Formen industrieller Produktion fand nicht statt, die Möglichkeit einer ökologischen Umorientierung der Produktion wurde von ihr überhaupt nicht ins Kalkül gezogen. Dabei wäre dies auch nach dem damaligen Stand der Umweltdiskussion durchaus möglich gewesen. In der Debatte um die Vermeidung von Hüttenrauchschäden ging es unter anderem darum, die Produktion so zu gestalten, daß keine oder kaum Schäden auftraten. Die Debatte blieb jedoch auf einen engen Kreis von Betroffenen, Fachleuten und Beamten beschränkt. In der breiten Öffentlichkeit und auch in der Naturschutzbewegung fand sie keine Resonanz. Mangelnder gesellschaftlicher Druck ließ es letztendlich dazu kommen, daß sich eine betriebswirtschaftliche Denkweise durchsetzte, die als Ergebnis die Schadstoffverteilung über hohe Schornsteine brachte.[6]

Die (bürgerliche) Naturschutzbewegung griff in die jeweils konkreten Auseinandersetzungen nicht ein. Es sei allerdings darauf verwiesen, daß es hierbei nicht um den Gegensatz Industrie – Umwelt ging, sondern um die unterschiedliche Nutzung der Natur. Auf der einen Seite die industrielle, die sich durch Erzabbau und die Folgewirkungen der Hüttenproduktion – Verschmutzung von Gewässern und Luft – der Natur bemächtigte, auf der anderen Seite Land- und Forstwirtschaft, denen es um extensive Erträge ging, keinesfalls jedoch um die Erhaltung von „Naturschönheiten" oder noch weiter gefaßt: um die Umwelt. Es nahm nicht wunder, daß gerade die Forstbeamten das Ausbleiben der jährlichen Holzzuwächse als Folge des Hüttenrauchs kritisierten. Die „Forstästhetik", die der Gutsbesitzer von Salisch im Deutschen Forstverein vorgeschlagen hatte, fand keinen Eingang in die konkreten Auseinandersetzungen.[7]

1898 brachte der Abgeordnete Wetekamp die Forderung nach Einrichtung von ‚Staatsparks' in die Beratungen des preußischen Abgeordnetenhauses ein.[8] Es gelang ihm nur, eine unverbindliche Zustimmung der zuständigen Ministerien zu den Anliegen des Naturschutzes zu erreichen.[9] Der Vorschlag zur Einrichtung von Nationalparks wurde nicht erwähnt. Die Einrichtung von Naturschutzparks stellten die Verantwortlichen der Privathand anheim. 1909 gründete sich in München der Verein Naturschutzpark, der zwischen 1910 und 1920 rund 4000 Hektar Heidefläche um den Wilseder Berg aufkaufte. 1921 wurde der erste deutsche Naturschutzpark ‚Lüneburger Heide' zum Schutzgebiet erklärt.

Ein erstes ‚Landschaftsschutzgesetz' erließ Preußen 1902. Danach war es verboten, Reklameschilder, die dazu angetan waren, das landschaftliche Bild zu zerstören, in landschaftlich hervorragenden Gegenden anzubringen.[10] Dieser Marginalie widmete der später gegründete Heimatschutzbund ein ganzes „Sünden- und Sittenbuch".[11]

Neben Rudorff gilt Hugo Conwentz als Mitbegründer der deutschen Heimatschutzbewegung. Als Leiter des Danziger Provinzialmuseums erstellte er 1900 ein „Forstbotanisches Merkbuch für die Provinz Westpreußen", in dem er alle „beachtenswerthen und zu schützenden Sträucher und Bäume" auflistete. Die Prüfung des Antrags Wetekamps auf Einrichtung von Nationalparks und seine Kontakte zum Landwirtschaftsministerium waren Anlaß dazu, ihn mit der Erstellung einer Denkschrift über die Erhaltung von Naturdenkmälern zu beauftragen. In ihr wandte er sich gegen große Nationalparks; sie seien in Deutschland im Gegensatz zu den USA wirtschaftlich unmöglich. Statt dessen sollte angestrebt werden, „durch das ganze Gebiet zerstreut, tunlichst in jedem Landesteil, kleinere Flächen von verschiedener Beschaffenheit in ihrem ursprünglichen Zustand zu erhalten".[12] Nach Conwentz waren Naturdenkmäler in der Hauptsache aus „Gleichgültigkeit und Unverstand, aus Mangel an Herzensbildung und Rohheit" gefährdet. Weiterhin müsse auch die Landwirtschaft wegen Meliorationsarbeiten und wirtschaftlicher Nutzung für die Zerstörungen verantwortlich gemacht werden.[13] Die Industrie spielte bei Conwentz als Verursacher nur eine untergeordnete Rolle. Man dürfe der Industrie bei der Verwendung von Naturkräften (z. B. Wasserkraftwerke) „im großen und ganzen" keine Beschränkung auferlegen:

> Es ist keine Frage, daß die Industrie nicht um einen Schritt zurückgedrängt werden soll, um wissenschaftliche Denkwürdigkeiten und Schönheiten der Natur zu bewahren. Wenn aber die Industrie den Weg fand, so groß zu werden, muß sie auch Mittel erfinden, allzu nachteilige Einwirkungen von der umgebenden Natur fernzuhalten.[14]

In der deutschen Naturschutzbewegung, die anfangs eindeutig vom Antimodernismus Rudorffs geprägt war, kristallisierte sich zunächst noch versteckt eine Linie heraus, die einen Kompromiß, später sogar eine Symbiose mit der Industrie anstrebte. Bei Conwentz erschien sie kaum noch als Verderberin der Landschaft und der Natur. Die Fortschrittsgläubigkeit hatte auf Teile der Naturschutzbewegung übergegriffen. Die Industrie werde ohne Druck Mittel entwickeln, die allzu starke Schäden in der Natur verhindern würden, so hoffte Conwentz. Die vorhandenen zeitgenössischen Auseinandersetzungen um Abwässer, industrielle Dämpfe und Gase bewiesen jedoch, daß nur massiver Druck der Betroffenen oder wirkliche Katastrophen dazu führten, daß die Ursachen der Übel zumindest ansatzweise beseitigt wurden.

Conwentz erhielt 1906 den Auftrag, in Preußen eine ‚Staatliche Stelle für Naturdenkmalpflege‘ einzurichten. Sie hatte keine Kompetenzen und diente lediglich der Inventarisierung, Erforschung und dauernden Beobachtung der Naturdenkmäler. Ein 1912 im preußischen Abgeordnetenhaus gestellter Antrag, ein Gesetz zum Schutz der auf Privatgrund befindlichen Naturdenkmäler zu erlassen, wurde abgelehnt, weil man darin einen staatlichen Eingriff in das Privateigentum sah. Es sollte der Überzeugungskraft der Naturdenkmalpflege anheimgestellt werden, Privatbesitzer zu gewinnen, Naturdenkmäler nicht zu zerstören. Die dem Antrag zugrundeliegenden Vorstellungen hatte der Nationalökonom Carl Johannes Fuchs entwickelt, als er gewisse Einschränkungen der Gewerbefreiheit verlangte.[15] Diese seien z.B. in der Arbeiterschutzgesetzgebung zum Tragen gekommen. Man müsse nun nicht nur aus hygienischen und humanitären, sondern auch aus ästhetischen und allgemein kulturellen Gründen entsprechende Einschränkungen fordern. Dabei ging es ihm jedoch nicht um Grundsätzliches, im Gegenteil, Fuchs meinte, daß die Naturschutzbewegung in Kauf nehmen müsse, daß „Hunderte und Tausende von Schönheiten unserer deutschen Heimat, die nicht so groß sind, ... der unaufhaltsam fortschreitenden Entwicklung zum Opfer fallen" könnten.[16]

Einen organisatorischen Zusammenschluß der Naturschützer bildete der 1904 gegründete ‚Heimatschutz‘. Sein Gründungsaufruf zeugte von dem Widerstreit der beiden Positionen innerhalb der Naturschutzbewegung, wobei sich die zivilisationskritische Linie Rudorffs durchzusetzen schien. Er war gegen die „einheimischen Vandalen" gerichtet, die jedoch nicht näher benannt wurden. Statt dessen hieß es: „Ja, die Verwüstungen des dreißigjährigen Krieges haben nicht so verheerend gewirkt, so gründlich in Stadt und Land mit dem Erbe der Vergangenheit aufgeräumt, wie die Übergriffe des modernen Lebens mit seiner rücksichtlos einseitigen Verfolgung praktischer Zwecke."[17] Besonders griff der Aufruf die Fremdenindustrie an, die „alle Ursprünglichkeit und wahre Schönheit in beinahe gleichem Maße zerstört wie die Verwüstungen, die das Gefolge rücksichtsloser industrieller Ausbeutung der Natur bilden". Gleichzeitig betonte er aber auch, daß man nicht die „törichte Absicht" habe, die Errungenschaften der Gegenwart zurückzudrängen. Es gelte vielmehr einen Ausgleich anzustreben zwischen „jener herzlosen Ausbeutung des Heimatbodens und den Forderungen des Gemüts".

Das Arbeitsfeld des Bundes ‚Heimatschutz' ging weit über den Naturschutz hinaus. Auf seiner Gründungsversammlung verabschiedete er in der Satzung folgende Arbeitsschwerpunkte: Denkmalpflege; Pflege der überlieferten ländlichen und bürgerlichen Bauweise, Erhaltung des vorhandenen Bestandes; Schutz des Landschaftsbildes einschließlich Ruinen; Rettung der Tier- und Pflanzenwelt sowie der geologischen Eigentümlichkeiten; Volkskunst auf dem Gebiet der beweglichen Gegenstände; Sitten, Gebräuche, Feste und Trachten.[18]

Der Bericht über die konstituierende Versammlung machte die dominierend ambivalente Haltung des Bundes noch einmal deutlich:

Immer mehr verwüstet im Zeitalter der Maschine die Herrschaft der Industrie alles, was dem einzelnen seit den Tagen der Kindheit traut und heimisch, was dem deutschen Volke die Grundlage seiner Stärke war ... Auf der einen Seite gewinnen wir dem Leben neue Wohltaten ab, verlängern das Leben selbst, erwerben Reichtümer und arbeiten mit steigender Anspannung aller Kräfte, auf der anderen aber verliert das Leben an seinem Inhalt und der Mensch wird zu einer reinen Arbeitsmaschine.[19]

Die Politik des Bundes blieb mangels gesellschaftlicher Perspektive reaktiv. Sein Naturbegriff war nicht auf ökologische Zusammenhänge ausgerichtet. Dies entsprach der disziplinären Spaltung der Naturwissenschaften; so beschäftigte sich die Biologie mit der „ursprünglichen", andere Naturwissenschaften mit der sozial konstituierten Natur, in der jedoch Lebensprozesse vernachlässigt würden. So war es wenig erstaunlich, daß es zwischen den ‚Heimatschützern' und dem 1877 gegründeten ‚Internationalen Verein gegen die Verunreinigung der Flüsse, des Bodens und der Luft' keine Verbindungen gab, denn dessen hygienische Ausrichtung hatte nicht die Erhaltung der natürlichen Lebensgrundlage zum direkten Ziel.[20]

Mit dem Rückgriff auf naturromantische Vorstellungen innerhalb der Heimatschutzbewegung ging eine ästhetische Begründung des Naturschutzes einher. Diese zeigte sich besonders an der einzigen praktischen Auseinandersetzung, an der sich der Bund ‚Heimatschutz' beteiligte: dem Bau eines Wasserkraftwerkes am Hochrhein bei Laufenburg, der die Zerstörung der dortigen Stromschnellen bedeutete. Die badische Regierung erhoffte sich durch den Bau des Kraftwerks die Ansiedlung neuer Industrien. Die Kritik des Heimatschutzbundes richtete sich nicht gegen die Errichtung einer solchen Anlage, sondern gegen den Standort. Er beauftragte einen Ingenieur mit einer Alternativführung. Dieser schlug ein Kanalprojekt vor, das den Rheinfall nicht tangiert hätte.[21] Das Gutachten wies nach, daß ein entsprechendes Projekt ebenso wirtschaftlich wäre und die gleiche Leistung erbringen könnte. Ein ökologischer Vergleich der beiden Vorschläge stand zum damaligen Zeitpunkt noch nicht zur Debatte; es ging um landschaftliche Schönheit. Trotz des Gutachtens und zahlreicher öffentlicher Proteste, unter anderem durch Friedrich Naumann, Max Weber und Werner Sombart, akzeptierte das badische Innenministerium die Einwände des Heimatschutzbundes nicht. Es blieb bei seinem Standpunkt, daß solchen industriellen Unternehmungen gegenüber „Rücksichten auf landschaftliche Schönheiten zurücktreten" müßten.[22]

Die Reaktion des Bundes war symptomatisch. Resigniert betonte er, daß er sich zumindest dafür einsetzen wolle, daß der Bau des Kraftwerkes „in möglichst schöner Form" geschehe.[23] Er kapitulierte in der konkreten Auseinandersetzung vor den ökonomischen Interessen. Damit erlitt die industriekritische antimodernistische Position innerhalb des Bundes ‚Heimatschutz' einen entscheidenden Rückschlag.

Der Streit um die Laufenburger Stromschnellen blieb eine der wenigen Widerstandshandlungen gegen ein industrielles Großprojekt. In lange bestehende Auseinandersetzungen wie etwa um die Folgen des Hüttenrauchs bei den Freiberger Hütten mischte er sich gar nicht erst ein, obwohl Conwentz diese erwähnte und schrieb, daß „der Schaden, welcher dem Gelän-

de als Naturdenkmal unter Umständen zugefügt wird", nicht durch die Entschädigungsleistungen der Hütte ausgeglichen werden könne.[24] Während die Zeitschrift „Rauch und Staub" über zahlreiche Auseinandersetzungen wegen der schädigenden Wirkung von Industrieabgasen berichtete, tauchte in den Mitteilungen des Heimatschutzbundes nur ein einziges Mal in der Vorkriegszeit ein Beispiel auf. Es berichtete davon, daß sich Villenbesitzer an der Elbe bei Rathen in Sachsen gegen die Errichtung einer Steingutfabrik wehrten.
In ihrer Eingabe hieß es:

> Die Besucher werden dann anstatt in herrliches Grün in verrußte Schornsteine und unsaubere Fabrikhöfe blicken, und der Duft dieser Anlagen wird beim Verweilen auf dem hervorragenden Aussichtspunkte sehr störend wirken. Eine solche gewaltsame Zerstörung der von aller Welt bewunderten Naturschönheit würde aber mit Recht einen Sturm der Entrüstung der Gebildeten und der Naturfreunde aller reisenden Nationen herbeiführen.[25]

Erneut standen ästhetische Aspekte im Vordergrund. Gefordert wurde eine Verlegung der Fabrik, ohne zu bedenken, daß der Rauch – unabhängig vom Standort – in jedem Fall die Natur schädigte. Noch herrschte die Auffassung vor, diese Schädigung sei lokal begrenzt und bei entsprechender Verdünnung weitgehend vermeidbar. So blieben die zahlreichen Auseinandersetzungen von Gemeinden, Bauern und anderen Betroffenen mit Industrieunternehmen, in denen es um die Zerstörung ihrer Lebensgrundlagen, nicht jedoch um den Erhalt von Biotopen und um gesundheitsschädigende Auswirkungen auf den Menschen ging, in den Mitteilungen des Bundes Heimatschutz unerwähnt. Das anfängliche Konfliktpotential zwischen Naturschützern und Industrie sank auf ein Minimum.

In einer Broschüre für den Heimatschutzbund betonte Eugen Gradmann, Landeskonservator in Stuttgart, daß die Verminderung des Kohlenrauchs Denkmalpflege und Naturschutz bedeute, da dessen schädigende Wirkung auf Pflanzen und Bauwerke bekannt sei. Es gingen allerdings erhebliche ästhetische Reize von Rauch und Nebel aus:

Es ist ein gewisser Trost, daß auch mit diesen Trübungen der Luft, mit Rauch, Dunst und Nebel malerische Werte geschaffen werden ... Sie brechen das Licht, geben dem bunten Bilde der Dinge einen einheitlichen Ton, eine farbige Stimmung, die in uns auch seelische Stimmungen auslöst, verhüllen die Einzelheiten und geben den Umrissen monumentale Einfachheit und Größe, die gesammelte, oft abenteuerliche Wirkung des Schattenbildes.[26]

Es wäre allerdings falsch zu meinen, daß seit der Niederlage des Bundes ‚Heimatschutz' bei Laufenburg die antimodernistische Richtung völlig aus der Diskussion ausgeschaltet war. In einem 1907 in den Mitteilungen veröffentlichten Artikel zu den „Grundlagen und Ziele(n) des Heimatschutzes" betonte der Autor, daß der „schrankenlose Industrialismus der größte Feind unserer Heimat und unseres Volkes" sei. Es komme nicht darauf an, das unmittelbar Bedrohte zu retten, vielmehr müsse man durch „Aufrüttelung der Geister aus dem trägen Geschehenlassen" die Liebe zur Scholle wieder stärken, „um von der Erhaltung der Heimat zu einer volklichen starken Kultur beizutragen". Er forderte den Heimatschutzbund auf, sich stärker in die ideologische Debatte um die Weiterentwicklung der Gesellschaft in Deutschland einzumischen und der Ästhetik gegenüber dem blinden Erwerbstrieb zum Durchbruch zu verhelfen. Gleichzeitig war der Artikel aber auch von der Resignation getragen, die Industrialisierung sei nicht zu vermeiden gewesen. Dem fundamental industriekritischen Flügel blieb angesichts dieser Erkenntnis nur Hilflosigkeit, eine Perspektive konnte er dem Heimatschutzbund nicht vermitteln.

Das latent vorhandene völkische Gedankengut im Heimatschutz kam mit Ausbruch des Ersten Weltkrieges zur Geltung. Heimatschutz umfaßte nun alles, was „von gutem deutschen Geist" geprägt wurde. Die Unterstützung des Krieges sei notwendig, denn „deutsche Gedanken kämpfen um ihr Dasein in der Welt".[27] Nach Meinung des Vorstandes gebührte dem deutschen Generalstab die Ehrenmitgliedschaft im Bund, da es ihm gelungen sei, die deutsche Heimat zu schützen und die Kämpfe in Flandern und Frankreich stattfinden zu lassen. Als neue Aufgaben erkor er sich neben der Planung neuer Wohnstätten die Errichtung von Kriegerdenkmälern und die geschmackvolle Gestaltung von Ehrenzeichen für die im Krieg Gefallenen. Da der Krieg die Ernährungslage der Bevölkerung unendlich verschlechterte, nahm der Heimatschutzbund sich dieses Problems an. Er beklagte, daß die deutschen Flüsse, die früher zahlreichen Fischern Arbeitsplätze geboten hatten, sich in Kloaken verwandelt hätten, so daß sich vielfach der Fischfang nicht mehr lohne. Hier ging der Bund ‚Heimatschutz' mit der Industrie scharf ins Gericht. Die Technik sei so weit fortgeschritten, daß sämtliche Industrieabwässer so gereinigt und geklärt werden könnten, daß sie für die Fische keine schädigenden Eigenschaften mehr besäßen. „Unermüdlich hat der Heimatschutz darauf zu dringen, daß alle diese Industrien – selbst auf die Gefahr hin, daß sie nicht mehr 25% Dividende geben können – angehalten werden, ihre Abwässer so zu klären, daß sie keinen Schaden mehr anrichten."[28] Weder vor noch nach dem Ersten Weltkrieg entwickelte er allerdings eine Konzeption, wie der Verschmutzung der Gewässer zu begegnen sei.[29] Es blieb beim einmaligen moralischen Aufschrei. Die scharfen Töne, die nicht einmal vor der Dividende halt zu machen schienen, waren Produkt der Kriegsstimmung, in der alles zu tun war, um das „bedrohte deutsche Volk" vor Schaden zu bewahren und dessen Überleben zu sichern.

Die Weimarer Verfassung erhob den Natur- und Landschaftsschutz zum Staatsziel: „Die Denkmäler der Kunst, der Geschichte und der Natur sowie die Landschaft genießen den Schutz und die Pflege des Staates." (Artikel 150) Conwentz erreichte 1920 bei der Neufassung des Preußischen Feld- und Forstpolizeigesetzes, daß Naturschutzgebiete und Naturdenkmäler rechtlich geschützt werden konnten.[30] Dem Heimatschutzgedanken schien ein Durchbruch gelungen zu sein. Doch der Schein trog. Angesichts der Not im Deutschland der frühen zwanziger Jahre hatten der Wiederaufbau und der wirtschaftliche Aufschwung absolute Priorität; der Naturschutzgedanke spielte eine untergeordnete Rolle.

Die Naturschützer selber vollzogen einen weiteren Richtungswechsel hin zur Zusammenarbeit mit der Industrie.

Maßgeblich daran beteiligt war der Ingenieur Werner Lindner, der seit 1914 dem ‚Heimatschutz' vorstand. In einem Nachwort zur Neuausgabe des Heimatschutz von Rudorff wurde dessen Antiindustrialismus als Produkt seiner Zeit dargestellt, und es hieß weiter: „Heute aber dürfen wir dankbar feststellen, daß sich die großen Gesichtspunkte einer umfassenden, auch die tieferen Werte berücksichtigenden Volkswirtschaft mehr und mehr, und nicht zuletzt bei Führern der Industrie und Technik Geltung verschaffen."[31] Diese Zusammenarbeit bezog sich jedoch weniger auf den Naturschutz als vielmehr auf die Erhaltung von Industriedenkmälern, einem neuen Betätigungsfeld des Bundes, sowie der Gestaltung von „Ingenieurbauten". Danach erschien der Schornstein im Ensemble einer Fabrikanlage nicht mehr als rauchender Schlot, sondern als „Hauptmotiv", das eines „gewissen Reizes" nicht entbehre.[32] 1930 konnte der Leiter der technik-geschichtlichen Abteilung beim Verein Deutscher Ingenieure (VDI), Friedrich Haßler, „dankbar" anerkennen, „daß der Heimatschutz den technischen und wirtschaftlichen Notwendigkeiten Verständnis entgegenbringt und sich einer im Interesse der Volkswirtschaft notwendigen Entwicklung nicht in den Weg stellt, deren unnötige Erschwerung gerade in einem wirtschaftlich so schwer ringenden Lande wie dem Deutschland des Versailler Vertrages schlimme Folgen haben könnte".[33]

Neben dem Aufsatz von Haßler fiel auf, daß selbst eine Auseinandersetzung mit dem auf Naturdenkmäler und Artenschutz begrenzten Naturschutz fast völlig fehlte. Der Bund „Heimatschutz" geriet immer mehr in völkisches Fahrwasser. In einem weiteren Aufsatz „Mensch und Familie" erklärte Eugen Fischer die Verbindung zwischen Volk und Heimat durch die Blutsbande.[34] Heimatschutz bedeute demnach den Schutz der Familie als Träger des gesamten Erbgutes. Fuchs wiederum betonte, daß Heimatschutz und Volkswirtschaft eins seien. Der Wiederaufbau der deutschen Volkswirtschaft würde durchgeführt von Unternehmern, die „von höheren Beweggründen und Zielen erfüllt sind als dem nackten Gelderwerb: von Stolz und Liebe zu ihrer Heimat". Und der Arbeiter würde sein Bestes geben, „der fest wurzelt im heimatlichen Boden, in seinem Volk und seiner Geschichte, dem die Augen geöffnet sind für die Schönheiten der Heimat, für die er auch arbeitet, auch wenn er das kleinste Rädchen ist im größten Betriebe".[35]

So wurde der Bund bei der Machtübernahme der Nationalsozialisten nicht verboten; er ging in dem von der NSDAP ins Leben gerufenen Reichsbund ‚Volkstum und Heimat' auf. Führende Heimatschützer wurden problemlos in den nationalsozialistischen Apparat integriert. Lindner wurde Leiter der ‚Reichsfachstelle Heimatschutz' im Reichsbund Volkstum und Heimat, Schoenichen blieb als Nachfolger von Conwentz Direktor der Staatlichen Stelle für Denkmalpflege in Preußen, zusätzlich ernannte man ihn zum Leiter der ‚Reichsfachstelle Naturschutz' im Reichsbund. Natur- und Heimatschutz erfuhren eine Untermauerung durch die nationalsozialistische Blut- und Boden-Ideologie.

> Eine neue Volksgemeinschaft soll werden – so will es der Führer ... Sie soll werden aus Blut und Boden, d.h. aus den urtümlichen Kräften des Leibes und der Seele, die unserer Rasse eigen sind, und aus der naturgewollten Verbundenheit, die zwischen uns und der heimatlichen Scholle besteht. ... Kennzeichen des germanischen Gemütslebens ist innige Naturverbundenheit, ist tiefe Ehrfurcht vor dem heldischen Geist, der im Ringen der Naturgewalten sich kundtut.[36]

Die „innige Naturverbundenheit" der Nationalsozialisten schien ihre Bestätigung zu finden in der Verabschiedung eines Reichsnaturschutzgesetzes im Juni 1935. Neben der daraus folgenden Naturschutzverordnung vom März 1936, die einen erweiterten Arten- und Biotopschutz vorsah, bot das Gesetz die Möglichkeit, bei Landschaftsschutzgebieten Verunstaltungen rückgängig zu machen. Dies galt jedoch nicht für gewerbliche, genehmigte Anlagen. Weiterhin sah es erstmalig eine Beteiligung der Naturschutzbehörden bei allen Landesplanungen vor, wenngleich auch hier wiederum den wirtschaftlichen Notwendigkeiten der Vorrang eingeräumt wurde.[37] Wey verweist darauf, daß die Zahl der Naturschutzgebiete und Naturdenkmäler bis 1940 auf 800 bzw. 50 000 anstieg.

Die nationalsozialistische Aufrüstungs- und Autarkiepolitik stand jedoch einem ökologischen Naturschutz diametral entgegen. Der Arbeitsdienst drang in Gebiete ein, die vorher brachlagen, und positiv rühmte Lindner dessen Tätigkeit beim „Geradelegen von kleinen Gewässern". Für den ehemaligen Vorsitzenden des Bundes ‚Heimatschutz' hatte der „moderne Fortschritt" durch den Heimatschutz eine „dankbare und bewundernde Anerkennung" erfahren.[38]

Als Beispiel für die Symbiose von Aufbau und Naturschutz galt ihm der Autobahnbau (vgl. den Beitrag von W. Sachs in diesem Band). Diese müßten eine „nie dagewesene Breite haben". „Dem großen Zuge und dem starken Eindruck dieser Verkehrslinien entsprechend muß alles Kleinliche vermieden und durch Umlegung, Pflanzung usw. ausgeglichen werden."[39] Der eigens eingestellte ‚Reichlandschaftsanwalt der Reichsautobahnen', Prof. Alwin Seifert, war nationalsozialistisches Symbol für den Kompromiß zwischen Naturschutz und Fortschritt. Er forderte einen naturnahen Autobahnbau, der sich den Gegebenheiten der Landschaft anzupassen hätte.[40] Sein Vorgesetzter, Reichsminister Todt, legte paradigmatisch die Grundzüge für das Verhältnis zum Naturschutz dar:

> Die materiellen Notwendigkeiten unseres Landes fordern immer größere Eingriffe in die Natur. ... Immer enger wird der Raum ursprünglicher Natur und Landschaft zurückgedrängt. Die gewaltigen Baumaßnahmen jeglicher Art verlangen daher gerade wegen ihrer Verdichtung eine verstärkte Beachtung der Forderung, daß die Technik ihr Anliegen in engster Naturverbundenheit durchzuführen hat.[41]

Erneut wurde die Auffassung vertreten, den Gegensatz von Natur und Technik ästhetisch aufheben zu können. Daran, daß die Technik und weiteres Wachstum erforderlich waren, um die ehrgeizigen (Kriegs-)Ziele zu erfüllen, gab es jedoch keinerlei Zweifel, so daß auch hier der angestrebte Kompromiß zu Lasten der Umwelt ging.

Zu dem immer wieder propagierten Ausgleich zwischen Natur und Industrie ist es auch in der Nachkriegszeit nicht gekommen – nicht zuletzt als Folge des Nationalsozialismus. Seine Ideologie hatte die Begriffe Heimat und Natur so weitgehend diffamiert, daß es kaum möglich war, in der politischen Diskussion auf sie zurückzugreifen. Zugleich hatten sich die zumeist konservativen Träger einer Industriekritik durch ihre Mitwirkung während des Nationalsozialismus desavouiert, so daß auch hierüber keine Kontinuität gegeben war. Schließlich trugen vor allem die massiven Zerstörungen während des Krieges neben der politischen Apathie dazu bei, daß die Kombination von Fortschritt, Wachstum und Technik in vorher nicht gekanntem Maße zum Leitbild und Fundament der Gesellschaft wurde. Im Mittelpunkt der Kontroversen standen nicht Fragen nach Vorzügen sowie Grenzen fortschreitenden Wachstums, strittig war vielmehr, wie dieses zu verteilen bzw. ob grundlegende Reformen der wirtschaftlichen und politischen Strukturen erforderlich seien. Diese Aspekte bestimmten auch die Debatten im Gefolge der Studentenbewegung, deren führende Vertreter sich anfangs äußerst schwer taten, aufkommende ökologische Fragen zu verstehen, geschweige denn sie zu akzeptieren.

Die Folgen des industriellen Kapitalismus wurden auch hier nicht umfassend problematisiert. Dies hat sicher seine Ursache mit in der Segmentierung der Naturwissenschaften, die es bis in die 1970er Jahre verhinderte, einen umfassenden Begriff von Umwelt, der auch als soziale Kategorie zu entfalten ist, zu entwickeln. Die rein biologische Ökologie setzte gegen die Zerstörung der Natur Naturschutzparks, gegen industrielle Abgase und Abwässer Arten- und Biotopschutz.

Die Alternative zur industriellen Produktion sind nicht naturnahe Freiräume, sondern ein Umbau der Produktion, der sich an ökologischen Kriterien auszurichten hat. Voraussetzung dazu ist, Umweltpolitik als Naturpolitik zu begreifen, denn es geht darum, Natur und die Auseinandersetzung mit ihr als menschlichen Grundwert anzuerkennen.[42]

Jochen Zimmer
Soziales Wandern
Zur proletarischen Naturaneignung

Die ökologische Debatte innerhalb der Arbeiterbewegung bietet ein sehr widersprüchliches Bild. Arbeiter zählen zu dem Personenkreis, dessen Arbeitsplätze besonders stark belastet sind, und sie wohnen überwiegend in Gegenden oder Stadtteilen, die von den Folgen der Industrialisierung deutlich geprägt sind. Initiativen zum Schutz der Umwelt finden sich hier dennoch eher selten, und bis heute lassen sich umstrittene Anlagen in von Arbeitern bewohnten Gebieten besser durchsetzen als in bürgerlichen Vororten. In Teilen der Sozialdemokratie werden ökologische Forderungen mit großem Nachdruck erhoben, während die Gewerkschaften überwiegend eine abwartende, wenn nicht ablehnende Haltung einnehmen, nicht zuletzt aus der Furcht, traditionelle Arbeitsplätze ihrer Klientel zu gefährden. Vielfach scheint es, daß Kapital und Arbeit ein Bündnis auf Kosten der Natur geschlossen haben. Auch historisch läßt sich zeigen, daß der mühsam und unter vielen Kosten gefundene Ausgleich zwischen Arbeiterbewegung und Industrie nicht zuletzt auf einem verschwenderischen Umgang mit natürlichen Ressourcen beruhte. Der soziale Friede in der Nachkriegszeit erklärt sich vor allem aus hohen Wachstumsraten, die ohne die damit verbundene erhöhte Ausbeutung der Umwelt nicht möglich gewesen wären.

Diese Entwicklung verlief weitgehend ungeplant, und ihre Implikationen sind erst in den letzten Jahren deutlich geworden, als man nach aktuellen und historischen Alternativen Ausschau hielt.

Solche historischen Alternativen gab es auch innerhalb der Arbeiterbewegung, ohne daß deren Umfang und Bedeutung zum jetzigen Zeitpunkt allerdings genauer beurteilt werden könnten. Ansatzweise erforscht ist in erster Linie die Geschichte der Naturfreunde, die im folgenden vorgestellt werden soll. Sie weist auf vergessene Traditionen hin, die derzeit mit erheblicher Genugtuung reklamiert werden, macht jedoch zugleich deutlich, daß die Debatte um Zerstörungen der Umwelt innerhalb der Arbeiterbewegung von Beginn an in einem schwierigen Spannungsfeld stattfand. Den Naturfreunden wurde vorgeworfen, von wichtigeren politischen Problemen abzulenken, so daß sie von Beginn unter einem erheblichen Legitimationszwang standen, der es nur begrenzt zuließ, vertraute Argumentationsbahnen aufzugeben und die Zerstörung der Umwelt als einen eigenständigen Bereich zu thematisieren. Im Vordergrund stand nicht der Schutz der Umwelt, sondern die Forderung nach einem freien Zugang zur Natur für jeden. Hieraus konnte sich zwar eine Kritik an Umweltzerstörungen im kapitalistischen Profitinteresse entwickeln, zugleich jedoch führte der geforderte freie Zugang zu einer erheblichen Belastung, wenn etwa Städter in wachsender Zahl bis in die entlegendsten Winkel strömten.

Die Naturfreunde wurden 1895 als Touristenverein in Wien gegründet. Die soziale Zusammensetzung der Gründer ist typisch für derartige Verbände im Geist des Kultursozialismus. Vereinsgründer waren der freidenkerische Lehrer G. Schmiedl, der Sensenschmied A. Rohrauer, dessen Sohn, der Student J. Rohrauer, und K. Renner, der spätere Kanzler und Präsident der ersten und zweiten Republik.[1] Die Partei stand solcher „Vereinsmeierei" zunächst skeptisch gegenüber, da sie befürchtete, sie würde auf Kosten der politischen Arbeit stattfinden, wenn z. B. die ohnehin knappe Zeit an den Wochenenden für Ausflüge in die Natur genutzt wurde.[2] Von Anfang an bestand ein erheblicher Legitimationsdruck, der etwas nachließ, als deutlich wurde, daß die Naturfreunde auch über den engen Kreis der Partei hinaus Mitglieder gewinnen konnten und dadurch das Spektrum sozialistischer Kulturarbeit erweiterten. Zudem wurde aus der Kombination von sonntäglichen Ausflügen in die Natur und der traditionellen Walze von Hand-

werksburschen das Konzept des ‚sozialen Wanderns' entwikkelt, das politische Forderungen und Naturerleben miteinander verbinden sollte. In der Naturfreunde-Presse wurde es
ausführlich in historischen, exemplarisch-anleitenden oder be-
schaulich-bestätigenden Artikeln dargestellt, um die gesellschaftliche Notwendigkeit sowie die politisch-moralische Le-
gitimation der eigenen Arbeit zu begründen.[3]

In den ersten zwanzig Jahren nach Gründung des Vereins
in Wien erfolgten alle dokumentierten Gruppengründungen
unter federführendem Einfluß von Walzbrüdern, die in der
Handwerkstradition standen.[4] Durch Europa zu walzen war
für sie Brauch und – angesichts mangelnder Möglichkeiten,
sich niederzulassen – ökonomische Notwendigkeit. Gleichzeitig garantierte das Walzen, daß sie neue Arbeitsverfahren ken-
nenlernten, und trug dazu bei, politische Ideen und Prozesse
zu verbreiten. Noch um die Jahrhundertwende kamen jährlich
auf der Walze allein durch das Frankfurter Gewerkschafts-
haus 10% der organisierten Drucker.[5] Walzbrüder, die durch
eine Arbeitsstelle (kurzfristig) seßhaft wurden, bildeten häufig
Arbeiterwandergruppen, um das – wie sie es nun nannten –
soziale Wandern in der Tradition des Walzens zu pflegen. Sie
übernachteten bei Arbeitskollegen, in Gewerkschaftshäusern
oder Arbeiterheimen und trugen für die Agitation unterwegs
Flugblätter im Rucksack, so daß soziales Wandern sich nicht
im romantischen Naturerleben erschöpfte, sondern auch
Schauen, Lernen und das Sammeln sozialer Einsichten umfaßte.

Vor allem der ‚Naturfreund'-Redakteur Happisch versuchte, die naturromantischen Impulse des Wanderns mit den politischen Fernzielen der Sozialdemokratie zu vermitteln:

... dort auf freitragender Höh' ... muß der Gedanke immer durchs
Hirn blitzen, daß all die Schranken und Plagen, welche dort unten im Tal
die Menschen geschaffen und von Menschen ersonnen, um aus dem Wirken ihrer Mitmenschen schnöden Nutzen zu ziehen, daß all diese Fesseln
fallen müssen, soll ein kommendes Geschlecht sich frei und ungehindert
der Natur, der Wonne des Lebens freuen. Mit diesem beseligenden Gedanken in der Brust steigt er jauchzend zu Tal – und geht an die Arbeit.[6]

Um die Jahrhundertwende entwickelte sich eine Diskussion um den Sinn des Wanderns, die zwei Ausprägungen des Naturverständnisses bei den Naturfreunden aufzeigte, welche nebeneinander fortbestanden: ein ästhetisch-naturromantisches sowie ein sozialpolitisches. Hierbei lassen sich Parallelen zum zeitgenössischen bürgerlichen Natur- und Umweltschutzverständnis feststellen, doch zugleich unterscheiden sich die Ziele der Naturfreunde erheblich von denen z. B. E. Rudorffs. Letztere waren nationalistisch geprägt, rückwärtsgerichtet und von der Angst bestimmt, daß Industrialisierung und Verstädterung die „in dem innigen und tiefen Gefühl für die Natur liegen(den) Wurzeln des germanischen Wesens vernichten ... Wer mag von nationalökonomischen Vorteilen hören, der weiß, daß sie um solchen Preis erkauft sind, daß um ihretwillen die Keime zerstört werden, aus denen frisches geistiges Leben blühen kann."[7]

Die Äußerungen der Naturfreunde waren ebenfalls naturromantisch geprägt, zugleich jedoch kapitalismuskritisch und durch eine Bejahung des technischen Fortschritts gekennzeichnet, mit dem man sich im Bunde sah – häufig ausgedrückt im Bild des Gipfelsturms:

Kein Flecken der Erde gehört uns. Das Haus in dem wir wohnen, die Werkstatt, in der wir frohnen gehört anderen, die Fluren, durch die wir wandern, eignen nicht uns; der Baum, unter dem wir rasten, die Höhle, in der wir vor Unwetter flüchten, der Wald, der mit harziger Luft unsere Lungen stärkt. Alles, alles betrachtet uns als fremd ... Nur die Straßen haben sie uns gelassen! Die staubige Landstraße, auf der wir als Arbeitslose in die Fremde zieh'n, auf der uns der Gendarm wieder heimführt, wenn wir keine Arbeit finden ... Weit freilich ist der Weg zum Gipfel des Berges und beschwerlich. Viele sind noch zurück auf der Landstraße und der Staub nimmt ihnen die Fernsicht. Geduld! Sie all erklimmen die Höhen, wo alle Schätze der Erde ihnen zu Füßen liegen ... Und im Osten, im Norden, im Süden, Millionen Köpfe – und alle einen Sinn, Millionen Herzen und Alle ein brüderlicher Schlag. Millionen arbeitender Arme und Hände, die den Hammer führen, die Kelle schwingen, den Spaten drücken, das Rad drehen wie wir.[8]

Naturgenuß sollte kein Selbstzweck sein und sich nicht beschränken auf die Erbauung „an der Romantik der Burgen und an den schönen Herrschaftssitzen . . ., den Schlössern und Parken".[9] Vielmehr sollte durch einen bewußten Zugang zur Natur die Stellung des proletarischen Wanderers im Weltgeschehen bestimmt werden: durch Wandern zur Naturliebe, zur Naturerkenntnis, zur Naturwissenschaft und zur wissenschaftlichen Weltanschauung.

Diese naturromantischen und zugleich ethisch-sozialistischen Begründungen unterstreichen den bestehenden Legitimationsdruck, machen zugleich jedoch deutlich, daß sich neben der konservativen Kritik am umweltzerstörerischen Fortschritt, die unter anderem von Sieferle[10] und Wey[11] herausgearbeitet wurde, auch ein proletarisches Natur- und Umweltbewußtsein entwickelte. Bereits 1910 waren die satzungsgemäßen Ziele der Naturfreunde um „Die Verbreitung naturwissenschaftlicher Erkenntnisse" und „Die Pflege von Heimatschutz und Natur" erweitert worden. Die beim Wandern gemachte Erfahrung, daß sich große Teile der landschaftlich reizvollen Natur in Privatbesitz befanden und nicht betreten werden konnten, veranlaßte die Naturfreunde, nicht mehr nur den Schutz von Naturresten zu fordern, sondern darüber hinaus den ökonomischen und politischen Ursachen von privater Landschaftsnutzung und -zerstörung nachzugehen. Mit einer ständigen Rubrik „Der freie Weg" begann ihr Organ, der ‚Naturfreund' 1906 eine Kampagne für freies Wegrecht und einen ungehinderten Zugang zur Natur, die durch parlamentarische Vorstöße und Agitations-Broschüren flankiert wurde.[12] In einer von ihnen hieß es: „Irgendein Mensch, dessen ganzes Verdienst darin besteht, daß er eine ganze Reihe gleichartiger Ahnen herzählen kann und ein vielzackiges Krönlein an seiner Unterwäsche trägt, der kann Tausende werktätige, schaffende, also nützliche Menschen ausschließen vom Naturgenuß, damit seine Jagdbeute ungestört bleibt."[13] Nachdem publizistische und parlamentarische Vorstöße erfolglos blieben, begannen die Naturfreunde, durch gezielte Rechtsverletzungen eine breite Öffentlichkeit aufmerksam zu machen. Ein Kampfmittel waren sog. Trutzpartien durch abgesperrte Naherholungsbereiche. Als ein Führer durch die

Berchtesgadener Alpen wegen der Beschreibung einer Tour durch das private Blümbachtal beschlagnahmt wurde, druckte der ‚Naturfreund' die indizierte Passage nach.[14] Weitere Proteste richteten sich gegen die Neutrassierung von Bahnen, Industrieansiedlungen, den Übertageabbau von Bodenschätzen und Erschließungen für den Massentourismus.

Gerade der Zusammenhang von Umweltzerstörung und kapitalistischem Profitinteresse war zentraler Agitationspunkt. Als 1905 Pläne bekannt wurden, Teile des Wienerwaldes abzuholzen, wandten sich die Naturfreunde an die Öffentlichkeit und erklärten: „Wir erachten es als die heiligste Pflicht der Regierung, ihre Macht, von der sie bei viel unpassenderen Gelegenheiten Gebrauch macht, zur Geltung zu bringen und den prächtigen Wienerwald, unter dessen Laubdach tausende von Menschen aller Stände Erholung und Genuß suchen, vor der Profitgier einzelner zu schützen."[15] Nach gleichem Argumentationsmuster wurde 1912 der Protest gegen den geplanten Abbau eines 25 km langen Basaltganges in Böhmen für den Straßenbau formuliert sowie immer wieder die „Verscherung von Naturschönheiten" angeprangert:

Es ist unglaublich, mit welcher Unverfrorenheit der Kapitalismus seine Klauen überall einzuschlagen versucht. Die Umgebung Berlins, die für die große Menge der Erholungsbedürftigen kaum ausreicht, hat schon manches schöne Fleckchen der Spekulation überlassen müssen ... Ist da an irgendeiner Stelle ein mächtiges Kieslager entdeckt und schon ist der Fiskus dabei, für 30 000 Silberlinge jährlich dieses an den rheinischen Eisengewaltigen Thyssen zu verpachten. Um den gewonnenen Kies bequem wegschaffen zu können, soll ... der Fluß kanalisiert werden.[16]

Engagiert waren die Naturfreunde auch bei der Rettung des Naturschutzgebietes ‚Wildseemoor' im Schwarzwald vor der Plünderung für die Heiztorfgewinnung oder beim Kampf um den Erhalt des Hohenstoffels im Hegau, dessen Basalt eine Industriegruppe abbaute, ein Kampf, bei dem es zu einer seltenen Koalition mit dem bürgerlichen Heimatschutz kam.[17] In den zwanziger Jahren weitete sich das Tätigkeitsfeld aus und zugleich stießen die vertrauten Konzepte an ihre Grenzen: der freie Zugang zur Natur war mit deren Schutz nicht unbedingt gleichzusetzen. Deutlich wurde dies bereits während der Revolution, als Naturfreunde das ehemals kaiserliche Jagdrevier nahe Wien sichern mußten. Mit roten Armbinden ausgerüstet, verteidigten sie das 25 km² große Gelände – nicht zuletzt gegen ihre Klassengenossen, die von der Not zum Wildern und wilden Brennholzschlagen in dem nun volkseigenen Park getrieben wurden.[18] Weniger dramatisch, doch langfristig bedeutsamer waren die Konsequenzen, die sich aus dem allmählich wachsenden, auch für Arbeiter erschwinglichen Tourismus ergaben. Noch 1898, zu Beginn der von ihnen organisierten sozialtouristischen Sonderzugreisen, hatten die Naturfreunde große Hoffnungen in die Folgen für die Zielregionen gesetzt: Tausende Menschen könnten gewinnen, könnten Vorteile ziehen durch den Besuch der Fremden.[19] Nach dem Ersten Weltkrieg wurden unvermutete Folgen für die Umwelt deutlich. Die Ausflüge und Sonderzugreisen nahmen einen derartigen Umfang an, daß die eigene Praxis kaum noch umweltverträglich erschien. Die Reichsleitung für Deutschland gab deshalb ein Flugblatt heraus, das auf Bahnhöfen, in den Wander- und Jugendherbergen sowie in den Gewerkschaftshäusern verteilt wurde:

Wanderer, Ausflügler, Spaziergänger! Schutz und Schonung der Natur. Mit elementarer Natursehnsucht zieht es heutzutage die Städter hinaus in die freie Natur ... Mögen immerhin bescheidene Wünsche ihre Befriedigung finden, wo es im Übermaß ausartet, da ist ein nie wieder gutzumachender Frevel an der Natur. Aus diesem Grund rufen wir allen, die hinauswandern wollen, zu: Schont und schützt die Natur.[20]

Neben derartige naturschützenden Maßnahmen traten andere Aktivitäten wie etwa eine Antikriegswanderung der Dresdener Naturfreundejugend, die Naturzerstörung durch Krieg und Militarismus am Beispiel eines Truppenübungsplatzes erfahrbar machen sollte.[21] Einen größeren Zulauf hatten jedoch neugebildete Arbeitsgemeinschaften (für Natur- und Volkskunde, Foto- und Lichtbildstellen, Ski und Bergsteigen, Wasserwandern usw.), die die Mitgliederzahl des Verbandes zwischen 1918 und 1932 von 12 000 auf über 110 000 ansteigen ließen, zugleich jedoch die Gefahr heraufbeschworen, daß er sein Profil verlor. Um so wichtiger wurde das Festhalten an der ideologischen Mobilisierungsfunktion, fast beschwörend beschrieben in einem Artikel aus dem Jahre 1930, der einmal mehr das soziale Wandern in den Vordergrund stellte:

Soziales Wandern ist mehr als Volkskunde, die sich mit Vergangenem befaßt. Sein Inhalt erschöpft sich auch nicht im Nachempfinden des ungeheuren Elends der Arbeiterfamilien, der Hausindustrie und nicht damit, ‚die Lebensbedingungen anderer Arbeitsgenossen kennenzulernen‘ ... Ein rechter Wanderer ... kann sozial wandern, auch wenn er daneben Naturwissenschaftler, Botaniker, Zoologe, Geologe, Bootfahrer, Kletterer oder Photograph ist. Das soziale Wandern soll nicht andere Arten des Wanderns verdrängen, es bedeutet nur gesteigertes Erleben. Es gibt dem Wandern ein proletarisches Gepräge, ... trägt in das Wandern diejenigen Momente hinein, die sich aus der sozialistischen, klassenbewußten Einstellung der Arbeiterschaft ergeben.[22]

Ein Schlaglicht auf die Eigentümlichkeit und Grenzen des Arbeitertourismus, wie er von den deutschen Naturfreunden propagiert wurde, wirft die Entwicklung in Frankreich. Sie zeigt auf, wie sehr deren Ziele in einem Spannungsverhältnis zu zentralen Orientierungen der organisierten Arbeiterbewegung standen. Während in Deutschland bis 1933 über 200 Hütten, Campingplätze, Freibäder, Jugendherbergen und Jugendzentren errichtet waren, standen in Frankreich erst 15 derartige Einrichtungen zur Verfügung, als die Volksfrontregierung 1936 den gesetzlichen Urlaub einführte. Eine Zeitlang stand zur Debatte, ob der Naturfreunde-Tourismus als Vorbild dienen sollte, um den erwarteten Urlauberströmen ein Angebot machen zu können – oder aber das ‚Kraft-durch-Freude‘ System der Nationalsozialisten. Die Volksfrontregierung setzte auf eine zentralistische staatliche Lenkung und wollte zugleich die Bindung an Betriebsorganisationen bzw. Gewerkschaften gesichert sehen – beides Ziele, die mit einem dezentralen, wenig überschaubaren genossenschaftlichen Tourismus kaum zu vereinbaren waren. Sie entschied sich deshalb gegen den Naturfreunde-Tourismus und statt dessen für eine Organisationsform, wie sie von den Nationalsozialisten entwickelt worden war.[23]

In Deutschland selbst waren bereits 1933 die Anfänge des organisierten Tourismus in staatliche Regie übernommen und zur Steigerung der Massenloyalität gezielt gefördert worden. Einrichtungen wie ‚Kraft-durch-Freude‘ oder das ‚Amt für Reisen, Wandern, Urlaub‘ verbilligten durch Standardisierung, Rationalisierung und Auslastung der Kapazitäten das Reisen erheblich und etablierten es als Massenphänomen. Von 1934 bis 1938 weitete sich der Fremdenverkehr in Deutschland von zwei auf über zehn Millionen Touristen jährlich aus; zugleich wurde ein Modell geschaffen, an dem sich auch der Aufbau einer staatlich beeinflußten Fremdenverkehrsindustrie nach 1945 orientierte.[24]

In der Nachkriegszeit wuchsen das verfügbare Einkommen sowie die freie bzw. Urlaubszeit erheblich an, so daß sich die Probleme weiter verschärften, die bereits in den zwanziger Jahren den Sozialtourismus der Naturfreunde charakterisiert hatten. Der Fremdenverkehr entwickelte sich zum harten Tourismus, an die Stelle des sozialen Wanderns trat ein aufblühender Industriezweig, der selbst abgelegene Gebiete nicht länger verschonte. Mittlerweile sind sowohl die Tourismusindustrie wie auch die Bevölkerung in den Urlaubsregionen sensibler dafür geworden, daß der harte Tourismus seine eigenen Voraussetzungen, die erholsame und schöne Landschaft sowie interessante Sozialkulturen, zu zerstören droht. Unklar jedoch ist, welche realistischen Alternativen bestehen.

Sanfter Tourismus ist zur Zeit mehr Alibi als Chance. Auf der einen Seite sind größer angelegte Projekte in dieser Richtung gescheitert, wie etwa der Versuch des Alpenvereins, im Virgental sowohl die Erwartungen der Touristen als auch die Hoffnungen der Einheimischen auf (harten) touristischen Fortschritt zu erfüllen.[25] Auf der anderen Seite gibt es die Tendenz, die ökologischen Krisen für einen Fremdenverkehr der gehobenen Preisklasse zu nutzen und Umweltwahrnehmung oder aktive Körperkultur zu einem Privileg zu machen, z.B. durch die Erschließung ‚unberührter Urlaubsparadiese‘, die Kontingentierung von Liftkarten in den traditionellen und

teuren österreichischen Wintersportorten oder durch Abenteuerurlaube.

Aus der Sicht heutiger Fragestellungen ist der genossenschaftliche Tourismus der Naturfreunde noch kaum aufgearbeitet. Auch wo die Darstellung proletarischer Umweltaneignung über die reine Organisationsgeschichte der Naturfreunde[26] hinausgeht, wie in Kramers Geschichte des sanften alpinen Tourismus[27] oder jüngst im vehementen Hinweis auf das soziale Wandern bei Gröning und Wolschke-Bulmahn,[28] ist weiterhin die Rekonstruktion der Alltagspraxis unbefriedigend. Diese Schwäche – auch des vorliegenden Beitrages – gilt es als Appell zu verstehen, die Wahrnehmung von und den Umgang mit Natur bzw. Umwelt in der Arbeiterschaft zu rekonstruieren. Auch dort gab es ein Gespür für die und Kritik an den umweltzerstörerischen Folgen des industriellen Wachstums, wie das Beispiel der Naturfreunde deutlich macht. Zugleich ist jedoch nicht zu übersehen, daß diese Gruppierung trotz ihrer hohen Mitgliederzahl innerhalb der Arbeiterbewegung eine eher randständige Bedeutung hatte. Auch das hohe Lied auf die Naturfreunde und die von ihnen entwickelten Wege, das mittlerweile vermehrt zu hören ist, kann nicht darüber hinwegtäuschen, daß ihre Tradition gerade in den Jahren des Wirtschaftswunders in Vergessenheit geraten war. Ohnehin ist zu überprüfen, wie ihre Aktivitäten und Forderungen während des Kaiserreiches und der Weimarer Republik innerhalb der Arbeiterbewegung beurteilt wurden. Der große Legitimationszwang, unter dem die Naturfreunde standen, ist mehrfach deutlich geworden, und es hat nicht den Anschein, daß sie ihre defensive Position überwinden konnten. Ihre Warnungen vor weiterer Zerstörung der Natur – soviel scheint festzustehen – bildeten eine Ausnahme und wurden selbst in den eigenen Reihen kaum vernommen, zumal sie sich mit einem aktiven pazifistischen Engagement – auch zu Zeiten des Kalten Krieges – verbanden und der Verband gegenüber Kommunisten – wie heute gegenüber Grünen – offen blieb.

Anmerkungen

Einleitung

1 Es liegen mehrere Aufsatzsammlungen vor, die jedoch thematisch und zeitlich sehr weit gespannt sind: z.B. Kellenbenz 1978 und 1982; Hermann 1986; Lübbe/Ströker 1986. Gute Überblicke geben Wey 1982; Spelsberg 1984; Kluge/Schramm 1986; Strenz u.a. 1984.
2 Ähnlich argumentiert Radkau 1986.
3 Vgl. R.J.Overy: Cars, Roads and Economic Recovery in Germany, 1932–1938, The Economic History Review, 2nd ser., 28, 1975, 466–483, 470; Statistisches Jahrbuch für das Deutsche Reich 1930, Internationale Übersichten, 73 sowie 1931, 78.
4 Vgl. Strenz u.a. 1984, 126.
5 Für eine gegenläufige Entwicklung vgl. Tsuru/Weidner 1985; daß es für Unternehmer oftmals billiger ist, Strafen zu zahlen als Kosten für den Umweltschutz auf sich zu nehmen, zeigt Terhart 1986.
6 Radkau 1986, 213.
7 Sombart 1934, 253 ff.
8 Radkau 1986, 217.
9 Die Beiträge dieses Buches wurden im Dezember 1986 auf einer Arbeitstagung in Bremen diskutiert, unterstützt durch die VW-Stiftung im Rahmen des Projekts „Ingenieurwissenschaftliche Risikoperzeption in der Phase der Hochindustrialisierung".

Sieferle, Energie

1 Vgl. zum folgenden Ehrlich/Ehrlich/Holdren 1975; Odum 1980; Remmert 1984.
2 Vgl. Georgescu-Roegen 1971.
3 Grundsätzlich hierzu Lotka 1922; Cottrell 1955; Adams 1975.
4 Einzelheiten bei Sieferle 1982.
5 Vgl. Groh 1986.
6 Braudel 1979, 274.
7 Die Bedeutung der Wassermühle betonen Bayerl/Troitzsch 1985; Bayerl 1983; Bayerl/O'Hara 1984.
8 Etwa Sombart 1902/1919; Hausrath 1907; Rubner 1967; Braudel 1979.
9 Gleitsmann 1980.
10 Lohrmann 1979; Hillebrecht 1986.

11 Bernhardt 1872, 1874 u. 1875; Schwappach 1886/88; Sombart 1902/1919; Sandgruber 1982a; Gleitsmann 1981 u. 1984; Sieferle 1984.

12 Radkau 1983a, 1984 u. 1986.

13 Mitscherlich 1963.

14 Boserup 1965; Barnett/Morse 1963; Wilkinson 1973, mit explizitem Bezug auf die Holz-Kohle Problematik; Holtfrerich 1982.

15 Te Brake 1975; Dyer 1976.

16 Borchardt 1976, 243, erklärt die Verzögerung der Kohleverwendung in Deutschland aus relativ niedrigen Holzpreisen.

17 Sandgruber 1978 u. 1982b.

18 Diese Position vertritt insbesondere Gleitsmann 1980, 1981 u. 1984, tendenziell auch Radkau 1983a, 1984 u. 1986.

19 Abel 1972.

20 Nähere Überlegungen hierzu bei Sieferle 1984.

21 Sombart 1919II, 2, 1153.

22 Cipolla 1970; Landes 1973.

23 Tabelle aus Sandgruber 1982a, 83, nach Cipolla 1970.

24 Vgl. etwa Laech 1976.

25 Einzelheiten bei Sieferle 1982, 138ff.

26 Tunzelmann 1978; zur Technikgeschichte vgl. Wagenbreth/Wächtler 1986.

27 Hills 1970.

28 Dies wird etwa in dem Kapitel ‚Maschinerie und große Industrie' in Marx, Das Kapital, Bd. 1, 1867, deutlich.

29 Näheres bei Sieferle 1982, 241ff.

30 Jevons 1865.

31 Eine Stimme unter vielen: „Wer die Schwierigkeit versteht, die Kohle durch einen anderen Kraftquell zu ersetzen, kann nicht ohne Bangigkeit unseres frevlen Raubbaues Zeuge sein. Das augenblickliche Verlangen der Industrie ist gewiß nicht leicht zu zügeln, schließlich ‚der Lebende hat recht', und spätere Geschlechter mögen sehen, wie sie ohne Kohle das Weltmeer befahren . . ." (du Boys-Reymond 1877, 236). Deutsche Kohleprognosen: Nasse 1893; Frech 1901; Fischer 1901; Lübke 1925; Kroker 1984.

32 Clausius 1885 setzte auf Nutzung der Wasserkraft mit Hilfe der Elektrizität.

33 Mouchot 1869; Sterne 1874; Ericson 1875. 1920 ließ das bayerische Ministerium für Landwirtschaft den Forschungsstand zur technischen Solarenergienutzung ermitteln; geplant war die Errichtung eines ‚Forschungsinstituts für die direkte Ausnutzung der Sonnenenergie'. Kausch 1920, 191f., zählte immerhin 86 Patente für technische Solarenergienutzung, darunter auch Ansätze zur Photovoltaik und sogar zur Photolyse.

34 Die Geschichte der Energiewirtschaft Deutschlands ist m.W. noch nicht hinreichend erforscht; vgl. Boll 1969; Treue 1978; Lindner 1985.

35 So erhoffte sich Reuleaux von kleinen Kraftmaschinen eine erneute Dezentralisierung der Wirtschaft und damit auch einen Beitrag zur Lösung der ‚Arbeiterfrage‘; Reuleaux 1885. Vgl. Wengenroth 1984.

36 Diese Tatsache bildete bekanntlich einen Streitpunkt in der Revisionismusdebatte innerhalb der deutschen Sozialdemokratie. Bernstein erwähnte 1899 allerdings noch nicht die Rolle des Elektromotors bei der Rettung des Handwerksbetriebes.

37 Die Technik- und Wirtschaftsgeschichte alternativer Energieressourcen ist meines Wissens noch nicht geschrieben. Ansätze bieten Mouchot 1869; Kausch 1920.

38 Hellige 1986, der im Gegensatz zu Eckart/Meinerzhagen/Jochimsen 1985 zeigt, daß die NSDAP im Rahmen ihrer ‚Polykratie‘ energiepolitisch nicht festgelegt war, sondern daß das Gesetz auf erfolgreichen Lobbyismus der Energiekonzerne zurückging.

39 Vgl. zur prinzipiellen ökonomischen Argumentation Meixner 1983; umfassend Radkau 1983b.

40 Jungk 1977; Roßnagel 1983.

41 Meyer-Abich 1983.

42 Bauerschmidt 1985.

43 Meyer-Abich/Schefold 1983.

Rommelspacher, Wasserverschmutzung

1 Heimbrecht/Molck 1987, 63.

2 Simson 1979, 373.

3 Simson 1979, 381.

4 Nach Simson 1978, 377.

5 Nach Simson 1981, 167.

6 Nach Wey 1982, 26 f.

7 Nach Simson 1978, 279.

8 Hugo 1901, 53 f.

9 Simson 1978, 383.

10 Kluge/Schramm 1986, 120.

11 Kluge/Schramm 1986, 81.

12 Jurisch 1890, 108.

13 Jurisch 1890, 103.

14 Dobel 1903, 171.

15 Heilmann 1914, 31 f.

16 Thienemann 1912, 421.

17 Nach Imhoff 1928, 9.

18 Nach Bette 1928.

19 Emschergenossenschaft/Bach 1910, 7.

20 Grahn 1898, Baron 1886.

21 Baron 1886, 345.

22 Grahn 1883, 125, 130.
23 Imhoff 1910, 18.
24 Imhoff 1910, 21.
25 Thienemann 1912, 420.
26 Helbing 1925, 19 f.
27 Imhoff 1928, 18.
28 Imhoff 1928, 23.
29 Imhoff 1928, 23 f.
30 Emschergenossenschaft/Bach 1910, 7.
31 Emmerich 1906, 168.
32 Brix u. a. 1934, 452.
33 Wey 1982, 84.
34 Helbing 1934, 486.
35 Emschergenossenschaft/Bach 1910, 55.
36 Emschergenossenschaft/Bach 1910, 54.
37 Nach Wey 1982, 80.
38 Emschergenossenschaft/Bach 1910, 15.
39 Emschergenossenschaft/Bach 1910, 17.
40 Wey 1982, 81.
41 Emschergenossenschaft/Bach 1910, 23.
42 Helbing 1934, 492.
43 Heinrichsbauer 1936, 48.
44 Kluge/Schramm 1986, 206.
45 Kluge/Schramm 1986, 211.

Andersen/Brüggemeier, Gase, Rauch und Saurer Regen

1 Staatsarchiv Dresden (StA Dresden), Außenstelle Freiberg GG No. 32, Vol. 1, Schreiben vom 20. 5. 1846 an die kgl. IV. Amtshauptmannschaft des Dresdener Kreisdirektionsbezirkes.
2 Stöckhardt 1850, 259.
3 Ebd.
4 Stöckhardt 1871.
5 Vgl. die ausführliche Fallstudie von Andersen/Ott/Schramm 1986.
6 Haubner 1878, 114.
7 StA Dresden, Außenstelle Freiberg OHA X 24 a, Bd. 2, Bl. 3, Colmnitz 30. 10. 1897, Schreiben an die Amtshauptmannschaft Freiberg.
8 Stöckhardt 1850, 275.
9 Stöckhardt 1871, 234.
10 Ebd.
11 Vgl. Andersen/Ott/Schramm 1986, 187 ff.; F. Reich 1858; allgemeiner hierzu Spelsberg 1984, 180 ff.; diese Arbeit bietet einen guten Einstieg in das Thema und nennt die wichtigste Literatur.
12 F. Reich 1858, 165 ff.

13 Andersen/Ott/Schramm 1986, 189.

14 Die wichtigsten Arbeiten stammen von Wieler 1905; Stocklasa 1923; Haselhoff/Lindau 1903; Haselhoff/Haselhoff/Bredemann 1932; A. Reich 1917; v. Schröder/Reuß 1883; Wislicenus 1933; zur Belastung des Bodens vgl. den Beitrag von E. Schramm in diesem Band.

15 Nicht weniger wichtig war allerdings, daß wirtschaftlichen Belangen Priorität eingeräumt wurde; bei Kosten-Nutzen Rechnungen schnitt der Schutz der Umwelt schlecht ab; vgl. die Argumentation eines Vertreters der Industrie im Beitrag von Th. Rommelspacher, S. 51 f.

16 Kiper 1984, 80; Grießhammer 1983.

17 Hahn 1911, 112; die Äußerung bezog sich auf Vorschläge zum verstärkten Einsatz von Gasheizungen, gibt jedoch den allgemeinen Tenor treffend wieder.

18 Meldau, 282.

19 Bergerhoff, 61; zur juristischen Situation vgl. Haselhoff/Haselhoff/Bredemann 1932, 393 ff.

20 Aus einer Reichsgerichtsentscheidung vom 16.10. 1915, zit. nach Bergerhoff 1928, 107–109.

21 Ebd.

22 Zit. nach Wobst 1925, 11.

23 Vgl. die ausführliche Darstellung bei Schladt 1980.

24 Zit. nach Meldau 1926, 273.

25 Vgl. Spelsberg 1984, 90–104; Meldau 1952.

26 Das preußische Handelsministerium z. B. hatte die Vorschläge einer von ihm eingesetzten Kommission abgelehnt, eine Polizeiverordnung gegen die Entwicklung schwarzen, dicken und langandauernden Rauches zu erlassen; als Begründung gab es an, die entsprechenden Grenzwerte würden zu rasch von der technischen Entwicklung überholt, schon zum damaligen Zeitpunkt bestenfalls eine Schutzbehauptung; ZStA Merseburg Rep. 120, BB II a, 2, No. 28 adh. 1, Bd. 5. Vgl. Andersen/Ott/Schramm 1986.

27 Siedlungsverband Ruhrkohlenbezirk 1927, 7.

28 Siedlungsverband Ruhrkohlenbezirk 1928, 11, 14, 16.

29 Ebd. 15.

30 Ebd. 16.

31 Ebd. 17.

32 Ebd. 16.

33 Spelsberg 1984, 183–203; Büggeln 1930.

34 Vgl. Radkau 1983; Karweina 1984 sowie der Beitrag von Sieferle in diesem Band.

35 Bergerhoff 1928, 72.

36 Ebd. 73.

37 Ebd. 76.

38 StA Oldenburg, Best. Nr. 136, Nr. 9293; vgl. Andersen 1987.

39 Hamburgischer Correspondent vom 14.3. 1891.

40 Zit. nach Zeitschrift für Dampfkessel und Maschinenbetrieb 1913, 157.
41 Vgl. Brüggemeier 1984, 36–38; als Bredeney nach Essen eingemeindet wurde, wurde vertraglich festgelegt, daß keine Industrieansiedlungen in diesem Vorort statthaft seien.
42 Wernicke, 279.
43 Ebd. 281 ff.
44 Zit. nach Spelsberg 1984, 43.
45 Vgl. Rubner 1906; Liefmann 1908; Ascher 1905; Fruböse 1927, mit einer ausführlichen Literaturübersicht.
46 A. Reich 1917, 229; Finkelnburg 1882.
47 Vgl. den Beitrag von Th. Rommelspacher in diesem Band.
48 Vgl. Halliday 1964; Heimann 1964; Dost 1983, sowie die Beiträge im Deutschen Ärzteblatt vom 30. 11. 1972 und vom 8. 2. 1985.
49 Beyersmann 1986.
50 Wald- und Industrierauchschäden, Sonderdruck der Wiss. Zeitschrift der TH Dresden, 4, 1954/55, 67; bei Pyrit handelt es sich um ein schwefelhaltiges Eisenerz.

Schramm, Umweltgeschichte des Bodens

1 Wesentliche Gründe hierfür liegen vermutlich in der fast nicht vorhandenen Mobilität von Bodenteilchen sowie den unterschiedlichen Eigentumsverhältnissen: Im Gegensatz zu den ,freien Gütern' Luft und Wasser hatte der Boden Besitzer und Pächter, die sich einer öffentlichen Ordnungspolitik widersetzten, die sie jedoch im Falle der Luft und des Wassers dann unterstützten, wenn durch diese Medien auf ihren Grund und Boden Beeinträchtigungen getragen wurden; ähnlich Bachmann 1984, 100, der im folgenden interessante Ausführungen zur Verdrängung des Bodens aus der bundesdeutschen Umweltpolitik nach 1969 macht.
2 Vgl. etwa Faensen 1986. In den USA ist es dagegen offensichtlich bereits früher zu einem Bodenschutz gekommen; vgl. die Beiträge in Helms/Flader 1985.
3 Vgl. die Überblicke bei Born 1974; Krings 1982; Rathjens 1979.
4 Vgl. Schultz-Klinken 1975/76.
5 Vgl. Krzymowski 1961; Schramm 1984 c; Weyl 1919.
6 Vgl. Bohte 1976, 27; Conwentz 1904, 35 ff.; Schramm 1984 c.
7 Vgl. Bohte 1976, 27.
8 Conwentz 1904, 32; zur Rolle des Botanikers und Danziger Museumsdirektors Conwentz (1855–1922) für die Begründung der Naturdenkmalpflege vgl. den Beitrag von A. Andersen in diesem Band.
9 Vgl. Bothe 1976, 27; Born 1974; Jüttner 1954; Schramm 1984 c.
10 Vgl. Bothe 1976, 28; Schramm 1984 c.

11 Vgl. Born 1974; Krings 1982; Krzymowski 1961; Rathjens 1979; Seymour/Girardet 1985; Zelge: das bestellte Feld in der Dreifelder-Wirtschaft.

12 Vgl. Born 1974; Schramm 1984 c.

13 Vgl. Worster 1979.

14 Vgl. Hard 1970; Schramm 1984 c; Schultze 1965.

15 Vgl. Kluge/Schramm 1986, 76.

16 Vgl. Bohte 1976, 26 f.; Kluge/Schramm 1986, 155.

17 Vgl. Bothe 1976, 42.

18 Vgl. Kluge/Schramm 1986.

19 Vgl. Bothe 1976, 49 ff.; Smit 198.

20 Vgl. Kluge/Schramm 1986; Krabbe 1983.

21 Vgl. Liebig in Schramm 1984 a, 117–119.

22 Vgl. Fraas 1847; Marsh 1864; auszugsweise in Schramm 1984 a, 112/113 bzw. 114/116.

23 A. Stöckhardt, Nachschrift der Redaktion. Der Chemische Ackersmann 9, 1862, 248 f.

24 In Anlehnung an tatsächliche Mammutfriedhöfe waren damit Orte gemeint, an denen viele Tier- aber auch Menschenknochen (z. B. Schlachtfelder) gefunden wurden, die sich zu Dünger weiterverarbeiten ließen.

25 Vgl. Schramm 1984 c; daneben haben die Düngerproduktion sowie das Auswaschen überreichlich eingesetzter Nährstoffmengen in Grund- und Fließgewässern (Eutrophierung und evtl. gesundheitsschädliche Nitratbelastung) noch weitere ökologische Risiken; vgl. Kluge/Schramm 1986; Bachmann 1984.

26 Vgl. Schramm 1984 c; Thomasmehl fiel als Schlacke bei dem sog. Thomasverfahren an, d. h. bei der Verhüttung phosphorhaltiger Erze, und wurde fein zermahlen zur Düngung verwendet.

27 Vgl. Bachmann 1984; Schramm 1984 c; Seymour/Girardet 1985.

28 Vgl. vor allem die (quellenkritischen) Darstellungen der Arbeitsgruppe um J. Radkau, z. B. Radkau 1986; anders der Beitrag von R. P. Sieferle in diesem Band.

29 Moreau de Jonnés 1828.

30 Vgl. Bohte 1976, 29; Kluge/Schramm 1986, 155; Rubner 1984; Schramm 1984 a, 108 ff., und 1984 c.

31 Vgl. Hasenclever 1879; zur aktuellen Lage vgl. Kluge/Schramm 1986, 206.

32 Vgl. Andersen/Ott/Schramm 1986; Schramm/Spelsberg 1985 sowie Schramm 1987.

33 Vgl. Schramm/Spelsberg 1985.

34 Zur endgültigen ‚Versiegelung‘ der Böden kam es aber erst, als nach 1945 Straßen zunehmend betoniert bzw. asphaltiert und so die letzten Sickerritzen im Pflaster entfernt wurden. Gleichzeitig wurde durch die Zersiedlung der Landschaft die bebaute und ebenfalls versiegelte Fläche vermehrt; vgl. Kluge/Schramm 1986; Wey 1982.

35 Zur ‚pollution microbienne' vgl. Le RoyLadurie 1973. Zur Diskussion um die Trockenlegung der Sümpfe vgl. Schramm 1984a, 57–64.
36 Vgl. Kluge/Schramm 1986, 105; Schramm 1984a, 167 ff.; Wey 1982.
37 Conwentz 1904, 44 f.
38 Vgl. Schramm 1984b.
39 Vgl. Kluge/Schramm 1986, 97.
40 Kölnische Volkszeitung vom 11.9. 1903.
41 Zum gesamten Vorgang HStA Düsseldorf, Reg. Düsseldorf 35686.
42 Allein im Ruhrgebiet sind rund 300 Standorte ehemaliger Kokereien bekannt, die alle bei Betriebsschließung nicht saniert wurden. Grobe Schätzungen für das Bundesgebiet gehen von mindestens 8000 Standorten mit sog. ‚Altlasten' aus.
43 Vgl. die Auseinandersetzungen über die Bodenverwerfungen der Emscher in StA Münster, Oberpräsidium 1676, 1695, Bd. 1 und 1700; außerdem Kluge/Schramm 1986, 101, Wohlrab 1967 sowie den Beitrag von Th. Rommelspacher in diesem Band.
44 Vgl. Hambach-Gruppe 1985.

Sachs, Die auto-mobile Gesellschaft

1 Bierbaum 1903, 20.
2 Zit. nach Riedel 1951, 119.
3 Brockhaus 1840.
4 Zit. nach Lessing, 1982, 5.
5 Allgemeine Automobil Zeitung 1905, 17, 33.
6 Bierbaum 1903, 285.
7 Pidoll 1912, 36 ff.
8 Allgemeine Automobil-Zeitung 1908, 10, 41.
9 Ebd. 1908, 11, 39.
10 Ebd. 1905, 5, 74.
11 Automobil-Revue 1923, 7, 126.
12 Völkischer Beobachter v. 9.3. 1934.

Machtan/Ott, Erwerbsarbeit als Gesundheitsrisiko

1 Solche Beobachtungen liegen auch von Nichtmedizinern vor, wie die Schilderungen des Journalisten Mercier aus dem Paris des späten 18. Jahrhunderts belegen. Er berichtet, daß die Spiegelbeleger beim Bedampfen des Glases mit Quecksilber den Atem anhielten, was Vergiftungen natürlich nicht verhinderte; die ganze Manufaktur wird als Inferno für die Arbeiter geschildert. Vgl. Mercier o. J., 177 ff.
2 Ein ausführlicher Überblick über die frühindustrielle Zeit bei Frevert 1984, Köllmann 1978 und Henning 1978, dessen Zahlenangaben allerdings zu problematisieren sind.

3 Freiberger Handwerksordnung von 1511, zit. nach Kleeis 1981, 31.

4 Zit. nach Milles/Müller 1985, 71. Zugleich wuchs der Unmut über die bestehenden Verhältnisse. Deutlich zeigt sich dies u.a. an Zuschriften der frühen Arbeiterpresse. Aus der nichtsozialistischen Arbeiterbewegung beispielhaft Hirsch 1889.

5 Vgl. Müller 1984.

6 Vgl. Andersen/Ott 1984, wo die Zahlen der amtlichen ‚Zeitschrift für das Berg-, Hütten- und Salinenwesen im preußischen Staat‘ aufgearbeitet sind. Zum Vergleich Sommerfeld 1896; Juraschek 1893.

7 Bei einer Explosion auf der Friedenshütte in Oberschlesien im Jahre 1887 z.B., bei der 22 nebeneinanderliegende, mit Hochofengasen beheizte Dampfkessel in die Luft flogen, starben 12 Arbeiter; vgl. Zeitschrift des Vereins Deutscher Ingenieure 31, 1887, 1049ff.

8 Vgl. z.B. die Jahresberichte der Fabrikinspektoren für das Jahr 1883, Berlin 1884; für die Bezirke Aachen und Trier gaben sie an: Transmissionen 33 Verletzte; Zahnräder 5, meist schwer verletzt; Fahrstühle 17 Verletzte; Aufzugskurbeln 3, davon 2 tödlich; Metallverarbeitungsmaschinen 51, davon 3 tödlich, Holzbearbeitungsmaschinen 4; 272f.

9 Die ersten Lehrbücher über technischen Arbeitsschutz – Pütsch 1883 und Morgenstern 1883 – vermittelten u.a. Elementarkenntnisse des Unfallschutzes.

10 Vgl. Andersen/Ott 1984.

11 Vgl. die Selbstzeugnisse von Arbeitern bei Levenstein 1912.

12 Vgl. Koelsch 1946, 21; Weber 1978, 107.

13 Vgl. Ehrhardt 1892; Schneider 1911; während die hohe Gefährdung bereits in einem Standardwerk wie Weyl 1908, 183, festgehalten wurde, sabotierte die chemische Industrie hartnäckig die Erstellung aussagekräftiger Statistiken; vgl. Milles/Müller 1985, 69. Ausführliche Zahlen bei Rothe in ebd. 264ff.

14 Vgl. Müller 1985, 667ff.

15 Vgl. Deutsche Rentenversicherung 23, 1984, 538.

16 Vgl. zum folgenden Göckenjahn 1984; Müller/Milles 1984, 127ff.

17 Vgl. Karbe 1983.

18 L. Hirt 1871–1878 war der erste Klassiker der Gewerbehygiene.

19 Der Sozialhygieniker A. Grotjahn war voller Zuversicht, „daß wir mit einiger Achtsamkeit und gutem Willen ... die Arbeit in einer Weise sich abspielen lassen können, die jede vorzeitige Abnutzung, jede gesundheitliche Schädigung und eine große Zahl von Unfällen zu vermeiden gestattet"; zit. nach Milles/Müller 1985, 89.

20 Vgl. zum folgenden Sonnenberg 1968; Lundgreen 1981.

21 Zeitschrift des Vereins Deutscher Ingenieure 18, 1874, S.383f.

22 Vgl. Simons 1984.

23 Vgl. Sten. Ber. Bundestag 5. Wahlperiode 1969, Bd. 66, 1819ff.

24 Vgl. Schladt 1980.

25 Vgl. Kleeis 1981, 51.

Wilkinson, R.G. 1973: Poverty and Progress, London.

Wilsdorf, H. 1960: Holz, Erz, Salz. Das Transportproblem im Montanwesen, in: Bergbau, Wald, Flöße. Freiberger Forschungshefte D 28, Berlin.

Rommelspacher, Wasserverschmutzung

Bach, H. 1921: Die Abwasser des Kohlenbergbaus im Emschergebiet und ihre Reinigung, Glückauf 2, 31–36.

Baron, P. 1886: Der Einfluß von Wasserleitungen und Tiefcanalisation auf die Typhusfrequenz in deutschen Städten, Zentralblatt d. allg. Gesundheitspflege, 335–360.

Bayerl, G. 1980: Historische Wasserversorgung. Bemerkungen zum Verhältnis von Technik, Mensch und Gesellschaft, in: Troitzsch, U., Wohlauf, G., Hg.: Technikgeschichte, Frankfurt, 181–211.

Bette, 1928: Von der Emscher, Gladbecker Blätter für Orts- und Heimatkunde 9/10, 65–67.

Brix, J., Imhoff, J., Weldert, R. 1934: Die Stadtentwässerung in Deutschland, Jena.

Dirlmeier, U. 1981: Die kommunalpolitischen Zuständigkeiten und Leistungen süddeutscher Städte im Spätmittelalter, in: Sydow, J. Hg.: Städtische Versorgung und Entsorgung im Wandel der Geschichte, Sigmaringen, 113–150.

Dirlmeier, U. 1986: Zu den Lebensbedingungen in der mittelalterlichen Stadt: Trinkwasserversorgung und Abfallbeseitigung, in: Hermann, B., Hg.: Mensch und Umwelt im Mittelalter, Stuttgart, 150–159.

Dobel, E. 1903: Kanalisation. Anlage und Bau städtischer Abzugskanäle und Hausentwässerungen, Stuttgart.

Emmerich, R. 1906: Die Ursachen der Gelsenkirchener Typhusepidemie des Jahres 1901, München.

Emschergenossenschaft, Hg. (Bach, H., Bearb.) 1910: Das gewerbliche Abwasser im Emschergebiet, Essen o.J. (um 1910). Die Broschüre ist als „Vertraulich!" gekennzeichnet.

Emschergenossenschaft 1912: Die Emschergenossenschaft, Essen.

Emschergenossenschaft 1957: Die Emschergenossenschaft, Essen.

Garbrecht, G., 1985: Wasser. Vorrat, Bedarf und Nutzung in Geschichte und Gegenwart, Reinbek.

Grahn, E., 1898, 1902: Die städtische Wasserversorgung im Deutschen Reiche, sowie in einigen Nachbarländern, Bd.1, München, Leipzig, Bd.2, München, Berlin.

Heilmann, A. 1914: Neuzeitliche Wasserversorgung in Gegenden starker Bevölkerungsanhäufung in Deutschland, München, Berlin.

Heimbrecht, J., Molck, J. 1987: Rhein Alarm, Köln.

Heinrichsbauer, H. 1936: Die Wasserwirtschaft im Rheinisch-Westfälischen Industriegebiet, Essen.

Helbing, H., Hg. 1925: 25 Jahre Emschergenossenschaft, Essen.

Helbing, H. 1934: Die Emschergenossenschaft in Essen, in: Brix, J., Imhoff, J., Weldert, R. 1934: Die Stadtentwässerung in Deutschland, Jena, 478–493.

Hobein, D. 1986: Stichwort Abwasser, in: Körber-Stiftung, Hg.: Von „Abwasser" bis „Wandern". Ein Wegweiser zur Umweltgeschichte, Hamburg, 22–23.

Hugo, C. 1901: Die deutsche Städteverwaltung.Ihre Aufgaben auf den Gebieten der Volkshygiene, des Städtebaus und des Wohnungswesens, Stuttgart.

Imhoff, K. 1910: Die Reinhaltung der Ruhr, Essen.

Imhoff, K. 1928: Der Ruhrverband, Essen.

Jurisch, K. 1890: Die Verunreinigung der Gewässer, Berlin.

Kluge, T., Schramm, E. 1986: Wassernöte, Aachen.

König, J. 1887: Die Verunreinigung der Gewässer, Berlin.

Salomon, H. 1906: Die städtische Abwässerbeseitigung in Deutschland, Bd. 1, Jena.

Simson, J.v. 1978: Die Flußverunreinigungsfrage im 19. Jhdt., Vierteljahreszeitschrift für Sozial- und Wirtschaftsgeschichte 65, 370–390.

Simson, J.v. 1983: Kanalisation und Städtehygiene im 19. Jahrhundert, Düsseldorf.

Thinemann, A. 1912: Die Verschmutzung der Ruhr, Wasser und Gas 13, 419–422.

Wey, K.G. 1982: Umweltpolitik in Deutschland, Opladen.

Andersen/Brüggemeier, Gase, Rauch und Saurer Regen

Andersen, A., 1987: Industrieansiedlung und Umwelt zu Beginn des 20. Jahrhunderts. Die Gründung der Zink- und Bleihütte Nordenham, Oldenburger Jahrbuch 86, 1–9.

Andersen, A., Ott, R., Schramm, E. 1986: Der Freiberger Hüttenrauch 1849–1865. Umweltauswirkung, ihre Wahrnehmung und Verarbeitung, Technikgeschichte 53, 169–200.

Ascher, L. 1905: Der Einfluß des Rauches auf die Atmungsorgane, Stuttgart.

Bergerhoff, H. 1928: Untersuchungen über die Berg- und Rauchschädenfrage mit besonderer Berücksichtigung des Ruhrbezirks, Diss., Godesberg/Bonn.

Beyersmann, D. 1986: Gibt es naturwissenschaftliche Grundlagen für Grenzwerte bei Stoffkombinationen?, in: Winter, G., Hg.: Grenzwerte: Interdisziplinäre Untersuchungen zu einer Rechtsfigur des Umwelt-, Arbeits- und Lebensmittelschutzes, Düsseldorf, 65–73.

Brüggemeier, F.J. 1984: Leben vor Ort. Ruhrbergleute und Ruhrbergbau, 2. Aufl. München.

Büggeln, H. 1930: Die Entwicklung der öffentlichen Elektrizitätswirtschaft in Deutschland, Stuttgart.

Dost, B. 1983: Die Erben des Übels, München.

Finkelnburg, 1882: Über den hygienischen Gegensatz von Stadt und Land, insbesondere in der Rheinprovinz, Zentralblatt f. allgem. Gesundheitspflege 1, 4–15, 43–54.

Fruböse, A. 1927: Die Bedeutung der verunreinigten Luft für die menschliche Gesundheit mit bes. Berücksichtigung der Großstädte und Industriebezirke, Berlin.

Grießhammer, R. 1983: Letzte Chance für den Wald. Die abwendbaren Folgen des sauren Regens, Freiburg.

Hahn, M. 1911: Über die Ruß- und Rauchplage in den Großstädten, Beilage zur Hygienischen Rundschau 21, 96–113.

Halliday, E.C. 1964: Zur Geschichte der Luftverunreinigung, in: World Health Organisation, Hg.: Die Verunreinigung der Luft, Weinheim, 1–30.

Hasselhoff, E., Lindau, G. 1903: Die Beschädigung der Vegetation durch Rauch. Handbuch zu Erkennung und Beurteilung von Rauchschäden, Leipzig.

Haselhoff, E., Haselhoff, W., Bredemann, G. 1932: Entstehung, Erkennung und Beurteilung von Rauchschäden, Berlin.

Haubner, 1878: Die durch Hüttenrauch veranlaßten Krankheiten des Rindviehs im Hüttenrauchbezirk der Freiberger Hütten, Archiv für wissenschaftliche und practische Thierheilkunde IV, 97–136, 241–260.

Heimann, H. 1964: Auswirkungen der Luftverunreinigung auf die Gesundheit des Menschen, in: World Health Organisation, Hg.: Die Verunreinigung der Luft, Weinheim, 152–216.

Jurisch, K.W. 1906: Über die Beseitigung der Rauchplage in den Städten. Sonderdruck aus dem Gewerblich-Technischen Ratgeber 20, Berlin.

Karweina, G. 1984: Der Strom-Staat, Hamburg.

Kiper, M. 1984: Buschhaus – Ende oder Wende?, in Brill, B., Kriener, M., Hg.: Es war einmal. Der deutsche Abschied vom Wald, Gießen, 75–95.

Liefmann, H. 1908: Über die Rauch- und Rußfrage insbesondere vom gesundheitlichen Standpunkte und eine Methode des Rußnachweises in der Luft, Braunschweig.

Meldau, R. 1926: Der Industriestaub. Wesen und Bekämpfung, Berlin.

Meldau, R. 1952: Handbuch der Staubtechnik 2 Bde., Düsseldorf.

Radkau, J. 1983: Aufstieg und Krise der deutschen Atomwirtschaft 1945–1975. Verdrängte Alternativen in der Kerntechnik und der Ursprung der nuklearen Kontroverse, Reinbek.

Reich, A. 1917: Leitfaden für die Ruß- und Rauchfrage, München, Berlin.

Reich, F. 1858: Die bisherigen Versuche zur Beseitigung des schädlichen Einflusses des Hüttenrauchs bei den fiskalischen Hüttenwerken, Berg- und Hüttenmännische Zeitung 17, 165–168.

Rubner, M. 1906: Über trübe Wintertage nebst Untersuchungen zur sog. Rauchplage der Großstädte, Archiv für Hygiene 59, 91–149.

Schladt, W. 1980: Der Begriff der Stand der Technik im Immissionsschutz, Diss., Kaiserslautern.

Schramm, E. 1984: Industrie und Umwelt im 19. Jhdt., Technikgeschichte 51, 190–216.

Schramm, E., Spelsberg, G. 1985: Ist der Lousberg gefährdet?, Klenkes 6 (8), 14–16.

Schröder, v. J., Reuss, C. 1883: Die Beschädigung der Vegetation durch Rauch und die Oberharzer Hüttenrauchschäden, Berlin.

Siedlungsverband Ruhrkohlenbezirk, 1927: Denkschrift über die Walderhaltung im Ruhrkohlenbezirk, Essen.

Siedlungsverband Ruhrkohlenbezirk, 1928: Bisherige Tätigkeit des Ausschusses für Rauchbekämpfung beim Siedlungsverband Ruhrkohlenbezirk, Essen.

Spelsberg, G. 1984: Rauchplage. 100 Jahre Saurer Regen, Aachen.

Stöckhardt, A. 1850: Über die Einwirkungen des Rauchs der Silberhütten auf die benachbarte Vegetation u. s. f., Polytechnisches Centralblatt 16, 257–278.

Stöckhardt, A. 1871: Untersuchungen über die schädliche Einwirkung des Hütten- und Steinkohlenrauches auf das Wachstum der Pflanzen, insbesondere der Fichte und Tanne, Tharandter Forstliches Jahrbuch 21, 218–254.

Stocklasa, J. 1923: Die Beschädigung der Vegetation durch Rauchgase und Fabrikexhalationen, Berlin, Wien.

Wernicke, E. 1927: Lufthygienisches, Kleine Mitteilungen der Landesanstalt für Wasser-, Boden- und Lufthygiene, Beiheft 5, Berlin, 257–313.

Wieler, A. 1905: Untersuchungen über die Einwirkungen schwefliger Säure auf die Pflanzen, Berlin.

Wislicenus, H. 1933: Grundsätzliches zur technischen Abgas- und Rauchschädensfrage und zu den Zeitschriften Angewandte Chemie und Die Chemische Fabrik, Berlin.

Wiss. Zeitschrift der TH Dresden 4, 1954/55, Wald und Industrierauchschäden, Sonderheft.

Wobst, A. 1925: Die Hüttenrauchkrankheit im Freiberger Bezirk (Sachsen), Freiberg.

Schramm, Umweltgeschichte des Bodens

Andersen, A., Ott, R., Schramm, E. 1986: Der Freiberger Hüttenrauch 1849–1865, Technikgeschichte 53, 169–200.

Bachmann, G. 1984: Bodenschutz. In: Landschaftsentwicklung und Umweltforschung 28.

Bohte, H.-G. 1976: Landeskultur in Deutschland. In: Berichte über Landwirtschaft SH 193.

Born, M. 1974: Die Entwicklung der deutschen Agrarlandschaft, Darmstadt.

Conwentz, H. 1904: Die Gefährdung der Naturdenkmäler, Berlin.

Faensen, A. E. 1986: Boden – das Vierte der Elemente. Die Bedeutung des Bodens in der Antike, WaBoLu-Hefte 16 (1), 149–152.

Fraas, C. 1847: Klima und Pflanzenwelt in der Zeit, ein Beitrag zur Biologie beider, Leipzig.

Hambach-Gruppe, Hg., 1985: Verheizte Heimat, Aachen.

Hard, G. 1970: ‚Exzessive‘ Bodenerosion um und nach 1800, Erdkunde 24, 104–154.

Hasenclever, R. 1879: Über die Beschädigung der Vegetation durch saure Gase, Die Chemische Industrie 2, 225–230, 275–280.

Helms, D., Flader, S. L., Hg., 1985: The history of soil and water conservation. In: Agricultural History 59 (2).

Jüttner, O. 1954: 70 Jahre Heideaufforstung, Raumforschung und Landesplanung 27.

Kluge, Th., Schramm, E. 1986: Wassernöte, Aachen.

Krabbe, W. R. 1983: Die Entfaltung der kommunalen Leistungsverwaltung in deutschen Städten des späten 19. Jahrhunderts, in: Teuteberg H. J., Hg.: Urbanisierung im 19. und 20. Jahrhundert, Köln, Wien, 373–391.

Krings, W. 1982: Forschungsschwerpunkte und Zukunftsaufgaben der Historischen Geografie: Industrie und Landwirtschaft, Erdkunde 36, 109–114.

Krzymowski, R. 1961: Geschichte der deutschen Landwirtschaft, Berlin.

Le Roy-Ladurie, E. 1973: Un concept: L'unification microbienne du monde, Schweizerische Zeitschrift für Geschichte 23, 627–696.

Niggemann, J. 1971: Das Problem der landwirtschaftlichen Grenzertragsböden, Berichte über Landwirtschaft 49, 473–549.

Marsh, G. P. 1864: Man and Nature, or Physical Geography as modified by Human Action, London.

Moreau de Jonnés, 1828: Untersuchungen über Veränderungen, die durch die Ausrottung der Wälder im physischen Zustand der Länder entstehen, Tübingen.

Rathjens, C. 1979: Die Formung der Erdoberfläche unter dem Einfluß der Menschen, Stuttgart.

Rubner, H. 1984: Technisch-industrielle Entwicklung, Waldzerstörung und Waldwirtschaft von der Aufklärung bis zur Gründung des Dritten Reichs, Technikgeschichte 51, 94–103.

Rubner, H. 1985: Deutsche Forstgeschichte 1933–1945, Sankt Kathrinen.

Schramm, E. 1984a: Ökologie-Lesebuch. Ausgewählte Texte zur Entwicklung ökologischen Denkens, Frankfurt.

Schramm, E. 1984b: Sodaindustrie und Umwelt im 19. Jahrhundert, Technikgeschichte 51, 190–216.

Schramm, E. 1984c: Landwirtschaft und Umwelt in der Geschichte, Unveröff. Ms.

189

Schramm, E., Spelsberg, G. 1985: Ist der Lousberg gefährdet?, Klenkes 6 (8), 14–16.

Schultze, J.H. 1965: Bodenerosion im 18. und 19. Jahrhundert, Forschungs- und Sitzungsberichte der Akademie für Raumforschung und Landesplanung 30, 1–16.

Schulz-Klinken, K.R. 1975/76: Ackerbausysteme des Saatfurchen- und Saatbettbaues, Die Kunde NF 26/27, 5–68.

Seymor, J., Giradet, H. 1985: Fern vom Garten Eden. Die Geschichte des Bodens, Frankfurt.

Smit, J.G. 1983: Neubildung deutschen Bauerntums. Innere Kolonisation im Dritten Reich. In: Urbs et regio 30.

Wey, K.G. 1982: Umweltpolitik in Deutschland, Opladen.

Weyl, Th., Hg., 1909: Handbuch der Hygiene, Bd. 2, Leipzig.

Wohlrab, B. 1967: Einwirkungen des Bergbaues auf Wasserhaushalt und Landwirtschaft, Berichte zur deutschen Landeskunde 39, 81–100.

Worster, D. 1979: Dust Bowl. The southern plains in the 1930's, New York, Oxford.

Sachs, Die auto-mobile Gesellschaft

Aicher, O. 1984: Kritik am Auto. Schwierige Verteidigung des Autos gegen seine Anbeter, München.

Bade, W. 1938: Das Auto erobert die Welt. Biographie des Kraftwagens, Berlin.

Bardou, J.P., Chaneron, J.-J., Friedenson, O., Laux, J.M. 1982: The Automobil Revolution. The Impact of an Industry, Chapel Hill.

Baundry de Saunier, L. 1902: Grundbegriffe des Automobilismus, Wien, Leipzig.

Beduhn, R. 1983: Die Roten Radler. Illustrierte Geschichte des Arbeiterradfahrbundes „Solidarität", Münster.

Berger, M. 1979: The Devil Wagon in God's Country. The Automobil and Social Change in Rural America 1883–1929, Hamden, Conn.

Betz, L. 1931: Das Volksauto. Rettung oder Untergang der deutschen Automobilindustrie, Stuttgart.

Bierbaum, O.J. 1903: Eine empfindsame Reise im Automobil. Von Berlin nach Sorrent und zurück an den Rhein, München.

Das Automobil in der Kunst 1886–1986. Katalog zur Ausstellung im Haus der Kunst, München, 9.8.–5.10. 1986.

Dettelbach, C.D. 1976: In the Driver's Seat. The Automobile in American Literature and Popular Culture, Westport, Conn.

Diesel, E. 1941: Autoreise 1905, Leipzig.

Eckermann, E. 1981: Vom Dampfwagen zum Auto, Reinbek.

Eichberg, H. 1978: Leistung, Spannung, Geschwindigkeit. Sport und Tanz im gesellschaftlichen Wandel des 18./19. Jahrhunderts, Stuttgart.

Flink, J.J. 1970: America Adopts the Automobile 1895–1910, Cambridge.

Frankenberg, v.R. 1973: Geschichte des Automobils, Künzelsau.

Glaser, H. 1986: Das Automobil, München.

Harmelle, C. 1982: Les Pics de l'Aigle. Saint Antonin et sa région (1805–1940). Révolutions des transports et changement social, Paris.

Henning, H. 1978: Kraftfahrzeugindustrie und Autobahnbau in der Wirtschaftspolitik des Nationalsozialismus. 1933–1936, Vierteljahresschrift für Sozial- und Wirtschaftsgeschichte 65, 217–242.

Hickethier, K., Lützen, W.D., Reiss, K. 1974: Das deutsche Auto. Volkswagenwerbung und Volkskultur, Steinbach.

Illich, I. 1974: Die sogenannte Energiekrise oder: Die Lähmung der Gesellschaft, Reinbek.

Kaftan, K. 1955: Der Kampf um die Autobahnen. Geschichte und Entwicklung des Autobahngedankens 1907–1935, Berlin.

Krämer-Badoni, T., Grymer, H., Rodenstein, M. 1971: Zur sozioökonomischen Bedeutung des Automobils, Frankfurt.

Kuke, P. 1960: Hitler und das Volkswagenprojekt, Vierteljahreshefte für Zeitgeschichte 8, 341–383.

Lessing, H.-E., Hg., 1982: Fahrradkultur 1. Der Höhepunkt um 1900, Reinbek.

Lötschburg, W. 1977: Von Reiselust und Reiseleid. Eine Kulturgeschichte, Leipzig.

Meissen, F. 1968: Der Kampf um das Automobil und Graubünden 1900–1925, Tschur.

Nelson, W.H. 1966: Die Volkswagen-Story, München.

Overy, R.J. 1975: Cars, Roads and Economic Recovery in Germany, 1932–1938, Economic History Review, 2nd ser., 28, 466–483.

Petsch, J. 1982: Geschichte des Auto-Design, Köln.

Pidoll, M.v. 1912: Der heutige Automobilismus. Ein Protest und Weckruf, Wien.

Pischois, C. 1973: Vitesse et vision du monde, Neuchàtel.

Plovden, W. 1971: The Motor Car and Politics, 1896–1970, London.

Rauck, M., Volke, G., Paturi, F. 1979: Mit dem Rad durch zwei Jahrhunderte. Das Fahrrad und seine Geschichte, Aarau.

Riedel, M. 1961: Vom Biedermeier zum Maschinenzeitalter. Zur Kulturgeschichte der ersten Eisenbahnen Deutschlands, Archiv für Kulturgeschichte 43, 100–123.

Sachs, W. 1984: Die Liebe zum Automobil. Ein Rückblick in die Geschichte unserer Wünsche, Reinbek.

Schivelbusch, W. 1977: Die Geschichte der Eisenbahnreise. Zur Industrialisierung von Raum und Zeit im 19. Jahrhundert, München.

Seper, H. 1968: Damals als die Pferde scheuten. Die Geschichte der österreichischen Kraftfahrt, Wien.

Stommer, R., Hg., 1982. Reichsautobahn. Pyramiden des Dritten Reichs, Marburg.

Wachtel, J. 1970: Faksimile-Querschnitt durch frühe Automobilzeitschriften, München, Bern, Wien.
Wik, R.M. 1972: Henry Ford and Grass-roots America, Ann Arbor.
Wolf, W. 1979 (zuerst 1880): Fahrrad und Radfahrer, Leipzig.

Machtan/Ott, Erwerbsarbeit als Gesundheitsrisiko

Andersen, A., Ott, R. 1985: Kranke und Verletzte auf der Georgsmarienhütte bei Osnabrück (1868–1900). Vorläufige Untersuchungen zur Methode und Aussagekraft betriebsbezogener Medizinalstatistik im späten 19. Jahrhundert, in: Müller, R. u. a., Hg., Industrielle Pathologie in historischer Sicht, Universität Bremen, 38–55.
Bartholomäi, R. u. a., Hg., 1977: Sozialpolitik nach 1945. Geschichte und Analysen, Bonn-Bad Godesberg.
Berlepsch, H.-J. v. 1986: Zwischen Arbeiterschutz und Arbeitertrutz. Die Arbeiterschutzgesetzgebung des Neuen Kurses unter dem preußischen Handelsminister Hans v. Berlepsch, Diss. Mainz.
Bregmann, L. 1925: Reformtendenzen in der Sozialversicherung, Soziale Praxis und Archiv für Volkswohlfahrt XXXIV, Sp. 635–641, 666–669.
Fabrik-Gesetzgebung des Deutschen Reiches und der Einzelstaaten, Berlin 1873.
Frevert, U. 1984: Krankheit als politisches Problem. Soziale Unterschichten in Preußen zwischen medizinischer Polizei und staatlicher Sozialversicherung, Göttingen.
Göckenjan, G. 1985: Ärzte und Arbeit. Zur Vorgeschichte der Arbeitshygiene, in: Müller, R. u. a., Hg.: Industrielle Pathologie in historischer Sicht, Universität Bremen, 56–67.
Hartmann, K. 1977: Der Weg zur gewerkschaftlichen Organisation. Bergarbeiterbewegung und kapitalistischer Bergbau im Ruhrgebiet, 1851–1889, München.
Henning, W. W. 1978: Humanisierung und Technisierung der Arbeitswelt. Über den Einfluß der Industrialisierung auf die Arbeitsbedingungen im 19. Jahrhundert, in: Reulecke, J./Weber, W., Hg.: Fabrik-Familie-Feierabend, Wuppertal, 57–88.
Hentschel, V. 1983: Geschichte der deutschen Sozialpolitik (1880–1980). Soziale Sicherung und kollektives Arbeitsrecht, Frankfurt.
Hirsch, M. 1889: Arbeiterstimmen über Unfall- und Krankheitsverhütung, Berlin.
Hirt, L. 1871–1878: Die Krankheiten der Arbeiter, 4 Bde, Leipzig.
Juraschek, F. v. 1893: Zur Statistik der Sterblichkeit der arbeitenden Klassen, Statistische Monatsschrift, XIX, 403–448.
Karbe, K.H. 1983: Salomon Neumann 1819–1908. Wegbereiter sozialmedizinischen Denkens und Handelns, Leipzig.

Kleeis, F. 1981: Die Geschichte der sozialen Versicherung in Deutschland. (Erstdruck 1928), Nachdruck, Dowe, D., Hg., Berlin, Bonn.

Koelsch, G. 1946: Lehrbuch der Arbeitshygiene II, München.

Köllmann, W. 1978: Aus dem Alltag der Unterschichten in der Frühindustrialisierungsphase, in: Reulecke, J./Weber, W., Hg.: Fabrik-Familie-Feierabend, Wuppertal, 11–38.

Königsheim, A.W. 1861: Das Königlich-Sächsische Gewerbegesetz nebst den dazugehörigen Ausführungs-Gesetzen und Verordnungen v. 15. October 1861, Leipzig, Dresden.

Kothe, E. 1929: Sicherheit im Betrieb. Zur Reichs-Unfallverhütungswoche, Zeitschrift des Vereins Deutscher Ingenieure 73, 241–246.

Kranig, A. 1983: Lockung und Zwang. Zur Arbeitsverfassung im Dritten Reich, Stuttgart.

Kröber, A. 1869: Die soziale Stellung der Brauerei-Arbeiter, Demokratisches Wochenblatt Nr. 9 v. 27. 2. 1869 und Nr. 13 v. 27. 3. 1869.

Leibfried, S. u. a. 1985: Sozialpolitik und Sozialstaat, Universität Bremen.

Levenstein, A. 1912: Die Arbeiterfrage, Berlin.

Lundgreen, P. 1981: Die Vertretung technischer Expertisen im Interesse der gesamten Industrie Deutschlands durch den VDI 1856–1890, in: Ludwig, K.H. u. a., Hg.: Technik, Industrie und Gesellschaft. Geschichte des Vereins Deutscher Ingenieure, Düsseldorf, 67–132.

Machtan, L. 1985: Risikoversicherung statt Gesundheitsschutz für Arbeiter. Zum historisch-politischen Entstehungszusammenhang der Unfallversicherungsgesetzgebung im Bismarckreich, Leviathan. Zeitschrift für Sozialwissenschaft 13, 420–441.

Machtan, L., Berlepsch, H.-J.v. 1986: Vorsorge oder Ausgleich – oder beides? Prinzipienfragen staatlicher Sozialpolitik im deutschen Kaiserreich, Zeitschrift für Sozialreform 32, 257–275, 343–358.

Milles, D., Müller, R., Hg., 1985: Berufsarbeit und Krankheit, Frankfurt, New York.

Morgenstern 1883: Über Einrichtungen und Schutzvorkehrungen zur Sicherung gegen Gefahren für Leben und Gesundheit der in gewerblichen Etablissements beschäftigten Arbeiter, Leipzig.

Müller, R. 1984: Die Verhinderung einer Gewerbemedizinalstatistik in Deutschland, in: Müller, R., Milles, D., Hg.: Beiträge zur Geschichte der Arbeiterkrankheiten und der Arbeitsmedizin in Deutschland, Bremerhaven, 50–82.

Müller, R. u. a. 1985: Arbeitsmedizin in sozialer Verantwortung, Universität Bremen.

Müller, R., Milles, D., Hg., 1984: Beiträge zur Geschichte der Arbeiterkrankheiten und der Arbeitsmedizin in Deutschland, Bremerhaven.

Preller, R. 1978: Sozialpolitik in der Weimarer Republik, Düsseldorf (zuerst 1949).

Pütsch, A. 1883: Die Sicherung der Arbeiter gegen die Gefahren für Leben und Gesundheit in Fabrikbetrieben, Berlin.

Rambuschek, O. 1923: Gesetzliche Festlegung von Schutzvorrichtungen an Maschinen, Zeitschrift des Vereins Deutscher Ingenieure 67, 1062–1063.

Scheur, W. 1967: Einrichtungen und Maßnahmen der sozialen Sicherheit in der Zeit des Nationalsozialismus, Diss. Köln.

Simons, R. 1984: Staatliche Gewerbeaufsicht und gewerbliche Berufsgenossenschaften. Entstehung und Entwicklung des dualen Aufsichtssystems im Arbeiterschutz bis zum Ende der Weimarer Republik, Frankfurt.

Sonnenberg, L. 1968: 100 Jahre Sicherheit. Beiträge zur technischen und administrativen Entwicklung des Dampfkesselwesens in Deutschland 1810–1910, Düsseldorf.

Stupperich, A. 1982: Volksgemeinschaft oder Arbeitersolidarität. Studien zur Arbeitnehmerpolitik in der Deutschnationalen Volkspartei (1918–1933), Göttingen.

Tennstedt, F. 1976: Sozialgeschichte der Sozialversicherung, in: Blohmke, M. u. a., Hg.: Handbuch der Sozialmedizin III, Stuttgart, 385–492.

Teppe, K. 1977: Zur Sozialpolitik des Dritten Reiches am Beispiel der Sozialversicherung, Archiv für Sozialgeschichte 17, 195–250.

Tracinski 1886: Die oberschlesische Zinkindustrie und ihr Einfluß auf die Gesundheit der Arbeiter, Deutsche Vierteljahresschrift für öffentliche Gesundheitspflege 20, 59–86.

Weber, W. 1978: Der Arbeitsplatz in einem expandierenden Wirtschaftszweig. Der Bergmann, in: Reulecke, J., Weber, W., Hg.: Fabrik-Familie-Feierabend, Wuppertal, 57–88.

Werner, F. W. 1983: „Bleib übrig!" Deutsche Arbeiter in der nationalsozialistischen Kriegswirtschaft, Düsseldorf.

Weyl, Th., Hg., 1908: Handbuch der Arbeiterkrankheiten, Berlin.

Wickenhagen, E. 1980: Geschichte der gewerblichen Berufsgenossenschaften, 2 Bde., München.

Andersen, Heimatschutz

Barthelmeß, A., 1972: Wald, Umwelt des Menschen, Freiburg.

Böhme, G., Schramm, E., Hg., 1985: Soziale Naturwissenschaft. Wege zu einer Erweiterung der Ökologie, Frankfurt.

Boettger, A. C., Pflug, W., Hg., 1969: Stadt und Landschaft. Raum und Zeit, Köln.

Conwentz, H. 1904: Die Gefährdung der Naturdenkmäler und Vorschläge zu ihrer Erhaltung. Denkschrift, dem Herrn Minister der geistlichen, Unterrichts- und Medizinal-Angelegenheiten überreicht, Berlin.

Eigner, G. 1905: Der Schutz der Naturdenkmäler insbesondere in Bayern, Zeitschrift f. Land- und Forstwirtschaft, 3, 369–384, 415–429, 441–450.

Engels, F. 1971: Dialektik der Natur, in: Marx/Engels Werke 20, Berlin (DDR), 307–572.
Fuchs, C. J. 1930: Heimatschutz und Volkswirtschaft, in: Gesellschaft der Freunde des deutschen Heimatschutzes, Hg.: Der deutsche Heimatschutzbund. Ein Rückblick und Ausblick, München, 145–153.
Fuchs, C. J. 1905: Heimatschutz und Volkswirtschaft, Halle.
Gradmann, E. 1910: Heimatschutz und Landschaftspflege, Stuttgart.
Haßler, F. 1930: Heimatschutz und Technik, in: Gesellschaft der Freunde des deutschen Heimatschutzes, Hg.: Der deutsche Heimatschutzbund. Ein Rückblick und Ausblick, München, 182–187.
Klatter W. 1923: Zur Umgestaltung des Fabrikbauwesens, Heimatschutz-Chronik 7, 7–15.
Krabbe, W. R. 1974: Gesellschaftsveränderung durch Lebensreform. Strukturmerkmale einer sozialreformerischen Bewegung im Deutschland der Industrialisierungsperiode, Göttingen.
Lindner, W. 1934: Heimatschutz im neuen Reich, Leipzig.
Linse, U. 1986: Ökopax und Anarchie. Eine Geschichte der ökologischen Bewegungen in Deutschland, München.
Mitteilungen des Bundes Heimatschutz 1904 ff.
Rubner, 1982: Naturschutz, Forstwirtschaft und Umwelt in ihren Wechselbziehungen besonders im NS-Staat, in: Kellenbenz, H. (Hg.), Wirtschaftsentwicklung und Umweltbeeinflussung (14.–20. Jh.), Wiesbaden.
Rudorff, E. 1904: Heimatschutzbund, 3. veränd. Auflage, München, Leipzig.
Rudorff, E. 1926: Heimatschutz, neu bearbeitet von P. Schultze-Naumburg, Berlin.
Schoenichen, W. 1927: Naturschutz und Arbeitsschule, Berlin.
Schoenichen, W. 1929: Der Umgang mit Mutter Grün. Ein Sünden- und Sittenbuch für jedermann, Berlin.
Schoenichen, W. 1930: Der Rhein in Gefahr, Naturschutz 11, 81–85.
Schoenichen, W. 1934: Naturschutz im Dritten Reich, Berlin.
Schoenichen, W. 1954: Naturschutz, Heimatschutz. Ihre Begründung durch Ernst Rudorff, Hugo Conwentz und ihre Vorläufer, Stuttgart.
Schramm, E. Hg. 1984: Ökologie-Lesebuch. Ausgewählte Texte zur Entwicklung ökologischen Denkens, Frankfurt.
Seifert, A. 1943: Natur und Technik im deutschen Straßenbau, in: Seifert, A.: Im Zeitalter des Lebendigen. Natur-Heimat-Technik, München, 9–23.

Zimmer, Soziales Wandern

Beiträge zur Naturdenkmalpflege Bd. 12, H. 4, Berlin 1929.
Benjamin, W. 1972: Gesammelte Schriften, Frankfurt.
Birkert, E. 1970: Von der Idee zur Tat, Stuttgart.

CIPRA, Hg., 1985: Sanfter Tourismus: Schlagwort oder Chance für den Alpenraum, Vaduz.

Coblenz, H. 1947: Geschichte der badischen Naturfreunde, Karlsruhe.

Der Naturfreund, Wien 1897 ff.

Gröning, G., Wolschke-Bulmahn, J. 1986: Die Liebe zur Landschaft. Teil 1: Natur in Bewegung, München.

Hollitscher, W. 1970: Der Mensch im Schnittpunkt von Zivilisation und Natur, Stuttgart.

Kade, G. 1971: Gesellschaft und Umwelt. Gesellschaftspolitische Aspekte des Umweltschutzes, Stuttgart.

Kramer, D. 1983: Der Sanfte Tourismus. Umwelt- und sozialverträglicher Tourismus in den Alpen, Wien.

Kramer, D. 1984: Arbeiter als Touristen: Ein Privileg wird gebrochen, in: Zimmer, J., Hg.: Mit uns zieht die neue Zeit. Die Naturfreunde. Zur Geschichte eines alternativen Verbandes in der Arbeiterkulturbewegung, Köln, 31–65.

Malherbe, A. 1986: Le rôle de Tourisme et Travail dans le développement du tourisme social. Hektographiertes Ms. zum Kolloquium „50 ans des congés payés", Université de Strasbourg – Institut du Travail.

Naturfreunde-Internationale, Hg. 1955: 60 Jahre Touristenverein „Die Naturfreunde" 1895–1955, Zürich.

Neuland, F. 1982: Das Heim der Besitzlosen, Frankfurt.

OEAV, Hg. 1984: Sanfter Tourismus, Virgental, Innsbruck.

Renner, K. 1946: An der Wende zweier Zeiten, Wien.

Richez, J.-C., Strauss, L. 1986: Tradition et renouvellement des pratiques de loisir en milieu ouvrier dans l'Alsace des annés trente. Referat beim Kolloquium „Le Front populaire et la vie quotidienne des Francais", Universjté de Paris I.

Schmitz, H.P. 1984: Naturschutz – Landschaftsschutz – Umweltschutz: der TVdN als ökologisches Frühwarnsystem der Arbeiterbewegung, in: Zimmer, J., Hg.: Mit uns zieht die neue Zeit, Köln, 184–204.

Schügerl, G. 1975: Tradition und Fortschritt. 80 Jahre Naturfreunde Österreich, Wien.

Sieferle, R.P. 1984: Fortschrittsfeinde? Opposition gegen Technik und Industrie von der Romantik bis zur Gegenwart, München.

Sozialistische Studiengruppen (SOST), Hg., 1982: Kulturindustrie und Ideologie, Teil 2, Hamburg.

Zimmer, J. 1984: Vom Walzen zum Sozialen Wandern – Fragen an die eigensinnigen sozialen Praxen des genossenschaftlichen Arbeitertourismus, in: Lehmann, A., Hg.: Studien zur Arbeiterkultur, Münster, 141–173.

Zimmer, J., Hoffmann, H., Hg., 1986: Wir sind die grüne Garde. Geschichte der Naturfreundejugend, Essen.

Die Autoren

Andersen, Arne, Dr. phil., geb. 1951; Studium der Geschichte und Pädagogik in Hamburg, Lehrer, seit 1985 Universität Bremen, jetzt Forschungs- und Bildungsstätte zur Geschichte der Arbeiterbewegung im Lande Bremen. Arbeitsschwerpunkte: Geschichte der Arbeiterbewegung sowie Technik- und Ökologiegeschichte.

Brüggemeier, Franz-Josef, Dr. phil., geb. 1951; Studium der Geschichte, Sozialwissenschaften und Medizin in Bochum, München, York, Bremen und Essen, Tätigkeit als Arzt, seit 1981 Fachbereich Geschichte der Fern-Universität Hagen. Arbeitsschwerpunkte: Sozialgeschichte des Ruhrgebiets und der Arbeiterschaft, Geschichte des Wohnens, der Medizin und der Ökologie.

Machtan, Lothar, Dr. phil., geb. 1949; Studium der Geschichte und Politologie in Heidelberg und Konstanz, jetzt Universität Bremen. Arbeitsschwerpunkte: Sozialgeschichte und Geschichte der Arbeiterbewegung im 19. Jahrhundert.

Ott, René, Dr. phil., geb. 1948; Studium der Geschichte und Politilogie in Heidelberg und Konstanz, jetzt Universität Bremen. Arbeitsschwerpunkte: Geschichte der Arbeiterbewegung sowie Sozial- und Technikgeschichte im 19. Jahrhundert.

Rommelspacher, Thomas, Dr. rer. pol., geb. 1947; Studium der Sozialwissenschaften in Bochum, 1971–1981 freiberuflicher Stadtplaner, seitdem Universität Duisburg GHS. Arbeitsschwerpunkte: Stadtsoziologie, Sozialpolitik, Geschichte der Ökologie.

Sachs, Wolfgang, Dr. rer. soc., geb. 1946; Studium der Theologie und Soziologie in München, Tübingen und Berkeley, jetzt Schriftleiter der Zeitschrift ‚Development‘ bei der Society for International Development, Rom. Arbeitsschwerpunkte: Geschichte des Verkehrs und der Energie.

Schramm, Engelbert, geb. 1954; Studium der Biologie, Chemie und Wissenschaftsgeschichte in Frankfurt, Journalist, jetzt TH Darmstadt und Forschungsgruppe Soziale Ökologie, Frankfurt. Arbeitsschwerpunkte: Historische Umweltforschung, Grundlagenprobleme der Ökologie, Geschichte der Ökologie.

Sieferle, Rolf Peter, Dr. phil. habil., geb. 1949; Studium der Geschichte, Politikwissenschaft und Soziologie in Heidelberg und Konstanz, jetzt Universität Essen. Arbeitsschwerpunkte: Sozial- und Geistesgeschichte der Industrialisierung, Umweltgeschichte.

Zimmer, Jochen, Dr. phil., Professor, geb. 1947; Studium der Volkskunde, Kunstgeschichte und Soziologie in Frankfurt, Tübingen und Marburg, jetzt Universität Duisburg GHS. Arbeitsschwerpunkte: Musiksoziologie, Arbeitervolkskunde, Sportgeschichte.

Ökologie, Wirtschaft und Politik

Klaus Michael Meyer-Abich / Bertram Schefold
Die Grenzen der Atomwirtschaft
Die Zukunft von Energie, Wirtschaft und Gesellschaft
Mit einer Einleitung von Carl Friedrich von Weizsäcker
3. Auflage. 1986. 231 Seiten mit 4 Abbildungen und 10 Tabellen
Broschiert

Rolf Bauerschmidt
Kernenergie oder Sonnenenergie
1985. 247 Seiten mit 20 Abbildungen und 29 Tabellen. Paperback.
(Beck'sche Reihe Band 296)

Rolf Peter Sieferle
Fortschrittsfeinde?
Opposition gegen Technik und Industrie
von der Romantik bis zur Gegenwart
1984. 301 Seiten. Broschiert.

Umweltpolitik am Scheideweg
Die Industriegesellschaft zwischen Selbstzerstörung und
Aussteigermentalität
Herausgegeben von Volker Hauff und Michael Müller.
1985. 187 Seiten. Paperback (Beck'sche Reihe Band 301)

Manfred Wöhlcke
Umweltzerstörung in der Dritten Welt
1987. 123 Seiten mit Karten, Übersichten und Tabellen.
Paperback (Beck'sche Reihe Band 331)

Till Bastian
Nach den Bäumen stirbt der Mensch
Mit einem Fotoessay von Hartmut Ciesla-Andresen.
1987. 96 Seiten mit 11 Abbildungen.
Paperback (Beck'sche Reihe Band 330)

Peter C. Mayer-Tasch
Die verseuchte Landkarte
Das grenzenlose Versagen der internationalen Umweltpolitik
1987. 142 Seiten. Paperback (Beck'sche Reihe Band 329)

Verlag C. H. Beck München

Ratgeber und „Gute Argumente" zum Umweltbewußtsein

Öko-Lexikon
Stichworte und Zusammenhänge
Herausgegeben von Hartwig Walletschek und Jochen Graw.
1987. Etwa 350 Seiten. Paperback (Beck'sche Reihe Band 344)

Gute Argumente: Energie
Von Dieter Seifried. 1986. 157 Seiten mit 59 Graphiken von
Bruno Natsch. Paperback (Beck'sche Reihe Band 318)

Gute Argumente: Chemie und Umwelt
Von Rainer Grießhammer. 1987. Etwa 140 Seiten mit ca. 50 Graphiken
von Bruno Natsch. Paperback (Beck'sche Reihe Band 341)

Gute Argumente: Ernährung
Von Isabelle Mühleisen. 1987. Etwa 130 Seiten mit ca. 44 Graphiken
von Bruno Natsch. Paperback (Beck'sche Reihe Band 342)

Georg Winter
Das umweltbewußte Unternehmen
Ein Handbuch der Betriebsökologie mit 22 Checklisten für die Praxis
Herausgegeben von der Kommission der Europäischen Gemeinschaft.
1987. 216 Seiten. Broschiert

Peter Grosch / Gerd Schuster
Der Biokost-Report
Für Bauern und Verbraucher
1985. 218 Seiten mit 19 Abbildungen und 8 Tabellen. Broschiert
Biederstein Verlag

Alwin Seifert
Gärtnern, Ackern – ohne Gift
236. Tausend. 1982. 210 Seiten und 14 Abbildungen. Broschiert
Biederstein Verlag

Verlage C. H. Beck und Biederstein München

26 Vgl. Entwurf einer Gewerbeordnung für das Königreich Sachsen nebst dazu gehörigem Entschädigungsgesetz, Einleitung, Motiven und Beilagen, Dresden 1857.
27 Vgl. Fabrikgesetzgebung des Deutschen Reiches und der Einzelstaaten, Berlin 1873, 42 f.
28 Ebd. 81–95.
29 Belege für diese Aktivitäten bei Machtan/v. Berlepsch 1986, 263 ff.
30 Vgl. das als Dokument Nr. 132 abgedruckte Votum Bismarcks vom 30.9. 1876 bei H. v. Poschinger (Hg.), Aktenstücke zur Wirtschaftspolitik des Fürsten Bismarck, Bd. 1, Berlin 1890, 233–237; ferner das Votum Bismarcks in der Sitzung des preuß. Staatsministeriums vom 28.8. 1880, zit. nach dem Protokollauszug bei M. Stürmer (Hg.), Bismarck und die preußisch-deutsche Politik 1871–1880, München 1971, 169.
31 Vgl. Promemoria betr. die Versicherung der Arbeiter gegen Unfälle und Beschädigungen während der Arbeit. Vom Commerzienrath Baare, Bochum 1880.
32 Vgl. Machtan 1985, 433 ff.
33 Im einzelnen belegt bei v. Berlepsch 1986, 203–443.
34 Vgl. das Programm der ‚Arbeitsgemeinschaft für Neuordnung der Sozialversicherung‘ in: Soziale Praxis und Archiv für Volkswohlfahrt 29, 1920, 523, sowie Bregmann 1925.
35 Vgl. ebd. 110 f., das Gutachten des Präsidenten des Reichsversicherungsamtes, Kaufmann ‚Zur Umgestaltung der Sozialversicherung‘ sowie die Verhandlungen der Gesellschaft für Soziale Reform zum Thema ‚Reform der deutschen Sozialversicherung‘ im Mai 1925, ebd. 430–443 u. 448–451.
36 Vgl. Preller 1978; Simons 1984; Wickenhagen 1980; Stupperich 1982.
37 Sten. Berichte Reichstag 3. Wahlperiode 1924, Bd. 386, 268 f. und Bd. 402 (Drucksachen) Nr. 1060, 82 f. und Nr. 1080.
38 Vgl. Scheur 1967; Teppe 1977; Tennstedt 1976; Werner 1983; Kranig 1983.
39 Vgl. Hockerts 1980; Bartolomäi 1977; Hentschel 1983, 145 ff., sowie die ausführliche Bestandsaufnahme bei Leibfried u. a. 1985.

Andersen, Heimatschutz

1 Welche gesellschaftliche Bedeutung die Kritiker gehabt haben, ist noch nicht untersucht. Krabbe (1974, 159) spricht davon, daß die Kritiker des industriellen Systems, die er in der Lebensreformbewegung zusammenfaßt (Naturfreunde, Anti-Alkoholiker, Gartenstadt-Vertreter, Vegetarier etc.), eine quantitativ sehr kleine Gruppe bildeten; über deren gesellschaftlichen Einfluß ist damit allerdings wenig gesagt.
2 Zit. nach Schoenichen 1954, 150.
3 Rudorff 1904, 5.

4 Ebd. 76. Die Behauptung Sieferles (1984, 168), der Heimatschutzbund habe keinen Gegensatz zu anderen Völkern errichten wollen, wurde spätestens bei Ausbruch des Ersten Weltkrieges widerlegt; vgl. S. 152 dieses Beitrages.

5 Engels (1871, 453) ging davon aus, daß mit dem Fortschreiten der technischen Entwicklung auch Umweltprobleme sich wie von selbst lösen würden: „Namentlich seit den gewaltigen Fortschritten der Naturwissenschaft in diesem Jahrhundert werden wir mehr und mehr in den Stand gesetzt, auch die entfernteren natürlichen Nachwirkungen wenigstens unserer gewöhnlichsten Produktionshandlungen kennen und damit beherrschen zu lernen. Je mehr dies aber geschieht, desto mehr werden sich die Menschen wieder als eins mit der Natur nicht nur fühlen, sondern auch wissen, und je unmöglicher wird jene widersinnige und widernatürliche Vorstellung von einem Gegensatz zwischen Geist und Materie, Mensch und Natur . . .“

6 Vgl. den Beitrag von Andersen/Brüggemeier in diesem Band.

7 Barthelmeß 1972, 152 ff.; vgl. Rubner 1982, 105–123.

8 Sten. Berichte d. preuß. Hauses der Abgeordneten (2. Kammer), 1898, 1958 f.

9 ZStA Merseburg Rep. 87 B Nr. 3131, Konservation von Baudenkmälern, Naturdenkmälern etc., Bl. 112/113, Besprechung wegen Erhaltung von Naturdenkmälern im Min. der geistigen pp. Angelegenheiten, Berlin den 13. 12. 1899.

10 Eigner 1905, 420; vgl. Wey 1982, 132 ff. Zur gleichen Zeit verabschiedete Hessen ein Gesetz über den Denkmalschutz, das sich auch auf Naturdenkmäler bezog. Danach waren „landschaftliche Schönheiten oder Eigenarten“ schützenswert; Eigner 1905, 378.

11 Schoenichen 1929; darin werden unzählige Beispiele von Reklameschildern an Bäumen und Natursteinen vorgestellt. In einem anderen Buch dieses Autors (1927, 25 f.) werden Beispiele genannt, wie Schilder im Wald aussehen sollten: „Papierkorb heiß ich, Hinein tu’ fleißig, Was unnütz, wirfs nicht fort, Hier ist der Ort!“, oder „Laß Baum und Rasen, was ihm gehört, Und wirf nicht fort, was andere stört: Geh nicht mit dem Messer den Bänken zu Leibe, nicht länger, als erlaubt ist, bleibe.“

12 Conwentz 1904, 83.

13 Vgl. den Beitrag von E. Schramm in diesem Band.

14 Conwentz 1904, 72.

15 Fuchs 1905, 10.

16 Ebd. 6.

17 ZStA Merseburg Rep. 87 B Nr. 3131, Konservation von Baudenkmälern, Naturdenkmälern etc., Bl. 334/335, Aufruf zur Gründung eines Bundes Heimatschutz. Die Liste der Unterzeichner reichte von den Worpsweder Malern Vogeler und Overbeck über den Schriftsteller Rosegger bis hin zu Professoren von Technischen Hochschulen.

18 Mitteilungen des Bundes Heimatschutz 1904, 7.

19 Ebd. 3.

20 Vgl. Kluge/Schramm 1986, 107 ff.; so gelangten aufgrund von physi-
kotheologischen Diskussionen aussterbende Arten in die Aufmerksamkeit von Biologen; vgl. Schramm 1984, 77.

21 Mitteilungen des Bundes Heimatschutz 1906, 33 ff.

22 Fuchs 1905, 20.

23 Mitteilungen des Bundes Heimatschutz 1906, 150.

24 Conwentz 1904, 70 f.

25 Mitteilungen des Bundes Heimatschutz 1907, 13.

26 Gradmann 1910, 32, 35.

27 Heimatschutz, hrsg. v. Geschäftsführenden Vorstand des Deutschen
Bundes Heimatschutz, 10, 1915, 1.

28 Ebd. 170.

29 In einem Aufsatz, der 1930 in der Zeitschrift Naturschutz (11, 81–85)
unter der Überschrift ‚Der Rhein in Gefahr' von W. Schoenichen erschien, wurde der Verschmutzung des Rheins kaum noch Beachtung
geschenkt; statt dessen ging es um unansehnliche Steinbrüche,
Schornsteine an nahegelegenen Hängen und Reklameschriften.

30 Vgl. Boettger/Pflug 1969, 259.

31 Rudorff 1926, 99.

32 Klatte 1923, 9.

33 Haßler 1930, 186.

34 Ebd. 35.

35 Fuchs 1930, 100.

36 Schoenichen 1934.

37 Wey 1982, 149 ff.

38 Lindner 1934, 66, 63.

39 Ebd. 60.

40 Seifert 1943.

41 Ebd. 5.

42 Böhme 1985.

Zimmer, Soziales Wandern

1 Vgl. Renner 1946, 284.

2 Vgl. NFI 1955, 10.

3 Ausführlich dargestellt bei Zimmer 1984, 163 f.

4 Vgl. NFI 1955, 21 ff.

5 Neuland 1982, 39.

6 Naturfreund 10, 1905.

7 Zit. nach Wey 1982, 130, 132; vgl. den Beitrag von A. Andersen in diesem Band.

8 Naturfreund 1, 1898.

9 Aufstieg 1, 1929, 1.
10 „Die Kritik an den Umweltveränderungen, an der kulturellen Über-
formung der Lebenswelt durch die Rationalität des Kapitalismus und
durch die Formen moderner Technik wurde ausschließlich Angelegen-
heit der Konservativen", so Sieferle 1984, 157, eine These, die in dieser Form nicht haltbar ist.
11 Auch Wey 1982, 140, irrt, wenn er den „Touristenverein der sozialistischen Gewerkschaften ,Die Kulturfreunde'" lediglich als Adressaten
von Appellen bürgerlicher Naturschützer sieht und den eigenständigen Beitrag dieser Organisationen der Arbeiterbewegung nicht berücksichtigt.
12 Schügerl 1975, 96.
13 Naturfreund 1906, 138.
14 Ebd. 1911, 238 f.
15 NFI 1905, 18.
16 Naturfreund 1912, 305 f. Allein 1913 finden sich acht ähnliche Artikel
im Naturfreund: 28, 54, 80, 115, 167, 199, 231 und 336.
17 Schmitz 1984, 185–187; Schügerl 1975, 93–96; Coblenz 1947, 30 ff.
18 Naturfreund 2/1985, VII; Schügerl 1975, 95.
19 Naturfreund 1906, 138.
20 Zit. nach Zimmer 1986, 142.
21 Naturfreund 1930, 29 ff.
22 Ebd. 117 ff.
23 Vgl. Malherbe 1986; Richez/Strauss 1986.
24 Sozialistische Studiengruppen 1982, 38–70.
25 Vgl. OEAV 1984.
26 Vgl. Wunderer 1977.
27 Kramer 1983.
28 Dies. 1986, 81–103.

Literatur

Einleitung

Hermann, B., Hg., 1986: Mensch und Umwelt im Mittelalter, Stuttgart.

Kellenbenz, H., Hg., 1978: Wirtschaftliches Wachstum, Energie und Verkehr vom Mittelalter bis ins 19. Jahrhundert. Bericht über die 6. Arbeitstagung der Gesellschaft für Sozial- und Wirtschaftsgeschichte, Stuttgart, New York.

Kellenbenz, H., Hg., 1982: Wirtschaftsentwicklung und Umweltbeeinflussung (14.–20. Jahrhundert). Berichte der 9. Arbeitstagung der Gesellschaft für Sozial- und Wirtschaftsgeschichte (30. 3.–1. 4. 1981), Wiesbaden.

Kluge, T., Schramm, E. 1986: Wassernöte. Umwelt- und Sozialgeschichte des Trinkwassers, Aachen.

Lübbe, H., Ströker, E., Hg., 1986: Ökologische Probleme im kulturellen Wandel, Paderborn.

Radkau, J. 1986: Vorsorge und Entsorgung. Geschichte und historischer Augenblick in der Mensch-Umwelt-Beziehung, Geschichtsdidaktik 11, 209–222.

Sombart, W. 1934: Deutscher Sozialismus, Berlin.

Spelsberg, G. 1984: Rauchplage. 100 Jahre Saurer Regen, Aachen.

Strenz, W., Narweleit, G., Rook, H. J., Thümmler, H. 1984: Zu den Beziehungen zwischen Gesellschaft und Umwelt von der Industriellen Revolution bis zum Übergang zum Imperialismus, Jahrbuch für Wirtschaftsgeschichte, 81–131.

Terhart, K. 1986: Die Befolgung von Umweltschutzauflagen als betriebswirtschaftliches Entscheidungsproblem, Berlin.

Tsuru, S., Weidner, H. 1985: Ein Modell für uns: Die Erfolge der japanischen Umweltpolitik, Köln.

Wey, K. G. 1982: Umweltpolitik in Deutschland. Kurze Geschichte des Umweltschutzes in Deutschland seit 1900, Opladen.

Sieferle, Energie

Abel, W. 1972: Massenarmut und Hungerkrisen im vorindustriellen Deutschland, Göttingen.

Adams, R. N., 1975: Energy and Structure, Austin.

Barnett, H. J., Morse, C. 1963: Scarcity and Growth. The Economics of Natural Ressource Availability, Baltimore.

Bauerschmidt, R. 1985: Kernenergie oder Sonnenenergie, München.

Bayerl, G. 1983: Die Papiermühle, Phil. Diss., Hamburg.

Bayerl, G., O'Hara, J.G. 1984: Molina rediviva – über historische Phasen der Mühlennutzung, in: Energie in der Geschichte. 11th. Symposium of the International Cooperation in History of Technology Committee, Düsseldorf, 347–357.

Bayerl, G., Troitzsch, U. 1985: Die vorindustrielle Energienutzung, in: Grimm, C., Hg.: Aufbruch ins Industriezeitalter, Bd.1, München, 40–85.

Bernhardt, A. 1872, 1874, 1875: Geschichte des Waldeigentums, der Waldwirtschaft und Forstwissenschaft in Deutschland. 3 Bde, Berlin.

Boll, G. 1969: Entstehung und Entwicklung des Verbundbetriebs der deutschen Elektrizitätswirtschaft bis zum europäischen Verbund, Frankfurt.

Borchardt, K. 1976: Wirtschaftliches Wachstum und Wechsellagen 1800–1914, in: Aubin, H., Zorn, W., Hg.: Handbuch der deutschen Wirtschafts- und Sozialgeschichte. Bd.2, Stuttgart, 198–275.

Boserup, E. 1965: The Conditions of Agricultural Growth. The Economics of Agrarian Change under Population Pressure, London.

Braudel, F. 1979: Capitalism and Material Life, 1400–1800, Glasgow.

Cipolla, C.M. 1970: The Economic History of World Population, Harmondsworth.

Clausius, R. 1885: Über die Energievorräthe der Natur und ihre Verwerthung zum Nutzen der Menschheit, Bonn.

Cottrell, F. 1955: Energy and Society, New York.

Du Bois-Reymond, E. 1877: Culturgeschichte und Naturwissenschaft, Deutsche Rundschau 13, 214–250.

Dyer, A.D. 1976: Wood and Coal: A Change of Fuel, History Today 26, 598–607.

Eckart, N., Meinerzhagen, M., Jochimsen, U. 1985: Die Stromdiktatur. Von Hitler ermächtigt – bis heute ungebrochen, Hamburg, Zürich.

Ehrlich, P.R., Ehrlich, A.H., Holdren, J.P. 1975: Humanökologie, Berlin, Heidelberg, New York.

Ericson, J. 1875: Solar investigations, New York.

Fischer, F. 1901: Die Brennstoffe Deutschlands und der übrigen Länder der Erde und die Kohlennot, Braunschweig.

Frech, F. 1901: Über die Ergiebigkeit und die voraussichtliche Erschöpfung der Steinkohlelager. Lethaea Palaezoica, Teil 1, Stuttgart.

Georgescu-Roegen, N. 1971: The Entropy Law and the Economic Process, Cambridge, Mass.

Gleitsmann, H.J. 1980: Rohstoffmangel und Lösungsstrategien. Das Problem vorindustrieller Holzknappheit, Technologie und Politik 16, 104–154.

Gleitsmann, H.J. 1981: Aspekte der Ressourcenproblematik in historischer Sicht, Scripta Mercaturae 15, 33–89.

Gleitsmann, H.J. 1984: Wege aus der Energiekrise. Holznot und Holzsparkünste im 18. Jahrhundert, in: Energie in der Geschichte, Düsseldorf, 393–400.

Groh, D. 1987: Strategie, Zeit und Ressourcen, in: Seifert, E., Hg.: Ökonomie und Zeit, Frankfurt, im Druck.

Hausrath, H. 1907: Der deutsche Wald, Leipzig.

Hellige, H.D. 1986: Entstehungsbedingungen und energietechnische Langzeitwirkungen des Energiewirtschaftsgesetzes von 1935, Technikgeschichte 53, 123–155.

Hillebrecht, M.L. 1986: Eine mittelalterliche Energiekrise, in: Herrmann, B., Hg.: Mensch und Umwelt im Mittelalter, Stuttgart, 275–283.

Hills, R.L. 1970: Power in the Industrial Revolution, New York.

Holtfrerich, C.L. 1982: Die „Energiekrise" in historischer Perspektive, Beiträge zu Wirtschafts- und Währungsfragen . . ., 19, 3–11.

Jevons, W.S. 1865: The Coal Question, London, Cambridge.

Jungk, R. 1977: Der Atomstaat, München.

Kausch, O. 1920: Die unmittelbare Ausnutzung der Sonnenenergie, Weimar.

Kroker, E. 1984: Diskussionen um die Steinkohlevorräte des Ruhrreviers in der ersten Hälfte des 20. Jahrhunderts, in: Energie in der Geschichte, Düsseldorf, 96–104.

Landes, D. 1973: Der entfesselte Prometheus. Technologischer Wandel und industrielle Entwicklung in Westeuropa von 1750 bis zur Gegenwart, Köln.

Leach, G. 1976: Energy and food production, Guildford.

Lindner, H. 1985: Strom. Erzeugung, Verteilung und Anwendung der Elektrizität, Reinbek.

Lohrmann, D. 1979: Energieprobleme im Mittelalter. Zur Verknappung von Wasserkraft und Holz in Westeuropa bis zum Ende des 12. Jahrhunderts, VSWG 66, 297–317.

Lotka, A.J. 1922: Contribution to the Energetics of Evolution, Proc. of the Nat. Acad. of Sciences 8, 147–154.

Lübke, A. 1925: Die sterbende Kohle, das kulturelle und wirtschaftliche Schicksal Europas, Regensburg.

Meixner, H. 1983: Die ökonomische Logik der Kernenergie, Jahrbuch für Sozialwissenschaft 34, 59–93.

Meyer-Abich, K.M. u.a. 1983: Energie-Sparen. Die neue Energiequelle, Frankfurt.

Meyer-Abich, K.M., Schefold, B. 1986: Die Grenzen der Atomwirtschaft, München.

Mitscherlich, G. 1963: Zustand, Wachstum und Nutzung des Waldes im Wandel der Zeit, Freiburg.

Mouchot, A.P. 1869: La chaleur solaire et ses applications industrielles, Paris.

Nasse, R. 1893: Die Kohlenvorräte der europäischen Staaten, insbesondere Deutschlands und deren Erschöpfung, Berlin.

Odum, O.P., Reichholf, J. 1980: Ökologie, München, Wien, Zürich.

Radkau, J., 1983a: Holzverknappung und Krisenbewußtsein im 18. Jahrhundert, Geschichte und Gesellschaft 9, 513–543.

Radkau, J. 1983b: Aufstieg und Krise der deutschen Atomwirtschaft, Reinbek.

Radkau, J. 1984: Eine Energiekrise im 18. Jahrhundert? Revisionistische Betrachtungen zur vorindustriellen Holzmangel-Problematik, in: Energie in der Geschichte, Düsseldorf, 51–62.

Radkau, J. 1986: Zur angeblichen Energiekrise des 18. Jahrhunderts. Revisionistische Betrachtungen über die „Holznot", VSWG 73, 1–37.

Remmert, H., 1984: Ökologie, Berlin.

Reuleaux, F. 1885: Die Maschine in der Arbeiterfrage, Minden.

Roßnagel, A. 1983: Bedroht die Kernenergie unsere Freiheit?, München.

Rubner, H. 1967: Forstgeschichte im Zeitalter der industriellen Revolution, Berlin.

Sandgruber, R. 1978: Wirtschaftswachstum, Energie und Verkehr in Österreich 1840–1913, in: Kellenbenz, H., Hg.: Wirtschaftliches Wachstum, Energie und Verkehr vom Mittelalter bis ins 19. Jahrhundert, Stuttgart, New York, 67–93.

Sandgruber, R. 1982: Die Energieversorgung Österreichs vom 18. Jahrhundert bis zur Gegenwart, Beiträge zur Historischen Sozialkunde 12, 100–106.

Sandgruber, R. 1982: Energieverbrauch und Wirtschaftsentwicklung, Beiträge zur Historischen Sozialkunde 12, 79–85.

Schwappach, A. 1886/88: Handbuch der Forst- und Jagdgeschichte, Berlin.

Sieferle, R.P. 1982: Der unterirdische Wald. Energiekrise und Industrielle Revolution, München.

Sieferle, R.P. 1984: Alternativen der Industrialisierung?, in: Niethammer, L. u.a. Hg.: „Die Menschen machen ihre Geschichte nicht aus freien Stücken . . .", Berlin, Bonn, 42–45.

Sieferle, R.P., 1984: Vom Holz zur Kohle. Die Energiekrise im 18. Jahrhundert und ihre Lösung, Der Anschnitt 36, 124–35.

Sombart, W. 1902/1919: Der moderne Kapitalismus, Leipzig.

Sterne, C. 1874: Sonnenkraft-Maschinen, Gartenlaube, 468–470.

Te Brake, W.H. 1975: Air Pollution and Fuel Crises in Preindustrial London, 1250–1650, Technology and Culture 16, 337–359.

Treue, W. 1978: Gedanken zur Entwicklung der Energiewirtschaft, in: Kellenbenz H., Hg.: Wirtschaftliches Wachstum, Energie und Verkehr vom Mittelalter bis ins 19. Jahrhundert, Stuttgart, New York, 133–137.

Tunzelmann, G.N.v. 1978: Steam Power in British Industrialisation to 1860, Oxford.

Wagenbreth, O., Wächtler, E. 1986: Dampfmaschinen, Leipzig.

Wengenroth, U. 1984: Die Diskussion der gesellschaftspolitischen Bedeutung des Elektromotors um die Jahrhundertwende, in: Energie in der Geschichte, Düsseldorf, 305–311.